插图珍藏版

世界百年家教经典
WORLD FAMILY EDUCATION CLASSICS

蒙台梭利的早期教育

[意] 玛丽亚·蒙台梭利/著
林月照/译

商务印书馆国际有限公司

图书在版编目（CIP）数据

蒙台梭利的早期教育 /（意）玛丽亚·蒙台梭利著；林月照译. -- 北京：商务印书馆国际有限公司，2017.6

（世界百年家教经典）

ISBN 978-7-5176-0414-3

Ⅰ.①蒙… Ⅱ.①玛… ②林… Ⅲ.①儿童教育—家庭教育 Ⅳ.①G781

中国版本图书馆CIP数据核字（2017）第072087号

蒙台梭利的早期教育

作　　者　[意] 玛丽亚·蒙台梭利
译　　者　林月照
责任编辑　李东晓
出版发行　商务印书馆国际有限公司
（地址 北京市东城区史家胡同甲24号　邮编 100010）
（总编室电话 010-65592876　编辑部电话 010-65227580　市场营销部电话 010-65598498）
网　　址　www.cpi1993.com
经　　销　全国新华书店
印　　刷　三河紫恒印装有限公司
开　　本　880mm × 1230mm　1/32
字　　数　319千字
印　　张　12.375
版　　次　2017年6月第1版第1次印刷
书　　号　978-7-5176-0414-3
定　　价　40.00元

出版说明

家庭教育、学校教育、社会教育是教育的三大支柱，其中家庭教育对孩子的影响最大。良好的家庭教育成就孩子的一生。

没有坏孩子、笨孩子，只有不懂教育的父母。任何一个孩子，只要教育得法，都能成为优秀的人。本着这个出发点，我们为中国广大父母出版了这套“世界百年家教经典”丛书。该丛书本次共出版六种，分别为《卡尔·威特的教育》《蒙台梭利的早期教育》《斯宾塞的快乐教育》《斯托夫人的自然教育》《约翰·洛克的全面教育》《俗物与天才》。上述每种图书都是按照下列标准选取出来的：

权威性。丛书集结了全球最有影响力的教育著作。几百年来，这些作品在各国获得了盛誉，被历代父母奉为最科学的教育名著。

实践性。丛书为父母们提供了家庭教育的具体方法，通过大量案例告诉父母怎么做才能成功地培养出优秀的孩子，是父母们案头必备的教子宝典。

通俗性。丛书内容深入浅出，语言通俗易懂，既没有高深的教育理论，也没有生僻的学术名词，适合绝大多数孩子的父母阅读。

在编辑过程中，我们在各章结尾增加了“家教延伸阅读”版块，整理了近几十年来家庭教育领域的研究成果和实践方案，使这些家教名著实现了与时俱进；还邀请画家创作了大量多格漫画，形象直观地展现了书中核心的教育观念和方法，让读者通过读图学习家教技巧。另外，为了便于读者阅读，在尊重原著的基础上，本套书在内容上进行了一些优化调整，以符合现代人的阅读要求。

愿这套丛书的出版，为中国父母提供解决家教难题的科学方案，让孩子们的脸上多些欢乐和笑容。

前言

玛丽亚·蒙台梭利（1870~1952）是现代教育史上杰出的幼儿教育思想家和改革家，蒙台梭利教育法的创始人，被誉为“幼儿园的改革家”。

1907 年，蒙台梭利在罗马贫民区建立“儿童之家”，招收 3~6 岁的儿童加以教育，她运用自己独创的方法进行教学，结果出现了惊人的效果：那些“普通的、贫寒的”儿童，几年后，心智发生了巨大的转变，被培养成为一个个聪明自信、有教养的、生机勃勃的少年英才。蒙台梭利崭新的、具有巨大教育魅力的教学方法，轰动了整个欧洲，“关于这些奇妙儿童的报道，像野火一样迅速蔓延”。人们仿照蒙台梭利的模式建立了许多新的“儿童之家”。到 1915 年，蒙台梭利学校已遍布世界各大洲。蒙台梭利在世界范围内引起了一场幼儿教育的革命。

蒙台梭利教育法的特点在于十分重视儿童的早期教育。她认为，儿童存在着与生俱来的“内在潜能”，这种潜能是积极的、活动的、发展着，具有无穷无尽的力量。教育的任务是激发和促进儿童的“内在潜能”，并使之获得自然的和自由的发展。她的教学方法从智力训练、感觉训练到运动训练，从尊重自由到建立意志，从平民教育到贵族教育，为西方工业化社会的持续发展提供了几代优秀的人才基础。

蒙台梭利为促进儿童智力发展和实现世界和平奋斗了一生。《西方教育史》称她是二十世纪赢得欧洲和世界承认的最伟大的科学与进步的教育家。英国教育家称她为“20世纪赢得世界承认的、给科学带来进步的最伟大的教育家之一”；美国教育家认为，“当代讨论学前教育问题，如果没有论及蒙台梭利体系，便不能算完全”；德国教育专家认为，“在短期内能够超越国界、世界观、宗教观上的差异而在世界上普及的教育理论，除了蒙台梭利之外，别无他选”。她生前曾经获得许多荣誉和奖励，反映了世界各国人民对她的热爱与尊敬。1949年、1950年、1951年，她连续3年获得“诺贝尔和平奖”候选人的资格。

蒙台梭利博士创建的教育法，历经百年发展已经风靡全球一百多个国家。该书向父母、教师和教育管理者介绍了蒙台梭利方法的指导原则，改变了成千上万儿童的命运，给成千上万的家庭带来了幸福。

目录
CONTENTS

001 迎接小生命

002 把握孩子的敏感期

蒙台梭利的早期教育
MONTESSORI'S EDUCATION

001

迎接小生命

在孩子到来之前，
要为孩子们提供适合他们的环境，
衣服、桌椅、活动空间等，
让孩子们可以自娱自乐，
真正生活在其间。

父母要把孩子当成活生生的人来对待

为了迎接婴儿这个尊贵的客人，我们需要做什么样的准备呢？让我们观察一下，在这琳琅满目而又丰富多彩的商品世界里，有哪些东西是专门为孩子们准备的？这里既没有适合孩子用的洗浴盆、沙发，也没有适合他们的桌椅和刷子。每个家庭的房间虽然有很多，却没有一间是按照孩子的想法准备的。那些有钱人家的孩子虽然很幸运地拥有属于自己的房间，但这个房间也多少有点像是关押他们的地方。

让我们想象一下孩子在一天当中所遭受的痛苦吧。假如有一天我们成人生活在一个巨人世界里，那些人的身体巨大无比，腿特别长，跑起来比我们快很多倍，他们的头脑也比我们聪明和灵活很多。我们想走进他们的房间，可每个房间的门槛比我们的膝盖还要高，我们想爬进去也得有人帮忙才行；我们想坐下休息一会儿，可他们的椅子与我们的肩膀一样高，要坐上去必须进行一番艰难的攀爬；我们想刷洗一下衣服，但是所有的刷子都是超大号的，我们的手根本无法握住它；我们想舒服地洗个澡，但那澡盆超级笨重，我们端都端不起来。如果这些巨人还微笑地对我们说，他们对我们的到来已经期盼很久，我们心里不得不怀疑，并且抱怨，他们并没有做好准备和迎接的工作，也没有打算让我们愉快地生活在他们的世界里。

上面的假设说明了同一个道理：当婴儿来到这个世界时，他们需要各种儿童专用的玩具和生活用品，更需要一个有利于他们身心健康发展的环境。可是这些东西都还没有准备好，成人只为孩子们准备了房间、厨房和衣柜，也就是说，我们只为孩子们提供了成人用品的微缩品，孩子们可以利用这些东西自娱自乐而不能真正生活在其间。这就是我们成人与孩子们开的一个天大的玩笑，其根源就在于我们没有把孩子当作一个活生生的人。孩子们到了这个世界才发现，他们只是作为一个被愚弄的对象——一个玩具娃娃而被社会接受。

我们都知道，孩子们常常破坏手中的玩具，尤其不珍惜那些特意为他们制作的玩具。儿童的这种破坏行为恰恰证明了他们智力的发达。他之所以喜欢拆玩具，是因为他想知道玩具是怎么制作出来的，他想在玩具里面寻找有趣的东西。因为玩具在外观上没有任何使他感兴趣的地方，所以他们有时候会像对待仇敌一样，用力将玩具打碎，以此探索隐藏在玩具里面的奥秘，发现更有趣的东西。

依靠周围环境和各种辅助物生存是儿童的自然倾向，他愿意用自己的脸盆，自己穿衣，自己扫地；他愿意使用与自己相配的桌子、椅子、沙发、衣橱和餐具。他希望通过使用双手让自己更聪明，并让自己过得更舒适。孩子不仅在行为上像成人，而且还努力将自己塑造成大人的模样。这既是孩子的天性，也是他们的使命。

在“儿童之家”我们曾见过这样的孩子，他一直显得非常快乐，做事耐心细致，表现得沉着冷静，像一个最好的工人，也像一名最称职的公司管理者。为什么会这样？他的房间设施十分便于他的行动，挂衣物的衣钩正好在他伸手够得着的地方；门的扶手大小也恰好能被他的小手握住；房间里的小凳子，重量正好适合他的臂力，他搬起来不太沉。在进行这一系列活动时，他的动作是那么轻松和优美，让人感到做这些事完全是一种享受。鉴于此，我们为大人提出一条简单可行的建议：为孩子创造一个每样东西的大小、重量都与其能力相配的环境，这有助于发展他们的能力，而且也会让他们更加热爱生活和周围的环境。他们不仅会在这个环境里非常愉快地生活，而且内心充满了活力。处在这种和谐的环境中，孩子就像土壤里的种子一样，通过反复练习，逐渐成长和发育。

尽管孩子在一些活动中表现出热情、专心的态度，但由于身体还没有完全发育成熟，他的动作会比较慢，就像他走路的速度很慢是由于他的腿还很短一样。但是我们可以通过直觉发现，孩子的生命内部正在开始发展与完善，就像蝶蛹在茧中悄悄成长为蝴蝶一样。假如我们阻碍这一进程，无异于用暴力摧残生命。回想一下我们在现实中是怎样对待孩子的，我们会毫无商量地阻止他们的活动，就像奴隶主对待没有人权的奴隶一样，并且我们这样做时没有丝毫愧疚之心。

许多人认为，对一个孩子表现出尊重是十分可笑的。我们对下面提到的情形已经司空见惯：当孩子吃饭时，我们会很自然地去喂他；当孩子努力扣衣服的纽扣时，我们会急不可耐地帮他扣上。总之，孩子的每一个行为我们都想代替他去做，对孩子连最起码的尊重都没有。与此相反，当孩子对我们的工作有所妨碍时，我们会非常严厉地制止他。我们在从事自己的工作时，总是对自己权限范围之内的事情非常敏感，所以一旦有人企图取代我们，我们会立刻感到那是一种冒犯。

假如有朝一日我们成为那些巨人的奴隶，而且无法与他们沟通，情况会怎样？当我们不紧不慢地品尝汤的美味时，巨人突然出现，他们从我们手中抢走汤匙，强迫我们以最快的速度喝下去，这一举动差点把我们噎住。我们会表示抗议"请允许我喝慢一些吧"，这种心理压力必然使我们的消化功能受损。再举一个例子，马上有一个令人兴奋的约会，我们正在房间里欢快地穿着外套，巨人忽然闯进来，将一件外套扔在我们面前，并且要强行给我们穿上。他的举动使我们的尊严受到很大伤害，当我们穿上外套去散步时已经没有兴致了。

我们对此感到很不高兴，不完全是出于对巨人的厌烦，更是源于我们热爱自由的天性，源于我们在生活各方面对自由这一权利的向往。正是对自由的热爱让我们的生命充满生机，也正是自由带给我们幸福与健康。自由不仅体现在生活上，在细微的行为举止中也能体现出来，就像一位哲人说过的："人不能只靠面包活着。"对于幼小的孩子来说，应该让他们享有更多精神上的自由，因为他们比其他年龄的人更需要进行创造性的活动。

当成人侵入孩子们的生活地盘时，他们必须通过斗争和反抗来捍卫自己的自由权利。当孩子们想试试自己的触觉时，大人总是不假思索地阻止他们："不要摸！"当他们尝试着从厨房里拿点食料，比如切碎的菜叶，想做一盘小菜时，他们甚至会被大人呵斥，并被送回房间去摆弄他们的玩具。当儿童的注意力集中时，正是他们发展内在精神活动的时候；当儿童自发努力时，正是他们对周围有利于智力发展的物质进行全力搜寻的过程，这是多么不同寻常的时刻啊！

然而，就在这神奇的时刻，他们的行为却被大人粗暴地制止，带给他们一种被欺骗和被蔑视的感觉。就像成人时常感到在人生旅途中会丢失一些珍贵的东西，其原因就在于，在我们创造自我的关键时刻，我们的行为被恶意中断，我们的身心被摧残，由此导致我们心理上的很大失落，我们变得十分脆弱，甚至会造成某种缺陷。

为了理解这些行为的后果，我们可以再举一些成人的例子。在我们生活的世界，有些人虽然没有其他人成熟和稳重，但他们却有某方面的天赋。比如，一位艺术家，当他的头脑中刚好勾勒出一幅绝妙的图画时，为了避免一幅旷世巨作转瞬即逝，他会迫不及待地把它呈现在画布上。想象一下，如果就在这个关键时刻，有个人朝艺术家大声叫喊，逼迫他立即跟他出去，去干什么呢？原来是去下棋！他的灵感被人粗暴地打断。为此，艺术家表示很愤怒："你的这种行为太残忍了！由于你的愚蠢，我失去了灵感，人类也失去了一首诗、一幅杰作。"

与此相比，儿童虽然没有失去艺术作品，但他丧失了自我创造的机会。因为他的创作就是在塑造一个全新的自我，也就是在他的内心深处造就一个富有创造力的天才。可以说，儿童的任性、顽皮和幼稚就是他们因为灵魂被误解而发出的痛苦呐喊。

对于一个孩子来说，因丧失了自我创造的机会而受到损害的不仅是他的精神和灵魂，还有他的身体。因为人一旦精神受到损伤，其身体也会受苦。

在一家收养弃儿的慈善机构里，有一个长得很丑的小孩，所幸的是，照看他的妇女非常喜欢他。一天，这位妇女告诉孩子的母亲，那小孩长得越来越好看了。这位夫人便去看望孩子，她发现孩子仍旧非常难看。

她想，也许是因为每天的相处使得一个人习惯了另一个人的缺点。过了一些日子，这位妇女又向孩子的母亲提供了一份与之前一模一样的报告，这位夫人便又一次访问了这家机构，这一次她对年轻的妇女有了很好的印象，夫人终于明白，爱能使一个人变得自信，她深受感动。

几个月后，那位年轻的妇女胜利地宣布，这个孩子从此以后将没有缺点，因为他变得完全漂亮了。夫人虽然感到有些吃惊，但是她不得不承认这是事实。孩子的身体在伟大的爱的作用下改变了。在此，我们给大人的建议是：给孩子足够的爱，让孩子享受精神上的愉悦和温暖，从而让他的身体变得健康强壮，身心变得活泼起来。

我们常常这样欺骗自己：我们已经给了孩子很多东西，给了他们新鲜的空气，给了他们营养丰富的食物。但事实上，我们什么也没能给他们。这是因为对一个健康的身体来说，丰衣足食与新鲜的空气是远远不够的，人的一切生理机能都要受更高层次因素的制约，生命的关键就在于此，孩子的身体也要靠灵魂的活动而存在。

生理学告诉我们，在野外吃一顿便餐，比关在空气污浊的房子里享受一个丰盛的宴会更富有营养。因为身体的所有功能在露天场合会活跃很多，吸收也会更好。同样的道理，与所爱的人或志趣相投的人一起进餐，要比与粗俗的部长一起参加一个喜怒无常的贵族主人的盛宴更有益于健康。这时候，我们对自由的渴望说明了一切。在某些地方，虽然我们吃的是美味佳肴，住的是金碧辉煌的房子，但我们的生命受到了压抑，这种地方对我们的健康是不利的。

在一个真正属于自己的环境中，孩子才能释放精力，获得自由

环境对自然界生物有很大影响，生物学早已证实了这一点；进化论中的唯物论也指出，环境对物种的繁衍和生物的形态会产生戏剧性的影响。在探讨人类与自然环境间的关系时，我们会发现，与其说是人在适应环境，不如说是人类创造了一个环境来适应自己。我们生活在一个社会环境里，在这个环境中，有一些特别重要的精神力量在产生作用，它们构成了社会交往中的人际关系。假如一个人不能适应他所在的环境，他不但不能正常地发挥自己的潜能，更不会了解自己。新教育理论的核心思想之一，就是呼吁人们重视培养孩子的社会本能，并鼓励他们多与同伴相处。

现在的问题是孩子根本找不到一个可以适应的环境，因为他们生活在成人的世界里。这种生活环境的偏差，对孩子在人格上的发展造成了很大影响。

环境失调对孩子的影响，不单是由于尺寸大小的差异造成的，还因为孩子在这个不协调的环境中，动作不能得心应手。比如一个技术高超、动作娴熟的杂耍者，一旦发现别人模仿他的动作，他一定觉得别人自不量力，因为他认为没有人可以模仿他的高超技艺。假如有人试着模仿他，他一定会失去耐性。我们对孩子的态度是不是也这样呢？因此，我给每位妈妈一个忠告：让你家 3~4 岁的孩子按照自己的喜好去行事，让他们

自己梳洗，自己穿衣，自己吃饭。

假如让孩子在一个我们为他布置好的环境里生活一天，我相信他一定会感到很痛苦。他们所有的精力也许都会用在为自己的行为进行辩护上，我们也许整天会听着这样的话：“不要管我，不要！”他们最终可能还会哭起来，因为除了哭，他们实在找不到其他维护自我的办法。然而，还是有很多妈妈向我抱怨：“我的孩子太难管，他不肯起床，哄他午睡时，他又连眯一下眼都不愿意，而且还整天把‘不要，不要’挂在嘴上。小孩子怎么能一天到晚这样呢？”

如果这些妈妈能在家里准备一个与孩子年龄相称、能够释放他们的精力，同时又适合他们心理发展的环境，孩子就可以获得足够的自由。这种做法事实上是使我们向解决问题的方向迈了一大步，从此，孩子们拥有了属于自己的环境。

下面是为孩子设计环境的一些基本原则：家具必须轻巧，摆放的位置要方便孩子移动；照片要张贴在与孩子的视线同等高的位置，让他们很容易观看。这些原则适用于孩子身边所有的东西，从地毯、花瓶、盘子到其他类似的物品。家里的所有东西要能够让孩子使用，日常家务事也可以让孩子参与，比如扫地、给地毯吸尘、自己穿衣和自己梳洗等。孩子周围的东西，要比较坚固并且看上去有吸引力。

环境的舒适美观与孩子的学习和生活能力有着必然的联系。与在混乱不堪的环境中不同，在优美的环境中，孩子更愿意积极主动地去探索和发现。孩子对环境好坏的直觉是非常敏锐的。美国旧金山蒙台梭利学校的一个小姑娘，有一天到一所公立学校去参观，她一进教室就发现那儿的桌椅布满了灰尘。于是她对学校里的老师说：“你知道孩子们为什么都不打扫教室而宁愿让它脏兮兮的吗？因为这里没有漂亮的抹布可以用。如果不给我好看的抹布，我也不想去打扫卫生。”

孩子用的家具必须是可以清洗的，因为这样不仅比较卫生，更重要的是，这些可以清洗的家具能够为孩子提供动手去做的机会。孩子通过清洗家具可以学会注意环境卫生，学着把污迹擦干净。这样一来，孩子就会养成注意卫生的好习惯，可以把他身边的每样物品都清洗干净。

很多人向我提出一个建议，在桌脚和凳子脚下贴一层塑胶防滑垫，这样可以减小移动时的噪音。我倒觉得发出点噪音反而更好一些，因为这样孩子们才知道自己的动作是不是太粗鲁了。孩子们往往一动起来就没有什么秩序可言，也不大懂得控制自己的行为，这是因为他们的肌肉还没有发育到能够运用自如的地步，这一点他们和大人是不一样的。

在“儿童之家”里，孩子们做出的每一个粗鲁的动作，都会在桌子和椅子移动时发出的噪音里展现出来。因此，他们就必须非常注意自己身体的动作。在“儿童之家”里也摆放着一些易碎品，比如玻璃、盘子、花瓶等。有的大人可能会质问我们：“为什么要这样做？这些玻璃制品如果到了三四岁孩子的手上，一定会被他们打碎的！”有这样想法的人，好像把几片玻璃看得比孩子还重要，难道这些不值钱的东西比对孩子的训练还珍贵吗？

在一个真正属于孩子的环境中，他们会非常注意自己的举止，并控制自己的行为。在这样的环境中，孩子不需要外界的激励就能改善自己的行为。我们可以从孩子的脸上看出他的喜悦和骄傲，偶尔还会看到难得一见的正经神情，这说明孩子天生就会改进自己的行为，而且他们也喜欢这样。

给孩子提供适合他们的环境

准备符合孩子身体和年龄的小家具，才能给他们舒适感。

让孩子参与到劳动中，会让他觉得属于这个环境。

温馨、安静的环境可以促使孩子学习和探索。

孩子无秩序的行为恰恰能锻炼他的肌肉运动能力。

其实，一个 3 岁孩子的人生道路上能有什么呢？唯有成长。我们一定要尽力帮助孩子进行自我改造和自我成长。这样，孩子以后才能成为一个有用的人。也就是说，我们必须给他们机会，让他们练习自己可以做到的事，因为成长就是依靠不断练习获得的。孩子喜欢洗手，不完全是因为觉得洗手很好玩，而是洗手让他觉得自己能够做到。在生活中能够自己动手，是孩子发展一切能力的根本所在。

在孩子正在成长时、在孩子努力把工作做得更好时，我们应该做些什么呢？我们往往费尽心思想帮助孩子，而这恰恰妨碍了他们的自然成长。就像许多学校为了防止噪音把桌椅固定在地板上一样。是的，孩子确实好动，而且动作常常是粗鲁的，但是，孩子从来不会破坏不固定的桌椅。虽然把桌椅固定后看上去比较整齐，但这样一来，孩子永远也不能使身体行动有序了。

我们可能会给孩子准备一个铁碗或铁盘子，这样即使他不小心把碗盘摔到地上也不会碎，但这么做反而使孩子像着了魔一样，更想把碗盘往地上摔。一个很想自己动手做事的孩子，是乐于合作并且充满活力的。我们其实是用障眼法把问题隐藏了起来，孩子会继续犯错误，这种人为的限制也将成为阻碍他自然成长的绊脚石。

一般情况下，当我们看到孩子遇到困难时，会马上介入，帮他完成他想要做的事。我们的脑海里也许有一个声音在说："你想自己梳洗、自己穿衣服吗？别太麻烦了，我在这里！我会帮你做好所有你想做的事情。"这个被我们剥夺了自主权的孩子逐渐变得难以相处，我们通常把他的行为当作是不乖的表现，我们本以为帮孩子做事是为了他好呢。

想想看，在孩子生命的最初几年，他是怎么度过的。他被限制在一个不能弄坏、不能弄脏东西的家里，他根本没法动弹，既没有机会练习控制自己的身体，也不能学习使用日常生活中常用的物品。孩子学习生活经验的机会就这样被我们剥夺了，他们的成长将因此受到影响。

我们可以观察生活在适合他们环境里的孩子，为了把事情做得更好，他们总是自觉地工作。从孩子使用的物品中可以看出，他的确处在一个美好的环境里。我们还可以看到孩子在使用这些物品后，发现了自己的错误。

我们应该为孩子做些什么呢？什么也不要做！

我们已经努力提供了孩子成长所需要的一切，现在要做的只是克制自己想要帮助他的冲动，静静地在旁边观察，与他保持适当的距离，不要经常打扰他，当然也不能放任不管。当孩子在做一件他认为非常重要的事情时，会显得非常沉静，而且会乐在其中。

父母必须了解婴儿的特点，为他提供“顺环境”，而不是“逆环境”

有人说，文明是人类逐渐适应自身生存环境的一种最有效的方法。如果这个说法是正确的，那么还有谁比刚出生的婴儿更能直接地感受到这种环境的变化呢？如果让我们在瞬间适应一个环境，我们一定会感到非常困难，而婴儿在出生时就必须面对比这更糟糕的局面，因为他完全是从一个世界降临到了另一个陌生的世界。我们不禁要自问，我们能为孩子的出生做些什么呢？

在人类文明的发展史上，应该利用一定篇幅，来详细记载成人是用什么方法来帮助婴儿适应新环境的。目前这一页仍然是空白，因为人类生命开始的那一页还没有人尝试着去写，更何况是对一个新生命的迫切需要感兴趣呢。

从以往的经验中我们发现了一个可怕的事实，那就是一个人在婴儿时期受到的不良影响，将会阻碍他一生的发展。胎儿在母体内的生长和出生后在儿童时期的发展变化，都对他的未来起着决定性的作用。世界各地的专家学者一致认为，人在胎儿期和儿童期的成长经历，不但会对他成年之后的身心健康产生影响，而且在他整个生命的发展过程中，也起着举足轻重的作用。到目前为止，人们只知道分娩对产妇来说，是整个人生过程中最艰难、最危险的一刻，却还没有人意识到分娩对婴儿来说也是一道难关。

为什么说分娩对婴儿也是一道难关呢？因为经过分娩，婴儿彻底摆脱了曾经赖以生存的母体。一旦与母体分开，他们就必须马上靠自己尚未完全发育的器官来维持生命。在出生之前，婴儿生活在母体内专门为他们准备的适宜的羊水中，母亲的身体保护着他们，不会让他们受到外界病毒的侵袭和天气变化的影响，就连最微弱的光线、一点轻柔的声音，都被母亲的身体阻挡在外，让他们的生长发育顺利进行。

然而，随着分娩的到来，胎儿从母体温暖的羊水中被排到空气里，他要靠自己求生存了。原本在妈妈肚子里安全生活着的胎儿，要在没有任何准备的情况下，突然经历一场艰难的生产。婴儿脆弱的身躯被挤压着，终于带着伤降临到这个世界上，他们像一位长途跋涉的朝圣者终于到达了圣地。

这时候我们又做了些什么呢？我们是怎样迎接他们的到来呢？在分娩的时候，人们所有的注意力都集中在妈妈身上，婴儿只是被护士粗略地检查了一下，确定他能够健康存活。刚当上爸爸妈妈的一对小夫妻，充满喜悦地看着他们的孩子，他们的自我意识得到满足。因为孩子的到来，满足了他们期待已久的愿望，他们有了一个完整的家。孩子的诞生，将会使他们的家庭围绕在一种爱的氛围里。

然而，当产妇在舒适的房间里放松时，有谁想起来应该让同样饱尝艰辛的婴儿，也在光线柔和的房间里安静地休息一会儿，以便慢慢适应新环境呢？很遗憾，没有人认为婴儿也经历过艰辛和磨难。婴儿稚嫩的身体是那么弱小，但没有人想到要好好地呵护他，也没有人尝试去理解婴儿对碰到的每一样东西所做出的敏感反应。

有人认为，自然界会在必要的时候给予它的子民所需要的一切援助。然而，文明的发展已经为人类创造了能够掌握自然、控制自然的“第二天性”。我们可以兴致勃勃地观察其他动物的生活习性，我们看到母兽把它的孩子藏起来，以避开强光，还用它的身体给幼兽保暖。母兽还会很警觉地保护自己的孩子，不让其他动物接触它们，甚至连看一下都不行。反过来看看我们人类的婴儿吧！不论是自然环境还是社会文明，都没有为他减轻适应环境的负担。甚至有人这样说，孩子能够平安地活着就够了。可见，他们判断孩子适应环境的标准就是平安地活着。其实，刚出生的婴儿应该保持在妈妈肚子里时的姿势，但实际情况却是，婴儿一落地，马上就被穿上衣服，甚至还被包得紧紧的，他们柔弱的四肢遭到了强有力的束缚。

有人说：“健康的孩子一定具有抵御外界侵害的能力，他们能够很好地适应环境，自然界的万物都是如此。”如果人类真是如此强大，为什么我们不干脆自由自在地生活在树林里呢？为什么还要在冬天穿上厚厚的棉衣，或者坐在暖气旁享受休闲舒适的生活呢？难道大人比婴儿还要脆弱吗？

死亡和出生一样，都是一种自然现象，它是所有人都必须经历的。既然死亡是一件很自然的事情，为什么我们不去想办法减少对死亡的恐惧呢？既然我们不能摆脱来自死亡的威胁，为什么还要想尽一切办法减轻死亡的痛苦呢？那么，我们为什么不想一些办法来缓解生产的痛苦呢？总而言之，人的内心有一种无法解释的无知，一种已深入整个文明社会的盲目。就好像视觉上的盲点一样，人们对初生婴儿的盲目无知，正是人类生命中的一大盲点。

成人必须彻底了解婴儿的特点，这样孩子才能从一生下来就受到很好的照料，才能平稳地跨出生命的第一步。照料婴儿一定要具备丰富的育儿知识，并且应以婴儿自身的需求为主。就算只想抱一抱他，也要非常温柔、非常谨慎地对待，并且做到动作轻缓柔和。否则，最好不要随便移动婴儿。我们应该知道，从孩子降生到满月的这段时间，他需要一个非常安静的成长环境。这段时间最好不要给他穿衣服，也不要用布把他包裹起来，不过一定要让婴儿在室温下保暖，因为这个时候孩子的体温还不能随着外界温度的变化而自行调节。

对这个论点也存在一些异议，有人说我忽略了每个国家传统上已经存在的不同育婴方法。面对不同的意见，我只能说各种育婴方法我都知晓一二。因为我曾经在许多国家做过研究，深入观察过各种不同的育婴方式，我发现这些育婴方式都存在着某种缺憾。我想再次说明，这些育婴方式真正欠缺的是一种心灵上的觉悟。当我们迎接婴儿的到来时，绝对需要花时间做好一切准备，包括心理上的！

事实上，在任何国家、任何地方，儿童都不曾被完全了解。从孩子出生的那一刻起，大人的潜意识里就充满了不安和惶恐，他们对自己所拥有的东西总是用尽全力去保护，即使有的东西根本没有价值。他们担心孩子的到来会扰乱正常的生活秩序，房间也被弄得脏乱不堪。

正是由于有这种心态，很多大人在照看小孩时总是匆匆忙忙地跟在后面，随时准备抢救那些可能会被破坏的东西；大人们甚至想逃离一阵子，以便让忙乱的心境恢复宁静。大人们在努力让孩子变成一个有教养的人时，抑制了他们所特有的随心所欲的性情。

有时候我们会把孩子随心所欲的特性当作任性。其实，孩子一点也不任性，只不过我们对他的了解太少，常常因为不了解孩子的性情，在教育中犯一些错误。举例来说吧，孩子在一岁到两岁的时候特别容易有一种倾向，就是希望看到每样东西都放在他所熟悉的位置上，并且他对所有的东西都有特定的使用方法。如果有人打破这种习以为常的生活秩序，孩子会感到非常沮丧，甚至会想尽办法把东西放回原处，这样他的心情才会平静下来。

那些年纪很小的孩子，也有“物归原处”的要求，我们学校里就曾发生过这样的事情。有一次，一个孩子傻傻地站在那儿，低头看地上的沙子，他妈妈发现了，随手抓起一把沙子就扬掉了。没想到孩子当场大哭起来，他边哭边把散落的沙子聚集起来，捧回原地。这时，妈妈才明白孩子为什么突然哭，遗憾的是，她还是把孩子的这种行为当成“不乖”的表现。

另一个孩子的妈妈给我讲述了这样一件事。有一次，因为天气有点热，她把外套脱下来挽在手上，这时她的孩子竟然哭闹起来，没有人知道孩子为什么会如此伤心，直到他妈妈把外套重新穿上，孩子才安静下来，大家这才明白了孩子为什么哭。

以上例子只为说明，影响孩子情绪的主要原因是他看到物品放在了他不熟悉的地方。大人也许认为，这样的孩子应当受到处罚，认为只有处罚才能纠正孩子的“缺点”。事实上，如果这样的缺点在孩子长大以后会自动消失，那么现在来纠正，便有点多此一举了。成人当然不会因为有人脱下外套而当众号哭，我们常常因为不了解孩子行为的真正含义，而简单地断定这个孩子不乖。我们应该知道，孩子的某些缺点在他长大以后会自然消失，父母也不必为此过于担心。一旦开始真正理解孩子，我们才能认识到对他的纠正措施确实是多余的，我们会很喜欢这个有许多小毛病的孩子，因为我们知道，他终有一天会成为一个懂事的大人。

帮助 0~6 岁儿童获得心理发育

心理学家对人从出生到大学毕业这个时期进行了研究，发现这一时期人的成长可以分为以下几个阶段。

第一个心理发展阶段是从出生到 6 岁，这个时期孩子的心理类型基本一致。这个阶段又可以分为 0~3 岁和 3~6 岁两个不同的时期。

第一个时期是 0~3 岁，这个阶段的儿童心理我们很难了解，也不能直接对其施加影响。这个年龄的儿童不能上学，实际上也没有接收 0~3

岁儿童的学校。

第二个时期是3~6岁，这个时期儿童的心理类型没有发生太大变化，然而，儿童的人格已经出现了很大变化，也很容易受到成人的影响。也许父母感觉不到这种变化，不过，只要把6岁的儿童与新生婴儿进行对比，就会发现惊人的变化。我们先不谈这种变化是怎么发生的，只需要承认一个事实，就是6岁的孩子可以接受学校教育了。

第二个心理发展阶段是从6岁到12岁。这个阶段儿童心理发展相对平稳，他们处于一个稳定的发展期，表现得健康、强壮、快乐。心理学家罗斯对这个年龄段的儿童有如下描述："这种在精神上和身体上表现出来的稳定，是儿童阶段后期的一个显著特征。这种稳定与成年时期非常相似。不难想象，如果一个外星人初次来到地球，在没有碰到成人之前，很可能会把这些10岁左右的孩子当作成人。"

这个阶段不仅在心理上与第一阶段明显不同，而且身体上的变化也很不一样，最明显的就是儿童换牙齿。

心理成长的第三个阶段是12岁到18岁，在这个时期，孩子会发生很大变化。这个阶段也可以分为两个时期：一个是12~15岁，另一个是15~18岁。在这个阶段，人的身体发育基本完成，18岁以后，身体不再随年龄的增长发生很大变化。

政府主持的教育研究对此已经有所认识，不过还不够明确，只能说是一种模糊的了解。

他们对0~6岁这个阶段的变化特点比较认可，这很清楚，因为孩子6岁时发生了一个巨大变化，就是可以到学校学习了。人们认识到这种变化，同时也认识到6岁孩子已经懂事了。很显然，如果儿童不能走路，不能听懂老师的话，根本不可能过集体生活。所以说，人们已经认可了儿童的这个变化。

但是，教育理论界的反应却有些迟钝，他们至今对这个问题缺乏深刻的认识，仅仅能看到一些明显的事实，也就是新生婴儿与6岁孩子的巨大差别。不错，6岁儿童已经具备了自主能力，他们能够上学，能够理解别人说的话，他们已经有了很大的发展，因为他们刚出生时什么也不会。

可以说，第二阶段的发展变化也得到了一定程度的认可，这是基于一个事实，那就是世界上大多数国家的儿童在12岁就进入了中学，人们普遍认识到，6~12岁儿童最适宜接受基础文化教育。为什么会这样呢?这不可能是偶然的巧合，如此相同的教育设置，肯定是来自对儿童心理成长的共同认识。事实上，长期的教育实践告诉人们，这个年龄段的儿童在心理上适合读小学，他们已经有了足够的耐心去学习，能够安心听讲，理解老师的意思。实际上，6~12岁的儿童不仅能够接受教育，而且不会影响他们的身体发育。所以说，这个阶段是接受文化教育的最好时期。

12岁以后，孩子就要接受一些新的学校教育，这表明各国的官方教育也认识到，此时儿童的心理发展已进入一种不同的发展阶段。

这个时期也可以分成两个小阶段，与此相对应，中学教育分为初中和高中。通常，初中为三年，高中是四年。对我们来说，这样划分是否科学并不重要，重要的是这一事实，即12~18岁这几年的教育通常要分为两个阶段。

青少年阶段的教育受到心理学家的一致关注，因为12~18岁这个年龄段与0~6岁非常像，孩子们的心理变化更为明显。这个阶段不像前一于这个问题，人们经常这样回答：他们天生就有理解人类语言的能力。这个答案等于什么也没有说，因为婴儿周围有上千种声音，他们却只学会了人类的声音，这是为什么？

既然婴儿只听取人类的声音，学习人类的语言，说明在周围多种声音之中，人类的语言给婴儿留下的印象最深，而且印象一定极为强烈，促使婴儿的神经系统产生热情，在内心激起情感共鸣，进而促使他们发出相同的声音。

这个道理不难理解，人对音乐的感受就和这种现象很相近。人们在听音乐的时候，脸上的表情不仅随着旋律而变化，而且头和手也会跟随节拍活动。当然了，婴儿对语言的感受要比我们对音乐的感受强烈。婴儿是在无意识中受到周围声音感染的，人们很少看见他们的舌头、脸颊在动，其实，正是在这种静默之中，婴儿的每个器官都在学习发声。

上面说明了婴儿是如何听取声音的，那么，他们又如何学习语言呢？语言又怎样成为他们人格的一部分呢？

通常，人们把在婴儿期学到的语言称作母语，这种语言与后来学习的语言有明显的区别，类似于真牙和假牙的区别。

刚开始，婴儿听到的只是一些毫无意义的声音，可是过不了多久，他们就明白了其中的含义。那么，这些单纯的声音是怎样被赋予意义的呢？儿童不仅学会了词语和其中的意义，还掌握了句子和语言结构，因为懂得句子结构是理解语言的前提。比如人们说“玻璃杯在桌子上”，词语的排列顺序决定了句子的意思，表示玻璃杯的位置在桌子的上面。如果把语言顺序颠倒，说“上面桌子在玻璃杯”，人们就很难明白是什么意思了。儿童之所以能够理解语言的含义，正是因为他们掌握了语句的顺序。

那么，婴儿的认知力是如何发生的呢？人们常常说："孩子把这些东西记住了。"却没有想到记住东西需要有记忆力。可是，婴儿期的孩子还没有记忆力，相反，他们正要培育这种能力。还有，要理解语言顺序对含义的影响，就要懂得推理，这种能力婴儿同样不具备。很显然，婴儿对语言的学习是我们难以理解的，也是成熟的大脑无法完成的，因为其中有一种特殊的心理能力。所以说，儿童具备与成人不同的智慧。

可以这样说，成人是用大脑学习，而婴儿是通过心理能力直接吸收知识。

成人的学习只是接受，就是把知识输入大脑，储存起来，就像往花瓶里灌水一样，人与知识并没有建立直接的联系。相反，婴儿在学习过程中经历了一个转型，通过学习他们塑造了自身。他们逐步学会了自己的母语，在幼小的身躯内发生了一种精神化学反应，知识不仅进入大脑中，而且促进了大脑的发育。通过与周围环境的交流，婴儿就这样建立了自己的精神世界，我们把这时候的心理称作"具备吸收力的心灵"。

婴儿独特的心理能力到底是怎样的，我们没法想象，但是，这种能力的优势我们却不得不承认。要是成人也有这种能力该多好！人类最初的学习过程是一件极为伟大的事情，不仅逐渐掌握了知识，而且大脑得以发育成形。不过话又说回来，人类在这个过程中也要付出代价，当学习逐渐变成有意识的活动时，我们获得每一点知识都要付出很大的努力。

儿童学习的另一件大事是动作的学习。婴儿刚生下来首先要在襁褓中过大半年，这时他们基本上没有什么动作，可是用不了一年，他们就能够走动，而且学会做许多动作。其间，他们整天无忧无虑，开心地玩个阶段那么简单，发展也不再平静。在这个时期，他们的心理很不稳定，而且有一种反叛倾向，在身体发育方面，也没有前一个阶段简单。

令人担忧的是，学校教育往往不关心这些，他们不在乎学生是否同意，事先就制定好了作息时间表，要求学生必须遵守。学生们不得不长时间坐在教室里听课，用很多时间来学习。

几十年前，人们根本不关心 0~6 岁的孩子，现在这种情况有所改变，社会上已经出现了各种各样的幼儿园，担负起教育这些孩子的任务。但是大学教育还是老样子，没有任何实质性的变化。目前，大学仍然被认为是教育的最高目标，因为大学生都是智力超群的人，可是心理学家开始注重对人的研究，很多专家和我一样，出现了一种相反的认识倾向，相信教育最重要的阶段不是大学，而是 0~6 岁，我们相信智慧是在这个阶段形成的，并且人的心理也是在这个阶段定型的。这种认识激发了我们对生命潜能的研究，尤其是对新生婴儿和 1 岁儿童的潜能研究，科学家发现这个时期对人格的形成有着重要意义。

科学家对新生婴儿的兴趣，丝毫不亚于过去人们对死亡的兴趣。人死后是什么样子？以前人类一直在探讨这个问题。现在出现了一个新领域，再次激起人们无穷的好奇和想象，这就是在新生婴儿身上发现的很多潜能，这是人们过去完全不了解的。

除了人以外，没有一种动物需要如此漫长的婴儿期，这是为什么？在这个过程中到底发生了什么？我们无法得知。但有一点是毫无疑问的，在婴儿发育过程中，一种创造性的潜能一直在发挥作用。否则为什么刚出生的婴儿没有任何知识，什么都不知道，可是一年之后，就什么都知道了呢？

婴儿刚出生时没有记忆，脑子里一片空白，更不用说主观意志了。所有这些，都有待于在以后的时间中发展。动物却不是这样，小猫一生下来就会“喵喵”叫，牛犊和刚孵出来的小鸟一落地就发出和它们父母一样的叫声。刚出生的婴儿没有这种能力，他们只能发出哇哇的哭声。

人类无法决定自己的成长过程，也不能解决发展中出现的问题，不过，人类可以对发展过程进行研究。这是一个从无到有的过程，其中充满了无数奇妙的变化。人类要想了解这个过程是非常困难的。

如果以为不满 1 岁的婴儿总是在沉睡，那就大错特错了。因为他们的大脑和成人完全不同，这个大脑潜藏着巨大的创造力，这股力量正在发生作用，形成了他们奇妙的内心世界。在婴儿降临世界的第一个年头，他们的器官不但发育完善了，而且掌握了语言，此外，他们时刻都在储存身体发育所需的能量，因为智力发展必须以身体的发展为基础。

成人能够知道自己需要什么，婴儿却意识不到，这些伟大的创造活动，都是在婴儿的无意识中完成的。可以说，婴儿同时创造着知识和对这些知识的要求。

如果说成人的行为是有意识的，婴儿的行为则出于无意识，只是这种无意识并非我们想象的那样。无意识的头脑非常具有智慧，不仅婴儿是这样，包括昆虫在内的所有生物都是如此。正是这种无意识的智慧帮助婴儿成长，这是从对环境信息的吸收开始的。那么，婴儿是怎样从周围环境吸取知识的呢？就是通过运用上面那些特性。周围事物唤醒了婴儿的热情，吸引了他们的注意力，于是，在婴儿与环境之间就开始了一种互动。婴儿不是通过思想来获取知识，而是通过天赋能力吸取知识。

语言是这种学习方式最明显的例证。儿童是怎样学习说话的呢？对要，同时在一点点地学习动作，这个时候语言能力已经开始形成，身边发生的每一件事都会深深吸引他们，从而印在他们的脑海里。

儿童有规律地学习动作，每个动作都有特定的学习期。学习动作之前，幼儿无意识的心理发育就已经开始了，在学习动作的时候，大脑早已开始了对周围环境的学习。当儿童学习第一个动作时，心理活动就开始从无意识向有意识转变。只要对一个 3 岁的儿童进行观察，就会发现他在反复不断地玩弄一些东西，这些游戏活动是有意识的，儿童通过对玩具的研究，思维从无意识向有意识转变。从此，他们的行为也会逐渐变得有意识，而且通过自己的活动使自身得到成长。就这样，一开始无意识的游戏活动，逐渐变成了有意识的工作。手是人类智慧的工具，儿童的学习正是从手的使用开始的。

这些活动最终形成儿童的性格，同时也带给他们各种限制，这是因为经验的世界要比无意识的世界狭小得多。

这个神秘的学习过程从婴儿诞生就开始了。婴儿在这个过程中不断获得自己的力量，形成他的思想和意识，并成为他记忆的一部分，从而获得理解和思考能力。对于从事儿童教育的人来说，这个过程的最终结果就是，这些 6 岁大的孩子突然之间有了理解力，并且有耐心听老师讲话。

近年来，对婴幼儿心理的研究打开了人们的视野，人们被儿童的这个神秘世界震撼了。本书要做的事情，就是对 0~6 岁这个年龄段儿童的学习进行深入分析。

对于 0~6 岁儿童的心理成长发育，成人所能做的事情，不是教育而是提供帮助。如果我们能正确认识这个阶段儿童的心理发展，充分理解他们的需要，从而延长这个学习阶段，帮助儿童发展他们掌握知识的能力，将会是一件很有意义的事情。如果能使人类摆脱辛苦的学习过程，同时又能掌握更多的知识，这对人类来说是多么大的贡献。

一句话，对儿童心理的发现带来了一场教育革命。当人们发现婴儿的心理与成人完全不同；人们了解到婴儿的学习属于无意识的活动，这种无意识变成有意识的条件，是婴儿在游戏过程中从周围环境中吸取经验；当人们认识到教育不能直接介入儿童的学习过程，于是，儿童教育理念发生了根本变化。既然儿童能够自然地吸收知识，那么他们性格的形成阶段就非常重要。这一时期儿童需要正确的引导，而不是灌输知识，教育应该用来帮助消除儿童发挥天赋和创造力的障碍，使这种天赋能力充分发挥出来。所以，教育不再像过去那样，是一个灌输知识和观点的过程，而是一种向儿童的心理发展提供帮助的手段。

成人应该给儿童帮助，这并非因为他们幼小，而是因为他们天生的创造力还处于萌芽阶段，非常脆弱，需要成人的保护。而且，成人提供的帮助不是指向儿童本身，而是促进儿童天赋能力的发挥。

帮助儿童获得心理发展，促进儿童自然学习能力的发挥，使这种潜能不断得到提升——这就是当今世界教育新的发展方向。

只要成人对儿童的自然发展提供适当帮助，他们就会实现自身的独立

如果没有心理回归倾向，儿童会努力实现自身的独立。婴儿一旦脱离母体，就好像射出去的箭一样，朝自身独立的发育方向飞去。在这个

发展过程中，他们将不断克服各种阻碍，努力完善自身，这是因为在儿童体内存在着一种巨大的力量，这种力量会持续发挥作用。生理学家帕西·纳恩先生把这种力量称作“具有目的的行动”。

假如我们想在成人身上找到与此类似的东西，那就是所谓的“主观意愿”了。但是，这也是一个不大恰当的类比，因为主观意愿只是人意识的一部分，并且受到限制，而“具有目的的行动”却是生命的本能，是生命演进的推动力，这种力量是儿童成长的源泉，发育过程的一切行为都源自于它。假如发育不受任何干扰，儿童身上就会展现出一种“生命的愉悦”，他们会充满活力，会快乐健康地成长。

这种“自然发展”的基本表现，就是儿童对独立的要求。也就是说，只要成人对儿童的自然发展提供应有的帮助，他们就会实现自身的独立。儿童的心理发展是这样，他们身体的发育也是如此。因为身体也存在着发育完善的驱动力，并且非常强烈，只有死亡才能将它阻止。

下面我们将探讨儿童“自然发展”的各个阶段。新生的婴儿一旦脱离了子宫的“牢笼”，就迈出了独立的第一步。同时，出生给了他认识外在环境的强烈愿望，面对一个全新的世界，他开始学习，开始汲取各类知识来完善自己，形成自己的个性。从这个意义上来说，人生来就有“征服世界的欲望”。

这种“征服世界的欲望”是生命发展第一阶段的标志，这说明外在环境对儿童具有很强的吸引力。因此，我们完全可以这样说，儿童喜欢这个世界，或者借用凯兹的话：“对儿童来说，这个世界具有丰富的感官刺激。”

婴儿最先开始工作的器官是感觉器官。试想，如果这些感官不能吸收信息，它们又有什么用处呢?

我们环顾四周，可以看见什么？可以看见视野之内的所有东西；我们侧耳倾听，可以听见什么？可以听见可辨声域内的所有声音。人的感知范围很广阔，但人并非天生就能分辨这些东西。就拿声音来说，婴儿最初听到的只是一种混合的声响，之后，随着与信息经验交流的增多，才能逐渐分辨声音之间的差别，这个过程正好符合完全形态的心理学。

一个正常儿童的心理发展就是这样，首先吸取一切能够感知的东西，然后对它们逐一鉴别。如果情况相反，儿童无法感觉到周围环境的动人之处，反而对它存在一种恐惧感，外部世界就不再是感官刺激的源泉，而成为恐惧之源。

以上两种情况很明显存在差别。研究表明，如果婴儿 6 个月左右开始接受外部环境的影响，他会走上正常的发展之路，这可以从婴儿的身体发育中找到证据，也可以进行一些测试来证明。比如说，6 个月大的婴儿开始分泌胃酸，开始长牙，开始身体发育。这样一来，6 个月大的婴儿不仅可以吃母乳，还可以吃一些与母乳混合的食物，而在这之前，他们无法消化吸收母乳以外的任何东西。

可以说，6 个月大的婴儿已经达到相对独立的程度，他们好像在说："我们能够离开母亲了，我们能够独立生活了。"当儿童成长为少年时，身上还会发生类似的情况，那个时候，他们将会因自己对父母的依赖而感到羞愧，而且会尽力回报父母的养育之恩。

大约在 6 个月，婴儿终于能够发音了，这是一个重要标志，表明他们顺利完成了语言学习的第一个阶段。从这以后，儿童的发展速度将加快，直到他们完全独立。儿童一旦开始说话，就能够表达自己的需要，不再依赖别人。从一定意义上说，他已经是人类成员之一，因为语言是人类交流的工具，儿童掌握了语言，就能够开始社会交流。

儿童学会运用语言，开始与他人进行交流，这是他们成长独立的重要一步。起初懵懂无知、什么都不会的婴儿，现在能够听懂他人说话，而且可以自由表达自己的思想了，这真是令人惊讶，仿佛他们一觉醒来，就具有了倾听和语言表达的能力。

再过半年，1 岁的儿童开始学会走路，他们两条腿到处走动，随意乱跑。如果陌生人接近他，他会躲避，他在身体上也自由了。所以，他的各种能力逐步发展起来，一步步地迈向独立。现在，教育的问题不再是给儿童提供帮助，促使他们获得独立，他们已经独立了。这是生命发展的必然结果。大自然赋予生命独立的能力，也会全力促成这种能力的实现，把自由和独立全部赐予儿童。

学会行走对儿童的成长来说非常重要，不仅因为行走是复杂的肌肉活动，可以促进儿童身体发育的完善，还由于行走出现在儿童 1 岁左右，与儿童学习语言、对周围环境知识的汲取同时进行。

在哺乳动物中，只有人类需要经历学习行走的过程，其他哺乳动物一生下来就会走动，有的几分钟之后就能奔跑。人类则不然，刚生下来什么都不会，需要在襁褓中生存很长时间，逐渐培养这些能力。因为儿童在站立起来之前，需要先完成身体上三个方面的发展。

用两腿站立和行走看起来简单，其实是极为复杂的，需要身体几部分复杂的神经结构互相配合，其中主要取决于大脑底部的小脑。小脑是控制人的平衡和运动的器官。所以说，儿童是否能够行走取决于小脑的发展。

当儿童长到6个月时，小脑开始快速发育，这个快速发育的过程持续到14~15个月，然后速度逐渐放慢，到4岁半基本完成。在这一时期，儿童同时进行两方面的发展，不仅小脑和神经系统发育成熟，而且行动器官也发育成熟了。一个正常的儿童长到6个月就可以坐起来，9个月时可以爬动和打滚，10个月左右就能够站立，12~13个月开始学习行走，到15个月的时候，他们就可以平稳地走路了。

在学习行走的过程中，与运动有关的神经系统也开始发育成熟，比如脊柱神经就是在这时形成的。行走需要脊柱神经把大脑的指令传达给腿部肌肉，如果脊柱神经没有发育成熟，就无法进行传递。这对于控制肌肉很重要，因为行走过程是由各种肌肉活动协调完成的。

学习行走必需的第三个因素是骨骼发育。婴儿刚出生的时候骨质很软，腿还无法承受身体的重量，因此学会走路前需要骨骼硬化。另外，在这段时间，婴儿颅骨上的缝隙也会长满，即使儿童不小心摔倒，也不会伤及大脑。

在儿童的小脑、脊柱神经和骨骼发育成熟之前，父母不能教儿童学习走路，因为行走是由一系列组织协调完成的，需要相关器官配合。如果违反自然发展规律，只能给儿童带来危害，走路也是一个自然发展的过程，必须遵守自然规则。同样，如果我们想阻止一个发育正常的儿童走路，也是不可能的，因为他的相关器官已经发育成熟，必然发挥作用。

儿童获得行走能力之后，大大提高了他们的独立性。他们要获得自身的独立和发展，需要自由使用这些能力。心理研究表明，人的任何发展都不是必然的，而是有条件的，任何个体行为都来自环境经验。

如果我们认为教育就是帮助儿童发展，那么，我们只能为他们取得的每一点进步而开心，因为我们很清楚无法对儿童的成长提供实质性帮助。但是，我们对儿童的教育却存在这样一个问题，那就是环境经验的缺失，它可能会使儿童的发展减慢，甚至出现逆转。

教育首先要做的事情，就是为儿童提供学习环境，使大自然赋予他们的能力得到充分发挥。这不仅是出于我们的爱心，或者是为让孩子们高兴，而且是我们必须要遵循的自然法则，是要与自然进程保持一致的。

儿童跨过了这一步，还会要求获得更高层次的经验。我们只要对儿童进行观察，就会发现他们总在扩大自己的活动范围，总在想办法发展自己的独立性，他们总想按照自己的意愿行事，想要这个东西，想要那个玩具，想自己穿衣服，或者做一些奇妙的事情。这些都出于他们的心愿，大人却没有让他们这样做。他们获取经验的愿望如此强烈，以至于大人常常会阻止他们。这时，我们应该知道，我们不是在阻止儿童的行动，而是在阻挠自然法则的实现，因为儿童的行为是受自然法则支配的。

儿童在逐步摆脱对成人的依赖后，还会要求精神上的独立。他开始对获取的经验进行思考，寻找各种事物之间的联系，建立自己对世界的认识。就在这一时期，他的个性形成了。

社会必须给儿童足够的自由，让他们完全获得独立，让他们正常发挥自身的能力。这已经不是一个理论问题，而是需要我们马上去做的事情。因为只有通过自由方式和丰富的环境经验，人类才能实现自身的不断发展。这不是一种时髦的理想主义理论，而是基于对生命的科学观察，基于对自然的尊重而在客观事实上得出的结论。

这里所说的独立和自由的概念，不同于流行的观点，我们不能把自己的想法强加于儿童。许多人怀疑，成人能否给自由和独立一个正确的定义，因为我们缺乏对自由和独立的确切理解。人类目前对自由的理解存在很大分歧，这是毫无疑问的。通过对儿童心理发育的研究，人们相信自由、独立和生命的真实意义只有在儿童身上才能体现出来。自然是最公正、最慷慨的赐予者，它按照每个人的需求，给予他们自由和独立。只有在自然的怀抱里，自由才能成为生命的法则。

生命个体是怎样实现这种独立的呢？是通过一系列的活动。又是怎样获得自由的呢？是通过不懈的努力。生命是一种处于喷发状态的能量，无法停止向前。独立不是一个被割裂的静止状态，而是一个不断征服的过程。自由只能通过强健的体质和完美的个性来证明，所以需要进行不懈的努力。婴儿的第一本能，就是逐步摆脱对他人的依赖，自行其是。

在争取独立的过程中，儿童的第一个意识就是进行自我保护，使自己免受外来伤害，同时避免他人的阻碍，实现自己的要求。一些俗人认为，最好的生活就是无所事事，躺在床上什么事也不做，饭来张口，衣来伸手。如果真是这样，婴儿出生前的生活最舒适不过了，那时他在妈妈的子宫里，什么事情都不用操心，一切都交给妈妈去办。可是，想想婴儿学习语言的辛苦过程吧，为了实现与他人的交流，襁褓中的婴儿担负着繁重的工作。如果无所事事是生命的最佳状态，那么儿童何必学习说话，在襁褓里受人照顾不是挺好吗？学会说话后，还要学习吃饭、学习走路、学习动脑筋思考，这些活动都需要不懈努力，可是，孩子们并没有逃避，他们表现出强烈的进取意识，而且因为对周围环境的不断熟悉而欢欣鼓舞。

儿童不但向我们证明了知识的价值，还表明自然教育方法和社会教育方法的不同。儿童通过自身的行动来寻求独立，他们不关心其他东西，而是一心学习自己需要的知识，汲取周围世界的经验。我们必须明白，给予儿童自由和独立，就是给予一个勤奋的工作者自由和独立，他们停止工作就不能生存。这种生存规律适合一切生物，违背这种规律只能倒退。

一定要给儿童提供丰富多彩的生活环境

如果我们想提高人类的精神生活水平，就必须知道儿童的大脑具有一种天然吸收力，能够从周围环境中汲取养分，变成有用的知识，以此促使他们成长。所以，我们必须给儿童提供丰富多彩的生活环境，激发他们敏锐的感受力，这对刚出生的婴儿来说尤其重要。

我们知道，儿童的成长发育过程有许多阶段，环境在每一阶段都起着重要的作用，最重要的是婴儿刚出生的那一段时期。不过，认识到这一点的人并不多，在不久之前，人们还怀疑两岁大的儿童有没有精神需求呢。所以可以说，对儿童精神需求的研究已经刻不容缓，如果我们再忽视下去，将会后患无穷。

在 20 世纪，对儿童成长的研究集中于身体方面，因为医学卫生取得了巨大的发展，大大降低了婴儿的死亡率。也正是由于这个原因，医疗研究集中在人的身体方面，忽视了对人的心理健康的研究，在儿童教育方面也很难找到正确的理论作为心理健康的依据。

那么，自然发展史向人类传达了什么呢？自然告诉我们，婴儿一出生，精神上就要经历一个适应外部环境的阶段，这个适应阶段不仅对儿童的身心发展很重要，对其他哺乳动物也同样重要。

必须明确的是，人类和其他哺乳动物不同，人类没有与生俱来的行为能力，这种能力需要不断培养。就儿童的发展来说，教育的问题不是唤醒天赋的精神能力，而是实现这种天赋的创造力，正因为如此，环境的影响就非常重要。另一方面，既然环境的作用如此之大，我们就应该认真观察婴儿的生活环境，不能让他们和周围环境发生矛盾，导致出现衰退倾向。我们需要保证儿童对环境充满兴趣，以促进他们的学习发展。

生命的第一年可以分为几个阶段，每一阶段发育的重点不同，需要给予特别关注。

第一个阶段很短暂，就是婴儿的出生。在最初几天里，应该让婴儿与母亲多接触，多交流。婴儿出生前生活在母亲子宫里，那里安静、温暖而且黑暗，因此育婴室的温度、光线、声音要尽量与婴儿出生前保持一致。在美国，医院一般将产妇和婴儿安置在玻璃房子里，这里的门窗都是蓝色玻璃，光线柔和，室内温度也有严格控制，婴儿刚出生时，接近母体温度，随后逐渐向外界温度靠近。

人们有个习惯的做法，就是婴儿一生下来，先把他放进水里洗澡，这样做很不合适，因为婴儿受到的刺激太强烈了。另外，也不应该很快给婴儿穿衣服，因为婴儿并非没有知觉，大人应该尽可能少触摸他们，也没有必要给他们穿衣服。最合适的做法其实是，婴儿刚生下来，把他放进一个安静、黑暗、足够温暖的房间。

我们移动婴儿时也要注意，不应该用手臂去抱，最好用柔和的鸭绒被轻轻托住他们，无论抱起还是放下，动作都要轻，使婴儿免受伤害。为了防止微生物的侵袭，进入育婴室的人必须戴上口罩。以上这些措施不仅是从安全卫生上考虑，也是把母婴看作一个互相交流的整体，就如婴儿出生之前一样。一句话，我们必须按照自然的要求，帮助儿童适应这个世界。

在母亲和婴儿之间有一条特殊的纽带，婴儿从母亲那里获得一种力量，帮助他适应外部环境。可以这样说，出生只不过是改变了婴儿与母亲的位置，他们从母亲体内到了体外，其他方面的联系与交流并没有改变。几年前，人们还不这样看待母亲与婴儿之间的关系，人们都认为婴儿一出生，就与母亲完全分开了。

上面提到的照顾婴儿的方法，已经得到普遍认可，不过实践表明，这些方法并不适合整个婴儿期。婴儿出生一段时间后，母子俩就应该都摆脱隔离的状态，回到人群中生活。无论儿童还是成人，一旦进入社会生活，就会遇到一些问题。不过，社会环境对儿童带来的影响与成人完全不同。

有一种说法很有道理，“大人越富越好，孩子越穷越好”。想象一下，富人的孩子虽然可以得到很多礼物，物质条件优越，但是母亲为了自己安逸，常常会把孩子交给保姆和奶妈；穷人就不同了，母亲总是把孩子带在自己身边，这种做法才符合自然规律要求。

母子相依阶段一过，儿童就能够适应环境了，他们开始踏上争取独立的道路，不断从周围环境中吸收自身成长需要的东西。

前面说过，儿童对独立的获取是一系列“征服”行动，第一步就是运用他们的感觉器官。因为婴儿的骨骼还没有发育成熟，无法自由活动，他们只能运用大脑和感觉器官感知和吸收周围的环境信息。

儿童都有一双明亮、充满渴望的眼睛，这双眼睛不停地转动，好奇地打量着周围的世界。科学研究发现，儿童的眼睛不仅对光敏感，还能够接受各种各样的信息。

从结构看，人的眼睛和动物的眼睛没有区别，都像一个照相机，吸收光线形成影像，可是人眼吸收的信息量远远大于动物，因为动物并不是对周围的事物都敏感，它们只对某一些事物敏感，因此动物的眼睛使用范围很有限。

猫的习性是夜间捕食，眼睛就只适合夜间活动。其他夜间捕食的动物也是这样，它们的眼睛对移动的物体非常敏感，对静止的物体却没有感觉。猫一旦发现移动的猎物，会迅速出击，对潜伏不动的猎物却毫不在意。有些昆虫也是这样，只对特定的颜色敏感，它们能够在这种颜色的花里找到食物，对其他颜色的花却视而不见。另外，刚出壳的昆虫幼虫没有方向感，它们只能依靠本能，用眼睛来确定方位。可以说，正是这些本能局限约束了生物的行为，而人却不受感官的控制。

与动物完全不同，儿童的感觉器官遵循不同的规律。猫只对移动的物体感兴趣，儿童却没有这样的限制，他观察视野中的一切东西，并且吸收从环境中获得的经验。儿童也不是机械地观察事物，环境信息同时能够引起某种心理反应，对他的人格形成产生影响。通过以上的对比，我们可以说，如果一个人像动物一样，行为仅仅受本能欲望的驱使，他的心理发育就不成熟，必定会出现许多缺陷，人的行为应该遵循的规律也许还存在，但是对他的作用要小得多。这样的人难免成为一台机器，一个感官局限的牺牲品。

必须明确的一点是：儿童发展过程反映出的规律极为重要，人类应该重视这些规律。

对动物与人类感官能力的比较，有助于了解儿童对环境经验的学习和吸收。很多昆虫善于伪装，喜欢把自己混入环境中，比如，有些昆虫依附在树叶或叶茎上生活，形体也逐渐变得和树叶或叶茎相似。这种趋同现象也适用于儿童，他们尽力吸收周围的环境信息，努力融入环境，成为环境的一部分。环境给儿童留下深刻印象，对他们的身体和心理变化产生影响，使他们大脑接收的经验接近环境信息，这就存在一种趋同反应，让儿童与生活环境日趋一致。

上面只讨论了昆虫，其实所有生物都有这种能力，吸收环境信息和适应环境，并且逐渐与环境融为一体，只是对动物的影响侧重在身体方面，对儿童的影响在心理方面。

儿童看待世界的方式与成人不同。成人看到喜欢的东西，会说一声“太好了”，随后去做自己的事情，记忆里只留下模糊的印象。而儿童则不然，环境会在他们心里留下深刻的印象，通过这些经验，他们塑造自我。在婴儿刚出生的一段时间，这种作用尤其明显。人类的个性形成于婴儿期，包括语言、宗教、种族等，这些都是通过儿童特有的内在力量获取的，并且将伴随他们一生。儿童就是通过这种方式适应世界，在这个过程中，儿童的大脑日益成熟，也充分体验到生命的快乐。儿童还具备一种自我调整的能力，以适应各种不同的环境。如果我们想要帮助儿童，就先要弄明白，应该给他们提供一个什么样的环境。

如果是一个 3 岁的孩子，他可能会告诉大人自己想要什么，可是婴儿还无法意识到自己的需求，也不能表达。大人应该清楚，婴儿缺少的不是玩具或鲜花，我们应该提供给婴儿发展阶段所需要的东西，我们也应该知道婴儿需要什么，这就是能够激发他们发挥成长潜力的行为的条件。

既然如此，人们必然提出这样一个问题：我们应该为新生婴儿准备什么样的环境？这个问题现在无法给出答案，因为到目前为止，婴儿总是在他所遭遇的环境中成长。儿童要学习一种语言，就必须生活在说这种语言的人群中，否则就无法学会。儿童要想获得某种精神特质，就必须生活在具有这种特质的人群中。构成人生活的行为方式、习惯和传统，只能从相应群体的生活中得来。

科学家对婴儿心理发展所做的研究，大大改变了人们的观念。过去，人们对婴儿的关注集中在身体和卫生方面，一般的做法是：把新生婴儿隔离开来，单独放在一个安静的房间，尽量让他们睡觉，如同对待一个病号一样。

现在我们知道，这种做法对儿童的精神是有害的。如果让初生的婴儿和母亲分离，单独住进育婴房，由保育员看护，他们就享受不到母爱，每天面对的只是几个保育员，这些人把他们放进婴儿车，他们无法看到周围的环境。这样做，婴儿的心灵深处就会出现一种渴望和不满，这种影响会阻碍他们的正常发展。

第二次世界大战之前，欧美的富裕家庭大都用这种方法对待婴儿，幸运的是，战后这种情况发生了改变，贫穷和小家庭把儿童送回了父母的身边。

在发达国家，怎样对待儿童已经成为一个社会问题。研究表明，当儿童可以走出房门的时候，大人就应该把他们带出去，让他们看看周围的世界。现在，婴儿车和育婴房也有了很大改观，育婴房不仅符合卫生标准，周围还张贴了很多彩色图片，当婴儿斜躺着时能看见周围的东西，就再也不必死盯着天花板了。

婴儿语言学习的问题就没那么容易解决了，尤其在雇用保姆的情况下，因为保姆通常与儿童属于不同的社会阶层。

还有个问题，就是父母与别人交谈的时候，儿童该不该在身边。尽管带着孩子参加社交活动会带来很多不便，父母还是要尽可能把他们带在身边，孩子可以观察父母在做什么、说什么，虽然他们不明白发生的事情，但他们的潜意识会吸收很多东西，从而促进他们的成长。我们说不清楚儿童在户外活动时关心什么，但父母不能因此放弃自己的责任，而应该对儿童的行为进行观察。如果母亲对孩子足够关心，就能发现吸引孩子的东西是什么，并且要把孩子抱到这个物体旁边，让他仔细观察，这时，儿童的脸上会出现好奇、兴奋的表情。

在帮助儿童发展的问题上，我们应该抛弃一切陈规陋习，在思想上进行一场革命。要知道，决定人一生的性格，是在儿童时期通过与环境的适应过程建立起来的。因此，大人应该尽量保证儿童与周围环境有充分的接触，否则这些儿童长大后会成为社会的负担。

生活中许多问题，其根源是个人无法在道德上适应社会。这种情况说明，对待儿童的态度、照顾儿童的方式，对一个文明社会来说非常重要。

人们不禁要问，为什么我们一直没有发现这样一个明显的事实？对此，那些墨守成规的人会反问道：过去的人不了解这些知识，他们又是怎样过来的呢？有的人会这样说：人类的历史久远，世界上曾经生活过千千万万的人，他们并没有这方面的知识，不是照样学会了说话、适应了当时的社会生活吗？

我们为什么不放开眼界，看看生活在其他文化背景下的人呢？这些民族培养儿童的方式远比我们科学，我们自以为是文明人，对待儿童的方式却违背自然规律。在世界上大多数地方，母亲和孩子密切相连，是一个不可分割的整体。整个儿童时期，孩子都和母亲在一起，他们总在妈妈身边，一起出门、一起采购家庭用品，母亲与小贩讨价还价，孩子就在旁边听着，把整个过程看得一清二楚，这不仅加强了母子间的联系，也增强了儿童适应社会的能力。

如果不是因为现代文明破坏了这种习惯，母亲不会把孩子交给他人，因为这种做法违背了自然法则。在传统关系中，孩子分享着母亲的生活，是她的听众，接受她的教育和指导。母亲对孩子总有说不完的话，也许她们过于健谈了，但这对儿童的发展很有好处。因为儿童只听妈妈的爱语是不够的，他们需要听到大人所有的话，看到与谈话相关的一切行为，虽然不能理解，但他们会以自己的方式逐步领会。

在照顾儿童方面，不同的社会群体和民族有所不同，在携带孩子的方式上，就存在很大差异。说来非常有趣，现代人类学曾经专门研究过这个问题。这些研究表明，很多地方的母亲不是用胳膊抱孩子，而是把他们放在小床上或者袋子里。有些地方，母亲出门办事的时候，会用绳子将孩子和一块木板连在一起，然后搭在肩膀上。有的母亲把孩子吊在脖子上，有的绑在背上，有的装在篮子里。

无论用哪种方式携带孩子，大多数地方的母亲都会把孩子带在自己身边。还有一个共同之处，各地母亲在携带孩子的时候，都很注意保证他们的正常呼吸。比如，把孩子背在身上的那些民族，一般都把儿童的脸朝前，日本母亲就是这样，她们把孩子绑在背后，孩子的头高出肩膀，就是为了正常呼吸，日本人因此曾被称为“双头民族”。印度母亲就不同了，她们通常会把孩子兜在自己的臀部上方。北美的印第安母亲则用一个摇篮式的东西把小孩系起来，背在身后，孩子的背朝着母亲。无论如何，对这些母亲而言，把孩子丢下不管的想法是无法理解的。人们在非洲看见过这样的事，一个部落为女王举行加冕典礼，在全部仪式中，这位女王手里始终抱着自己的孩子。

还有一个问题，就是延长婴儿的哺乳期。母亲对婴儿的哺乳有时到一岁半，有时到两岁，有的延续到三岁，这已经不是一个营养问题，因为 2~3 岁的儿童完全可以消化吸收其他食物。延长婴儿的哺乳期，目的在于增加孩子与母亲在一起的时间。根据我在上文阐述的道理，这样在无形中会为儿童的发展提供帮助。

孩子和母亲生活在一起，他们就能最大限度地发展自己。即使妈妈忙于家务，不和孩子说话，孩子也能与周围世界进行交流。他们跟着妈妈上街，可以听到人们的对话，观看路上的行人、车辆、动物等，这些东西会在孩子的大脑里留下印象。只要注意观察就会发现，当母亲和小贩交涉的时候，她背上的小孩是听得多么带劲呀！母亲的语言和动作能引起孩子的极大兴趣。

有个现象很有意思，只要孩子没生病，他们和母亲一起出门就不会哭，他们可能呼呼大睡，但从来不哭。有人说，西方国家的孩子比较爱哭，我就常听到朋友们抱怨自己的小孩爱哭，她们常常坐在一起讨论以下几个问题：怎么安抚孩子，怎么使哭闹的孩子安静下来，怎么让孩子高兴。现代心理学对此的解释是："儿童经常哭、性格暴躁、动辄发脾气，表明他们处于精神饥饿状态。"

无论出于何种考虑，安全也好、卫生也好、健康也好，限制儿童的活动范围都是有害无益的，儿童的潜能不可能在一种类似囚禁的生活中发挥出来。世界上许多国家，人们的生活依从自然习惯的要求，他们无意识地采用了正确的育婴方法，而西方人也必须明白这个道理，并且有意识地改变这种不良状况。

家教延伸阅读

如何让哭闹的宝宝静下来

调查表明，约有一半的新生儿一天之中哭闹的时间超过两个小时，有五分之一的新生儿无休止地号啕大哭，这常常令初为父母的爸爸妈妈束手无策。更为严重的是，新生儿的持续啼哭声容易导致新生妈妈产生疲劳感和绝望感而患上产后忧郁症，对身心造成极大的伤害。新生儿长时间的哭闹，还会引起其他一系列问题，比如母乳喂养失败、婚姻中出现紧张气氛，甚至诱发虐待儿童的暴力事件发生。

面对这些问题，早教专家给新生儿的父母介绍了五个安抚新生宝宝的小窍门“嘘、侧、包、吮、摇”。据了解，这种方法源于美国儿科医生哈韦·卡普博士多年的临床经验和5000多例婴儿的实际安抚案例研究。这五个小窍门具体如下：

声音：其实胎儿在母体中的环境并不是非常安静的，母体中有母亲血管流动的“唰唰”声、母亲心脏跳动的声音、肠胃蠕动的声音、说话的声音等。新生宝宝耳膜较厚，对于成人来说有点响的声音对新生儿来说可能刚好合适。家长可以为宝宝营造这种类似的声音环境，使用吹风机、吸尘器、收音机、烘干机或者流水，都可以达到类似的效果。对着宝宝的耳朵发出“嘘”声也让宝宝很受用，他们可以从中获得安全感。

侧抱：家长常常采用让婴儿平卧在怀里的姿势抱孩子，但事实上这样往往无助于安抚宝宝。美国专家认为，刚刚降生的婴儿事实上还没有准备好迎接新的环境，对他们来说，从子宫的温暖环境里出来就类似于让普通人从树上掉下来，刺激了人类与生俱来的“莫罗反射”，表现为哭闹不停。而把婴儿竖直抱起来或侧抱着则会关闭这一反射，让宝宝尽快安静下来。

包裹：胎儿在妈妈的子宫里是被紧紧包裹着的。专家认为，“襁褓法”可以让宝宝感觉好像又回到了子宫，获得被保护的安全感。具体方法是：使用长宽均为 1.5 米的包布将宝宝包裹好，在不妨碍宝宝正常呼吸的前提下，尽量裹得紧些。

吮吸：宝宝在预产期前 3 个月就开始练习吮吸手指了。父母可以把干净的手指放在婴儿的嘴巴里，或是给他使用安抚奶嘴。吮吸不仅能够缓解宝宝的饥饿感，还会激活大脑深处的镇静神经，将宝宝带入深沉的平静，让宝宝进入满意的放松阶段。

摇晃：在妈妈的子宫里，无论妈妈走路、坐着看电视，或是睡觉时翻身，宝宝的感觉就像在海上坐船一样舒适，因此轻轻地摇晃会受到新生宝宝的喜欢。但专家提醒父母注意：摇晃宝宝的幅度要小而快，不适当的摇晃可能导致婴儿身体受到伤害甚至猝死。

002

把握孩子的敏感期

儿童是从无到有，

靠自己的力量，

不断向前发展的，

这就是儿童实实在在的理性，

敏感期就是围绕它而展开的。

孩子的双手是展现智慧的工具

有意思的是，心理学家认为儿童的正常发展有三大步，其中两大关键步骤和运动有关，即开始走路和开始说话这两种活动。所以科学家把儿童这两种运动功能看作是“星象图”来预测他们的未来。这两种复杂运动的完成表明儿童在获得运动功能和表达方法上赢得了第一个实效性的胜利。

如果就语言对于思维的发展来说，语言是人类独有的特征，行走不足为奇，它是人与其他动物所共有的特征。动物与植物不同，它们可以到处活动。这种运动是通过一些特别的器官作用而产生的。行走也成为人类基本的特征之一，然而即使人有如此巨大的空间运动能力，甚至可以绕行整个地球，也不能说行走是人类的独有特征。

与人类智慧最紧密相关的是手的运动，它专门为人类的智慧服务。众所周知，人类是最早把经过削凿和磨光的石块用作工具的，表明史前时期的某些地方已经有最早的人类存在。工具的使用标志着有机体在生物发展史上的一个新的里程碑。通过手的劳动，把语言刻在石块上，这时语言本身才成为人类历史的记录媒介。人的特征之一就是双手的解放，这样，人的双手不再是运动的工具，而变成了智慧的工具。这种功能使双手服务于智慧，人类手的进化不仅使人在动物界占有一个更高的地位，还通过其运动把人作为一个有机的整体突显出来。

人的手非常精细，也非常复杂，它不仅展现了智慧，并且使人与环境形成了特殊的关系。我们完全可以这样说，人是靠双手开拓环境的，并在大脑理智的指导下改变环境，进而完成改造世界的使命。

所以，我们应该根据儿童最初的现象，即语言的出现和手的运用来评价儿童的心理发展水平，考察他们的心理活动。研究语言的出现，研究手在劳动中的运用，完全合乎逻辑。

人的潜意识可以认识到并重视心理的这两种外延表现，语言和手的重要性显示出来，人们往往把它们看作是人类的独有特征。这里所说的是某些与成人的社会生活相关的仪式，例如，一个男人在和相爱的女人订婚时他会“许诺将来”；当男人和女人结婚时，他们携手“海誓山盟”；在问一个女人是否愿意和他结婚时，他“握住女人的手”；男人在宣誓时要举手宣读誓言。手在宗教仪式中的大量应用，强烈地表现了一种自我的意识。彼拉多(Pilate)不愿对耶稣的死负责，于是在公开场合洗手，既是真的也是象征性的洗手。在做一些最严肃的弥撒时，神父在祭坛上总是说：“我将在无罪的臣民中洗手。”他讲话时并没有用水洗手，因为他在上祭台之前早已把手洗干净了。

这些例子虽然不同，但一致表明人们在潜意识中把手当作内在的自我。如果事实果真如此，那么基本的人类活动中儿童手的发展几乎可以比任何东西更令人惊叹、更具有神圣感。所以我们应该对儿童第一次朝着外界事物伸出小手的举动充满期待。这是儿童的小手第一次有智慧的举动，它是儿童要进入这个世界的宣言，成人应该对这种举动表示由衷的赞美。有些成人则相反，他们害怕孩子伸出小手，去拿一些毫无价值和无关紧要的东西，为了不让儿童拿到，他们千方百计地把东西藏起来。成人总是说："不要碰！"就像他总是重复说："别动！老实点！"成人潜意识里隐藏着一种焦虑感，并促使他筑起一道防线，他们如临大敌，就像需要同侵犯他们财产和安全的强盗作秘密的斗争一样，他们需要他人帮助解决这个问题。

儿童最初的心理发展需要在环境中有一些他可以看到和听到的东西。由于儿童发展自我必须通过自身的运动和手的活动才能实现，因此要提供一些能帮助他们工作的东西，给他们提供"活动的对象"。但是，家长却忽视了儿童的这些需要，儿童周围的东西都是成人所有的和所用的。这些东西对儿童来说是摸不得的，他被告知"不许碰任何东西"。如果儿童碰了一些不该碰的东西，轻者受责骂，重者受体罚。成功地找到某个东西的儿童，就像发现了一块骨头，躲到角落里去啃的饥饿的小狗，想从无营养的东西中汲取营养，还为有人会把它抢走而担惊受怕。

儿童的活动不是一系列偶然事件。他在自我的指导下，进行有组织、有目的、协调的活动。他进行无数的试验，用内在精神把他的表达器官和组织协调起来。儿童必须能自己做主，独立完成自己的行动。在他塑造自我的过程中，其活动有一个独有的特征，它不只是偶然性的或一时冲动的结果。

儿童并不是没有目的地乱跑、蹦跳，玩东西，把屋子搞得乱七八糟。他是从其他人的活动中获得启示，进行建设性的活动。他试图像成人一样去做事，模仿成人使用物体或工具，所以家庭和社会环境对儿童的活动有着直接的影响。儿童会试图去扫地、洗盘子、洗衣服、倒水、洗澡、梳头、穿衣等，我们把儿童这种天生的活动倾向称为“模仿”。但是儿童的这种模仿不同于猴子的模仿行为，儿童的这些活动起因于一种有智慧的心理模式。

认识在先，行动在后，儿童的心理活动支配着他的活动。当儿童要做一件事时，他事先已经知道它是什么才去做，他很渴望做别人正做的那件事。我们会发现儿童的语言能力发展也存在类似的情况。儿童通过聆听周围人的谈话获得语言能力。他的记忆力帮他把以前听到的词汇记住，之后他会根据需要来运用适当的词汇。儿童并不像鹦鹉那样运用词汇，他们在语言上的模仿与之截然不同。这是非常重要的区别，我们因此认识了儿童和成人之间的关系，这种区别也帮助我们更深入地理解儿童的活动。

儿童对细节非常敏感

目前已经有足够的证据表明，儿童智力的发展并不像机械分析的心理学家所认为的那样，智力是在外部条件催化下慢慢发展起来的。但是，这些机械分析的心理学家的教育理论和实践却一直深深影响着我们，因此也影响到儿童的教育。

他们的观点是这样的：外部物体的影响是通过闯入我们的感官大门而实现的。这些体验在心灵里稳固，它们逐渐融合，变得有条理，这样才形成智力。他们先假设儿童在心理上只能被动反应，听凭环境的影响，然后推论出儿童的智力是完全被成人左右的。另一个与之相似的观点认为，儿童不仅在智力上是被动反应的，并且像一只空瓶子，可以被随便填满。

我们依靠自己的经验可以清楚地证明，千万不要忽视环境对儿童智力发展的重要影响。众所周知，我们的教育体系非常重视儿童的教育环境，并把环境当作教育体系的核心内容。我们比其他的教育体系更大限度、更合理地发展儿童的感知能力，但是我们的观念与他们不同。对于那种认为儿童只是一个被动接受者的旧观念，我们持有不同看法。

我们更强调的是儿童内在的敏感性。儿童有一个慢慢发展的敏感期，这个敏感期可以持续到 5 岁，我们还试图使儿童具备从环境中吸收经验的能力。儿童正处于一个积极观察周围环境的人生阶段，他对周围的感知通过他的感官吸收得到，但他并不是像镜子一样全盘接受。一个真正的观察者是根据自身内在冲动的需要，根据感觉或特别的兴趣来行动的，从而有选择地获取体验。

美国心理学家詹姆斯（W. James）谈到，从来没有人可以感知一个物体的整体面貌。这同时表达了一种观点：每个人因为个人的局限，只能看到一个物体的部分情况，也就意味着一个人描述物体时，往往是根据他的感觉和兴趣来描述。所以，对于同一物体，人们往往用不同的方式描述。詹姆斯为此找到一个巧妙的例子。他说："如果你穿着一件新衣服并且感到很满意，你出门时就会开始专注地观察别人是否穿着同一款式的衣服。假如你在车流滚滚的公路上这么看，那就极有可能丧命车轮之下，非常危险。"

也许我们会问，儿童吸取了无数外部经验，那么，他们选择某种体验的特殊兴趣点是什么？詹姆斯所举的例子不可能存在，因为儿童不会受到外界因素狭隘的影响。儿童是从无到有，靠自己的力量不断向前发展的。这就是儿童实实在在的理性，敏感期就是围绕它而展开的。儿童获得理性的过程确实是自然的和充满创造性的，他依靠从环境中吸取的经验来获得力量，像活泼的生命在逐渐成长。

儿童的理性为生命提供了原动力和能量源泉。各种体验随时被整理排列起来，为理性服务，儿童用他最初的体验来完善理性。儿童获得体验的需求是如饥似渴，永不满足的。儿童会被光线、色彩和声音强烈地迷住，同时感到乐不可支，这早已为我们所知。但我们必须指出，这种理性的产生和形成是自发的运动过程，是一种由内部引发的现象。儿童的心理状态值得我们关注。儿童从无到有地发展他的理性，这是人特有的品质。甚至在蹒跚学步时，儿童就已经沿着这条道路勇往直前了。

我想起一个感人至深的例子。一个只有 4 个星期大的婴儿，从未被带出过他的房间。一天，家里的保姆抱着这个婴儿走动，这时婴儿同时看到了他的父亲和叔叔。这两个人身高差不多，年纪也相近。婴儿非常吃惊，感到很害怕。他的父亲和叔叔知道我们的职业，就请我们帮助消除婴儿的这个障碍。我们要求他们兄弟两人只要在婴儿的视线范围内，就一直分开，一个在左边，一个在右边。这个婴儿转过头去看着其中一个，凝视了他一会儿，就突然呵呵地笑起来。但随后他突然又变得忧虑，马上扭头端详另一个人，看了一小会儿，他也对那个人呵呵地笑了。他把头左右扭来扭去，表情一会儿担忧，一会儿欣慰，直到他终于分辨出两个人的样子。这两人在这个婴儿看来曾经是同一个男人。他们在不同的场合和婴儿玩耍，曾经把他抱在怀中，满怀深情地跟他说话。这个婴儿开始还以为，有一个男人和他的母亲、保姆和家里的其他女人不同，而且他从来没有看见过两个男人同时在一起，因此突然同时出现的两个男人使他警觉起来。他周围的环境中突然出现一个男人，然后他又见到另一个男人，这时他明白了自己犯的第一个错误。尽管他出生刚刚 4 个星期左右，但他实实在在体验到人类理性的谬误和可笑。

如果这两个男人不知道婴儿从出生起就有着自己的心理活动，他们就无法帮助婴儿。这样的帮助使婴儿走出艰难的一步，并开始思考，以此获得更多的体验。

再讲讲年龄更大一些儿童的例子。一个 7 个月大的孩子坐在地板上玩一个饰有花和儿童图案的枕头，并兴冲冲地用鼻子闻着图案上的花，亲吻着图案上的儿童。一位照看他的女仆没有受过儿童护理方面的教育，她以为给孩子闻闻和亲吻其他东西，一定会让孩子更高兴。于是她急忙给孩子拿来许多东西，并说："快闻闻这个！快吻吻那个！"但结果很不妙，儿童幼小的智力被扰乱。孩子通过识别图像正在形成自己的模式，然后把它们存储在记忆中。他干得既高兴又平静，这对于他的理性筑建工作很有益处。当他试着获得一种内在秩序，进行神秘的工作时，却被一个无知的成人打乱了。

因此，成人粗暴地打断儿童的思路或企图分散他的注意力时，就有可能给这种艰苦的内部工作带来障碍。在游戏中，成人拉着儿童的小手，亲吻他，或把他哄睡着，却不关心他特有的心理过程。如果成人无法意识到这种神秘工作，就可能彻底毁灭儿童最初的心理成长过程，就像海水冲上了沙滩，卷走用泥沙砌成的城堡，所以在沙滩上堆沙雕的人们必须重新开始工作。因为无知，成人很可能使儿童的基本欲望受到抑制。儿童应该得到愉快的体验，只有在获得深刻体验，并能区分它们之后，儿童才能形成自己的智力。

一个著名的儿童营养专家曾做过很有趣的实验。他在自己开设的诊所做过的实验使他得出这样的结论：在儿童食物方面也必须充分考虑个人因素。他发现儿童在某个年龄之前，还没有一种东西能替代母乳的营养价值。一样东西，对一个孩子来说是好的，但对另一个孩子却可能是坏的。他的诊所在形式和理论上树立了一个典范。他的方法在6个月以下的儿童身上效果极好，但对6个月以上的儿童却不管用。这令人不解，因为6个月以上的儿童，人工喂养比早期喂养容易得多。

一些贫困的母亲不能给自己的孩子喂奶，所以去咨询这位专家如何喂养孩子。专家在这个诊所内开设了专门的门诊处，他发现这些贫困父母的孩子并不像住在诊所里的孩子那样，在6个月以后表现得营养失调。这位专家经过反复的观察后终于认识到，这个现象是由于心理因素的作用。他开始意识到，诊所里6个月以上的儿童，“由于心理不健康而产生厌倦情绪”。随后他给儿童提供了不少消遣和娱乐活动，不再让孩子们只在诊所里散步，而带他们到新奇的地方玩耍，结果，他们的健康恢复了。

我们可以用大量的实验证明：1岁以前的儿童能从他们周围的环境中获得惊人的体验，还能从图片中认出他所熟悉的环境。但我们要进一步知道，儿童的这种体验一旦获得，他们就再没有强烈的兴趣了。

1岁以后，儿童不再为一些漂亮的物体和鲜艳的色彩而激动。我们注意到这种欣喜若狂正是敏感期的特征，但是，他们对我们不注意的小物体开始产生兴趣。可以说，他开始对不显眼的东西或我们很少注意的东西感兴趣。

我是在一个 15 个月大的小女孩身上发现了这种敏感性。我听到她在花园里放声大笑，这对一个小孩来说太不寻常了。她坐在平台的砖头上，看起来完全沉醉于一种发现的愉悦中。附近有一个美丽的花坛，种着的天竺葵在骄阳下看起来非常艳丽，但这个小女孩并没有看着花，而是眼睛盯在地面上。尽管地面上没什么可看的东西，小女孩却有一种无法捉摸的奇特兴趣。我慢慢走近她，仔细看着这些砖头，却没有看到任何好玩的东西。但是这个小女孩却严肃地对我说："那里有一只会动的小东西。"她指给我看，我看到了一只颜色跟砖头一样、小得几乎看不出来的昆虫，它正在飞快地跑着。原来，引起这个小女孩开怀大笑的是一个小生物，它会动、会跑，这极大地满足了她的好奇心。这种欢乐不是从太阳来的，不是从花朵来的，也不是从鲜艳的色彩来的。

可以这样认为，在儿童两岁以前，他的天性会逐渐通过一些阶段来引导智力发展，直到他充分理解周围环境中的东西，这种活动才会暂停。

我还可以举一些来自我亲身体验的例子。我曾经引导一个大约一岁大的小男孩看一本成人题材的设计精美的书。这是一本由多雷（G. Dore）配插图的《新约全书》。该书复制了一些名画，其中有一幅画是拉斐尔（Raphael）的《主的荣光》。这个小家伙在我的建议下看完了这幅画，上面有耶稣召唤小孩到他身边去的画面，然后我开始向他解释："耶稣的怀里抱着一个小孩。你看别的小孩都把头靠着耶稣，所有的小孩都仰视他，他爱他们。"

这个孩子脸上并没有表示出丝毫的兴趣。这时，他扭动起身体，似乎在说我没有在照看他。我翻着书，开始寻找下一幅图画。突然，这个小男孩说："他在睡觉。"

我对小男孩的话困惑不解，问道："谁在睡觉？"

小男孩大声地回答："是耶稣！耶稣在睡觉。"他示意我把书翻回去。我又看见这幅画，画的是耶稣基督正站在高处俯视着儿童。他的脸低垂着，看起来像在睡觉。这个小男孩注意到的细节，成人却注意不到，真令人惭愧。

我继续讲解这些图画。当讲到一幅画有耶稣基督显现圣容的图画时，我说："看哪，耶稣升天了，人们的表情是那样的惊恐。你看这个小男孩转动着眼睛，这个妇女伸出了手臂，不正是这样吗？"小男孩的反应使我认识到我选的图画对儿童不合适，我的解释不可能对儿童真正有吸引力。但令我感到惊讶的是，我发现了儿童和成人对一幅复杂的图画所产生的反应是不同的。这个小男孩只是轻轻地嘟囔了一声，似乎在说："嗯，继续往下翻。"但他的小脸上没有表示出丝毫的兴趣。我又继续往下翻，看到他抓起脖子上挂着的像兔子一样的小饰物，然后他叫了声："小兔子！"我想，他被这个兔子形状的小饰物吸引住了。突然，他又示意我把书翻回去。我把书翻了回去，惊讶地看到《主的荣光》画面的一侧还真画着一只小兔子。我没注意到这一点。儿童和成人明显地具有两种不同的观察视野。

成人总想给三四岁的儿童看一些再普通不过的东西，好像他们以前从未看见过任何东西。这种做法就像一个人认为另一个人耳聋就大声说话一样。你做了巨大努力，被那个人听到后，他却对你抗议道："我根本不是聋子呀！"

成人总是自以为是，认为儿童只对色彩艳丽、响声巨大的物体感兴趣。强烈的刺激物，如歌声、钟鸣、飘扬在空中的旗帜、夺目的灯光等，这些是外在的和转瞬即逝的，不能给儿童的注意力带来什么好处。我们可以把这种行为方式与我们的行为方式进行比较。例如我们正在津津有味地读书，却被管乐队沿街奏乐的响声吸引了，就停止读书，走到窗前，想看看发生了什么事。通过这一行为很难能推断出成人容易被响亮的声音吸引。但我们却很容易论断儿童，认为一种外在的强烈刺激可以引起儿童的注意，这仅仅是一种附带产生的结果，与儿童心理的发展并没有重要联系。

儿童全身心地凝视那些被我们忽视的小东西，这一现象可以被看作是儿童心理活动存在的证明。儿童这样做不是因为这些小东西给他留下了深刻印象，而是他被小东西深深吸引，在全神贯注地看着它的时候，儿童充满了爱与智慧。

儿童的心灵对我们来说是一个深奥难解的谜，这个谜之所以使成人困惑，完全是因为成人只看到表面现象，而不是从儿童的内在心理来分析。在儿童行为的背后隐藏着一种可以理解的原因，对此我们必须认识到。他不会没有任何原因、没有目的地做事。我们时常认为儿童所有的反应都不过是一时兴起的结果，但兴趣不也包含着某些东西吗？这是一个必须解决的重要问题，也是一个必须找到的谜底。找到答案的过程既艰难又有趣。成人必须改变自己的傲慢心态，对儿童采取一种新的态度，才能找到谜底；成人必须做一个学习者，而不是一个专横的领导者或狭隘的心理裁判。在与儿童的关系上，成人以领导者或裁判者身份出现的情况已经数不胜数。

现在我想起与一群妇女讨论关于儿童书的事情，我们是在一间画室

如何对待孩子的敏感期

不要拦着孩子伸手的动作，这时他的智力正在发展。

孩子对小细节特别敏感，大人不能蔑视。

孩子在自由的环境中，对秩序有着天然敏感。

孩子对自己周围的环境会进行吸收，模式固定了之后再改变，肯定会引起孩子的抵触。

的角落里进行那次讨论的。当时有一个 1 岁半的小男孩，在我们身旁安静地玩耍。我们先谈理论，随后转到更具体的事情，当然也就谈到了有关幼儿的书籍。这时，那个小男孩的母亲说："我有一本书名叫《小黑人萨莫》。萨莫是个小黑人，在他生日那天，父母送给他很多礼物：帽子、鞋子、长筒袜和颜色鲜艳的外衣等。他的父母正在准备丰盛的饭菜，这时萨莫不打招呼就出门了，出去炫耀他的新衣服。他在街上碰到许多动物，他想安抚它们，就送给每只动物一件东西。他把帽子送给了长颈鹿，把鞋子送给了老虎…… 最后，他光着身子、流着泪回到了家。这个故事的结尾是愉快的，因为他的父母宽恕了他。从这本书最后一幅画——他面前摆着丰盛的饭菜可以看出来。"

这位母亲建议其他人也看看这本书，这时小男孩插嘴说："不，Lola 。"当时所有的人都很惊讶，她们心想这也许就是一个童年的谜。这个小男孩不断地重复说："不，Lola 。"这使在场的人难以理解。

他的母亲说："曾经照顾过他几天的一个保姆名字就叫 Lola 。"这个小男孩开始哭了起来，大叫着"Lola "，好像产生了严重的不满情绪。最后，有个人把书拿给他看，小男孩指着封底的最后一幅画。这幅画上那可怜的小黑人正在哭。这时我们才明白，他所说的"Lo-la "的含义是西班牙语"他在哭"的意思，只不过他发错了音。

小男孩哭诉的原因是这样的：这本书的结局并不愉快，封底那幅图画上画着小黑人萨莫正在哭泣。这个小男孩是对的，但没有一个人注意过这一点。因此，当他母亲说"故事的结尾是愉快的"时，小男孩提出了抗议。他清楚地记得书的结尾是萨莫正在哭，他看这本书比他母亲更仔细啊！虽然他对这些妇女的谈话不能完全理解，甚至还不能明确地表达一句简单的话，但他表现出来的观察力确是令人惊讶的。

儿童的个性与成人在性质上是完全不同的。成人知道选择，而儿童不知道，反而认为成人多少有点无知。一个注意细节的儿童，从他的角度看待成人一定会带着一点儿轻蔑。由于我们对细节不感兴趣，儿童会认为我们迟钝和麻木。如果儿童能够表达自己的观点，肯定会表达对成人的极不信任，就像我们不信任他那样。儿童和成人的思维方式是不同的，不能相互理解，因此也就容易出现问题。

儿童对外部秩序非常敏感

儿童一般都是看到外面世界的秩序后才了解周围的环境，随后才认识到自身和外界环境的关系。

热爱秩序，是儿童的一个特点。一岁半或两岁的儿童会清楚地指明一些东西，值得引起人们注意的是，孩子们可能更早就掌握了这种能力，可惜成人并没有意识到他们对周围环境秩序的需要。

一个好的家庭妇女对秩序的热爱不能与儿童对秩序的热爱相提并论。家庭妇女说“我爱我家，我爱整洁的家”，她不过是动动嘴皮子，但孩子却没有生活在混乱环境中的耐心。混乱的环境使他感到心烦意乱。他表达痛苦的方式是绝望地叫喊，最严重的后果就是急出病。

婴儿比大孩子甚至成人更能敏锐地觉察到周围环境的混乱。他的敏感性明显地受到外部环境的影响，然而他长得越大，敏感程度就越差，直至消失。成长过程中的生物敏感性会周期性地出现，这种现象被我们称为“敏感时期”。这个时期很重要，也很神秘。

出乎意料的是，孩子们注意到外部秩序的敏感期，被成人认为是混乱不堪的。出现这个问题的原因是：这个环境不单单属于孩子自己，所以小孩子对他在一个环境中的位置无法指明；而同一个环境里，比他强大有力的大人，不但不理解他，反而认为他很任性。小孩子毫无理由地大呼小叫，毫不理会人们的安慰，这种情况不止一次发生，经常被我们见到。我们很容易察觉：一些大人不知道的秘密就埋藏在小孩子心里。

我们倒是应该给大人一些指导意见了，要不然，他怎么能及时发现孩子心里的秘密，发现孩子是怎样用心展现这些秘密呢？

在学校里，如果我们有什么东西没放在原处，刚刚两岁的孩子看到了，都会放回原处。学校里不用的东西应尽可能地清理掉，这对小孩养成爱整洁的习惯非常必要。儿童只有在自由的环境中，对秩序的向往才会更强烈。

我们学校的图片在美国旧金山博览会的中心大厅展出。人们在图片上看到这样的景象：放学后，所有的椅子都被一个两岁的小孩整齐地摆在墙壁一侧。他是带着思考完成这个工作的。那天，他无法搬动一把大椅子，他动了脑筋，把这把大椅子放在通常摆放的离其他椅子不远的地方。

还有一个故事是有个大约 4 岁的孩子从一个容器向另一个容器倒水时，不知道自己不小心把一些水洒在了地上。这时有趣的事情发生了，一个比他还小的孩子坐在地板上，拿着一块抹布擦干洒在地板上的水。4 岁孩子停止倒水的时候，更小的孩子问他：“还有吗？”大孩子不明白，还吃惊地问：“还有什么呀？”

可是，如果环境不适合，孩子发现自己不能明确表达自己的想法，这些有意思的事情就会变得无法解释，也没有价值，同时让小孩感到痛苦。

满足孩子的要求，这样我们才能发现小孩这种刚刚出现的敏感性，这种预兆被人们认定是孩子快乐心情的反应。对秩序的敏感期出现在孩子降生后的头几个月，所以大人有必要学学有关幼儿的心理学。一些保姆受过训练，按照我们的要求照顾孩子，他们有很多鲜活的例子。这里有个例子：一个保姆每天推着童车缓缓从房子前的花园走过去，童车里坐着 5 个月大小的婴儿。这个孩子看见什么东西会非常开心呢？竟然是一块白色大理石石碑！石碑镶嵌在灰蒙蒙的老墙上。花园里美丽的花朵开得遍地都是，可是让童车里的小孩最兴高采烈的却是他们走到大理石石碑附近的时候。善解人意的保姆每天坚持在大理石碑前把童车停下来，她知道可能使刚出生不久的小孩得到长久快乐的东西就是它了。我们也会了解到，小孩的挫败感可以清楚地反映他们的秩序敏感期现象。小孩常常发脾气，可能多数是由他们的敏感性而引发的。

这样的例子很多，我恰好能找到一些现实生活中的例子。这个故事发生在一个小家庭里。被我们提到的婴儿刚出生几个月，她总是躺在大床上，那是一张有些倾斜的床，对她俯视四周很有好处。她的房间严格按照生理科学原理设计，有一个保育室用来洗澡，房间不像一般房间那样刷成白色。房间里安装了彩色的窗玻璃，摆放着一些小家具，鲜花摆在一张铺着黄色桌布的桌子上。那天，来她家里做客的一位女客人把自己的雨伞放在那张桌子上，随后，小女孩看到雨伞便开始哭闹，看来这把雨伞使她烦恼、难受了。大人不了解孩子的需要，还想：一定是小女孩喜欢这把伞，但是客人把伞放到她面前时，她推开伞，拒绝接受它。大人把伞放回到桌子上。保姆抱起小女孩，放在桌子上，靠近那把伞，可小女孩仍然哭闹着，不住地挣扎。孩子的母亲对小孩子早期的心理了解一些，这时候她走过来，从桌子上拿起伞，把它拿出了房间。小女孩立刻变得老老实实的，不哭也不闹了。看来，雨伞放错了地方使她烦恼，因为这严重违反了小女孩房间平时的秩序，而她把东西摆放的位置记得可清楚了。

我亲眼见到的一个最有启发的例子，是另一家人的情景。一位母亲感到身体有点不舒服，难受地躺在沙发上保姆为她放好的两只靠垫上。可是她的才出生 21 个月的女儿，这时候走到她身边，想听她讲故事。母亲怎能拒绝给自己孩子讲故事呢？那位母亲尽管很不舒服，可还是打起精神，开始讲故事，小女孩非常着迷地听着。但母亲后来实在没办法把故事讲下去了，于是不得不让保姆把自己扶到隔壁房间休息。这时候，沙发边留下的小孩子却哭起来了。大家都会觉得小女孩的哭泣自然是她因母亲生病受惊和难过的结果，就都努力去安慰她。这时，保姆想把放在沙发上的两个靠垫拿到隔壁的房间。忽然，小女孩尖叫起来："不要拿靠垫，不要拿靠垫。"她好像在说："不管怎样，靠垫不能从它的位置拿走！"

保姆耐心地哄着小女孩，把她带到母亲的沙发边。她母亲虽然生病了，仍然强打精神继续讲故事，觉得这样可以安慰自己的孩子。这个小女孩却不停地哭泣，流着眼泪说："妈妈，看看沙发，看看沙发。"小女孩此时已经不再对故事感兴趣。小女孩的母亲以及靠垫都换了地方，在不同的房间里讲一个故事，在小女孩的心里引起强烈的冲突。

孩子对秩序的强烈渴望体现在这些例子中，同样，儿童的早熟程度也使人惊讶，甚至一个两岁的孩子都会主动地热爱秩序。我们学校里有件非常有趣的事情：如果我们把什么东西放错了地方，看见的小孩子就会捡起来，把这个东西放到指定的地方去。连成人和更大一点的孩子都注意不到的非常细小的地方，他们都会注意到。

举例来说，如果有人把一块肥皂放在脸盆架上但没有放进肥皂盒里，或者是把椅子放得歪歪斜斜，没有放在原来的地方，小孩子看到了，会很自然地把它放好。把东西摆放得混乱不堪，似乎会刺激孩子的神经，使孩子不安。孩子真正的快乐之一就是把东西放得整整齐齐。我们学校的一些三四岁的孩子会在完成练习或完成工作后把那些用品放回到指定的地方，他们自觉自愿地完成任务。

在小孩子的思想里，东西放在指定的地方就是秩序。当小孩子了解到那些用品在自己的环境中所应摆放的位置，并记清它们的位置时，孩子的秩序感就产生了，同时意味着他将会熟练适应自己的环境。我们多么希望有这样的环境啊，在这里我们能闭着眼睛到处走动，只需伸手就会拿到自己需要的物品。这样的环境对于安宁快乐的生活来说是不可或缺的。

儿童对秩序的热爱显然超出了成人，这在那个年龄段是不可缺少的。小孩子看到秩序混乱会感到极其痛苦，他们认为这是对心灵很深的伤害。我仿佛听见小孩子说：“没有秩序，我就不能生活，请关心我们的需要。”对孩子来说这个问题甚至生死攸关，但对大人而言这不过是一个是否快乐或是否舒适的小问题。

孩子们努力了解环境的各个组成部分，并根据自己明确的原则去行动。大自然无觉无情，总是按照一种千古不变的原则来运动，生老病死就是它的重要原则。对小孩子来说，秩序就像动物在大地上漫步，像鱼儿在大海中遨游，小孩子需要在一个环境中获知有关的规则，从而得到进一步的发展，这是十分必要的。

在小孩子的游戏中早就体现出这种对秩序的热爱。瑞士心理学家皮亚杰教授参照日内瓦的克拉帕雷德教授的理论，对自己的孩子进行了一些非常有趣的实验。皮亚杰教授把一些东西藏在一把扶手椅的坐垫下面，先让他的孩子走出房间，然后，他把这些东西转移到这把椅子对面的扶手椅的坐垫下边。皮亚杰教授希望他的孩子回房间后，会先到第一把扶手椅的坐垫下边找东西，找不到时，自然会到对面那把扶手椅的坐垫下边去找它们。但是，他的孩子刚刚到第一把扶手椅的坐垫下找完东西，就用小孩子的口吻说："找不着。"孩子根本不到其他地方接着寻找它们。

皮亚杰教授把实验重复了一遍，让孩子看到他从第一把扶手椅的坐垫下拿出东西，再转移到另一把扶手椅的坐垫下边。令人不解的是，孩子还是像以前那样再次找了一遍，说出同样的话："找不着。"皮亚杰教授想：儿子头脑有点儿不好使。他快没有耐心了，再次翻开第二把扶手椅的坐垫，说："我把东西放在这里，你没看见吗？"小孩回答说："我看到了。"随后，他指着第一把椅子说："可是它应该在这里呀。"

这个儿童一点也不想寻找什么，因为他觉得这个东西即使可以看到，也和自己毫无关系。他最关心的事情是这个东西要放回原处，反而认为是父亲不遵守这种游戏规则。只是把一个东西转移到别处，然后又把它放回原来的地方，这种游戏难道不是太简单了吗？他父亲所说的"藏起来"原来是这个意思：把东西藏在坐垫下面就认为是藏在看不见的地方了。孩子却认为：这个东西不被放回原处的话，这个游戏不是很乏味吗？

当我开始和一些两三岁的小孩子玩捉迷藏游戏的时候，我也感到同样的惊奇。玩这种游戏时孩子们常常很激动，高兴得不得了，同时都满怀希望。他们的游戏是这样进行的：有个孩子在其他孩子面前藏到铺着长桌布的桌子下，随后，其他孩子走出房间，他们再次回到房间时，立刻掀起桌布。当看到同伴藏在桌子下面，他们高兴得尖叫。孩子们一遍遍地做这个游戏。他们按照次序一个一个地说："该我藏起来了。"随后爬到桌子下面去。还有一次，我看到几个大一点的孩子和一个很小的孩子一起玩捉迷藏游戏。大一点的孩子知道小孩子藏在一件家具后边，他们进来时，却装作不知道的样子。他们装模作样地找遍了房间里所有的地方，就是不在这件家具后面寻找，他们认为这样会让小孩子觉得更好玩。但是小孩子却大声叫着："我在这里呀！"并且表现得很生气，他嚷着："我在这里，难道你们看不到吗？"

如果快乐的确是游戏的目的（小孩子们当然很乐意一遍遍地做开心的游戏），我们必须了解某个年龄段的孩子是以他们在自己指定的地方找到那些东西为快乐。他们认为把一些东西藏起来就意味着看不见这些东西。重新发现这些东西带来了一种和谐的秩序感，不管是看到还是没有看到，东西总该放在它应该被放置的地方。他们会自言自语道："你绝不会看到它，只有我知道它在哪儿，我闭上眼睛也能把它找到，因为我确信它放在那儿。"小孩子对秩序的内在敏感性是自然界赋予的天赋，这是通过自我感觉而形成的天性。

这种感觉不是针对物体本身，而是对各种物体之间关系的区别和认识，所以小孩子有看到一个整体环境的能力，同时认识到环境的各个部分是相互依存、不可分割的。他们极为需要这样一个整体环境，因为只有这样的环境孩子们才能适应，他们的行动才更具有目的性。以此为基础，儿童才能认识到组成环境的各个部分之间的关系。

如果孩子们身边的环境不能按照秩序组织起来，它们就没有存在价值了。小孩子觉得这就像只有家具却没有建好放家具的房子一样。如果人们仅仅知道区别一个一个的物体，却对它们的联系一无所知，就会发现一个尴尬局面：自己处于混乱状态中，无法摆脱。显然，儿童具有的秩序本能是自然界馈赠的一件礼物，这使他在适应环境的同时也在环境中找到适合自己的生活方式。自然界在孩子对秩序的敏感期里给他们上了第一堂课，就如一位教师给孩子提供一张学校的教室平面图，为孩子熟悉教室做好了前期的准备工作。

可以这样认为：自然界在第一堂课给人们准备了指南针，便于他在世界上寻找方向；自然界同时还给予小孩子正确使用语言的技巧，让他们在年龄增长的同时语言能力得到长足的发展。人的心理演化是在敏感期里打下基础才发展起来，绝不是一下子达成飞跃的。

儿童对内部秩序更加敏感

孩子具有外部和内部两种秩序感。外部秩序感是孩子认识到的他与周围环境的关系。内部秩序感是儿童认识到自己身体的每一部分和它们之间相应的位置，后种感知我们称为“内部秩序”。内部秩序的和谐可以给孩子带来安全感。

一些实验心理学家对内部秩序进行了长期研究。他们认为存在一种使人们意识到自己身体的不同部分所在不同位置的肌觉。这种肌觉有一种特殊的记忆功能，称为“肌肉记忆功能”。这种机械的解释完全是基于意识活动的经验做出的。比如，如果我们伸手拿到了某样东西，这个动作能够被感知，还可以保存于我们的记忆中，而且可以重现。由于人们具有自如运用肢体的经验，因此我们能够随意活动自己的两条胳膊，向着不同方向转动。

但是有关儿童的实际情况表明，他已经经历了身体的各种姿势的高度敏感期，这个时期远在他能自由地到处走动和获得任何经验之前。也就是说，自然早已赋予儿童与身体的各种姿势和位置有关的特殊敏感性。

那些理论是以神经系统的机制为基础，敏感期却是与心理活动息息相关的。敏锐的观察力和心理冲动为意识活动的发展奠定了基础。它们是自发产生一些基本原则的源泉，同时，这些基本原则构成心理发展的基本条件。

我们可以发现一个反面的证据，小孩子周围环境对这种创造性的发展造成的阻碍，正好可以证明这种敏感期的存在和孩子本来具有的敏感性。儿童在这种情况发生时会变得非常不耐烦，就像预示着一种疾病的到来。如果这种不良情况持续下去，就有可能给治愈这种疾病的尝试造成障碍。说来简单，障碍排除掉，脾气没了，疾病也好了，这不是很明显地揭示了产生这种反常现象的根源吗？

一位英国保姆告诉我一个有趣的例子。她找到一位能干的替代者，因为她要暂时离开她为其工作的那一家人。这位替代者对这份工作掉以轻心了，于是她在帮助小孩洗澡时碰到了麻烦。只要她一给小孩洗澡，小孩就不安和绝望地哭起来，而且想离替代保姆远远的，还把她推开。这位保姆为孩子做了她所能想到的一切，但是这个小孩仍然厌恶她。后来那位英国保姆回来了，这个孩子立刻就老老实实地洗澡了。这位英国保姆以前在我们一所学校里受过相关的训练，找到儿童厌恶的心理原因是她的兴趣所在，对已发生的这个现象她很容易得知谜底：这个小孩把第二个保姆当成了坏人。这又是为什么呢？因为给他洗澡的新保姆使用了相反的动作。这两位保姆比较了她们给小孩洗澡的方式：第一位保姆用右手洗孩子的头，用左手洗孩子的脚；第二位保姆的动作正好相反。

我想起一个情况更为严重的例子，它看起来像预示着一种无法确诊的疾病。我是偶然参与的，尽管我并没有像医生那样直接参与，但我目睹了事情发生的整个经过。案例中的这个小孩还不到一岁半。他和家人完成了一次长途旅行，大人都以为小孩太年幼了，不能忍受这种路途的疲劳。然而一路上孩子没有发生任何意外，旅途相当顺利。所有的晚上他们都睡在高级旅馆里，那里有现成的围着栏杆的婴儿床，还为小孩子准备了美味的食品。回家以后，他们住在一个房间很大、家具很简单的公寓房间里。因为没有了围着栏杆的婴儿床，小孩和母亲一起睡在一张大床上。小孩从此开始生病了，晚上失眠和反胃是最初的症状。到了晚上，母亲就必须把这个小孩抱在怀里安慰他。他好像是由于胃痛的缘故哭泣。家人请来儿科医生检查小孩的身体，并给小孩买来很多好吃的，让他接受日光浴，一起散步，等等。但是这些行动无济于事，结果，夜晚成了全家最痛苦的时候：这个小孩很清醒，可怜地抽搐着，还在床上打着滚儿，每天要发生两三次类似的情况。这个小孩年纪太小了，当然不能说出自己的烦恼。于是，他的家人请来一位著名的儿童精神病专家为他诊治，当时我正好参加了这个行动。这个小孩看上去没有问题，他父母说孩子在漫长的旅途中身体很健康。为什么回到家里就病了呢？显然，他的变化可能是精神失调的结果。我看到这个小孩躺在床上忍受着病痛和苦恼，这时候我忽然来了灵感。我拿来两只枕头平行铺开，它们的边角垂直起来像一张围着栏杆的婴儿床的样子。我随后为它盖上床单和毯子，默默无语地把这张临时凑成的“婴儿床”紧靠在小孩的床角。小家伙看见它，立刻停止了哭叫，打着滚儿，滚到这床沿边上，睡在里面，并说：“咖亚，咖亚！”“咖亚”是小家伙用来表示“摇篮”的词。孩子马上就睡着了。从此，他的病症再也没有发作过。原来，这个小孩不满成人把他抱离睡惯的床而放到一张没有围栏的大床上，他采用了独特办法表示对不招人喜欢的混乱的抗议。

睡在大床上的小孩显然失去了在婴儿床的围栏中所感受到的安全感。失去这种感觉导致他内部秩序的混乱和内心痛苦的冲突，这在医生看来似乎是无法治愈的。这个例子说明了敏感期内在精神的力量，在敏感期里孩子具有天然的创造力。

小孩子的秩序感和我们并不相同。经验使我们愚钝麻木，但儿童处在获得感知印象的贫乏期中，他一无所有的同时又感到创造的快乐和艰辛。在他心目中，我们就像他的继承人，但我们就像靠艰苦劳动发家的人的儿子，一点都不顾及他所承受的艰辛。我们已拥有的社会地位和拥有的一切都使我们冷淡而且迟钝。认识到这些，我们就可以充分运用儿童给我们的启示了。今天我们能适应这个世界，这和儿童时期培养的敏感性是有密切关系的。我们的生活会丰富多彩，那是因为我们是儿童的继承人的缘故。儿童开始时是一无所有的，但正是儿童使我们可以创造未来生活。从一无所有，到丰富绚烂的未来，儿童做出了巨大的努力。儿童在接近生命的源泉并大胆地行动，可惜我们常常感觉不到他们的创造方式。

母亲可以依靠本能帮助孩子构建心灵

如果要进一步了解心灵和智慧的秘密，我们就应该研究生产前胎儿的活动。近来对生物学的研究有一种新的趋势，以前我们研究动物或植物，采样大部分来自成熟的个体，社会科学对于人类的研究也是如此。如今，科学家反其道而行之，针对幼小或初始的生命进行取样研究，因此，胚胎学开始受到重视，它告诉我们受精卵是两个成人的细胞结合后的产物。孩子的生命初始于成人，也结束于成年，这就是生命的旅程。

造物主为幼小的生命提供了特别的保护，孩子是在爱的氛围中来到这个世界上的。他们是父母爱的结晶，出生后又被父母的爱所包围。这种爱不是人工的，也不是出于理性的思考，而是一种自然而然的感情，它与慈善家、传道士或社会活动家所倡导的爱不一样。只有孩子在成长中所经历的爱，才是人类之爱的理想境界，这是一种无私、无悔的奉献。父母为孩子所做出的牺牲源自他们的天性，牺牲越多他们就越快乐。实际上，这种付出对做父母的来说恰恰是一种收获，生命的本性即是如此。这种生命的相互关系比“适者生存”的竞争关系要高尚得多，这是一种特殊的本能。因此，法国生物学家法布尔在解释物种延续的原因时指出：这不仅是由于它们有天赋的自卫能力，更由于它们有一种伟大的母性，低等动物在保护幼小的下一代时所体现出的智慧就证明了这一点。

在 19 世纪，科学家曾认为人的每一个胚胎细胞都具有很微小的人形，然后逐渐长大。他们甚至还围绕这个“迷你小人”到底是男人还是女人展开了激烈的争论。直到显微镜发明，才使科学家对这方面的研究能够更进一步，最后，他们只能很不情愿地接受这个事实：胚胎内并不先天存在人的雏形，而是由受精卵一分为二，再由二变四，这样不断地分裂繁殖，形成了人的胚胎。胚胎学的研究直至目前的结论是：如同建造一栋房屋必先积累许多砖块一样，当细胞分裂到一定数目时，就筑成了三道墙，然后在墙内开始构筑器官。

这种构筑器官的方式十分特别。它开始于一个细胞，然后环绕这个细胞进行疯狂、快速的分裂，当这种猛烈的活动停止时，身体器官就产生了。发现这种现象的科学家解释说，每个细胞原来都是独立发展的，好像它们有着各自的目的。而当它们集中活动时，就围绕着一个中心，显得非常团结，又像充满着幻想。它们不断变化着，与周围其他细胞的差异越来越大，慢慢呈现出将要形成的器官的样子。

当不同的器官依次形成时，就出现一种力量使它们相互吸引并结合在一起，它们互相依存，一个也不会少。胎儿就在这时诞生了，首先是循环系统把全身的器官联系起来，然后是神经系统将它们更完美地结合。在这里所显示的构筑过程都起始于一个基本点，由这个点出发完成一个个器官的创造工作，一旦各个器官形成，它们必然紧密地联系在一起，呈现出一个独立的生命体。一切高等动物都遵循这一原则构筑器官，自然界中也只有这一种构筑规则。

人类的心灵似乎也是循着这种路径发展的，它从虚无中开始。在新生儿内部，也就是在他的心理层面，一开始并没有任何现成的东西，灵魂围绕一个基本点产生，在此之前，新生儿的身体也是在不断搜集材料，经过心智吸收，当这些材料积累到一定程度，就出现了许多基本点，其热烈的程度是人们无法想象的，语言功能的出现就是一例。由基本点所获得的并不是心灵的发展，而是心灵活动所需要的器官。同样，心灵器官也是各自独立发展的，例如语言、四肢的运动、辨认方向以及其他协调运动的能力，它们都围绕一种活动发展，吸引着孩子对某类活动的兴趣。当所有器官齐备，它们就结合起来成为心灵的组成部分。

如果我们不了解这个过程及其发生的顺序，我们就不会明白孩子的心灵是怎样构建的。有人争辩说，以前的人不懂这些，同样可以养育出健康的后代。但是我要提醒大家，我们现在生活的时代，大自然赋予母亲的本能大大地受到了抑制，甚而逐渐消失。过去做母亲的可以依靠本能帮助孩子在婴幼时期发展，走到哪里都把孩子带着，时刻为孩子的成长创造所需的环境，并且用母爱保护着他。如今的妈妈已经失去了这种本能，人性也趋向退化。所以，研究母性的本能与研究孩子的自然发展是同等重要的，因为两者是相辅相成的。

我们要让母爱回归自然。事实上，它本来就是一种大自然的力量，科学家们需要把这件事情重视起来，协助这些母亲恢复她们失去已久的本能。我们还要教母亲学会这种知识，让孩子一出生就能够得到心灵的保护。母亲没有必要把婴儿交给受过训练的护士，那种护理虽然很合理也卫生，但那些只能在表面上满足孩子的生理需要。事实上，过分依赖护士护理的孩子，很可能会受困于心灵的匮乏。

荷兰某城市就曾发生过一起骇人听闻的事件。有一个机构试图说服低收入的母亲对孩子实行卫生保健，他们将一些失去双亲的孩子安置在很完善也有科学管理的地方，那里有营养丰富的食物，有受过最新育儿训练的护士。但不久这里还是发生了大范围的疾病，导致许多孩子死亡，而那些由低收入父母照顾的孩子不但没有患病，而且比那些被精心照顾的孩子更健康。值得庆幸的是，该机构的医生很快意识到他们缺乏的某种条件，并且立刻做了补救。护士们也开始学着母亲对待自己孩子的样子，经常亲亲孩子，与他们玩耍。这些对照顾婴儿一无所知的护士妈妈，被发自内心的爱所引导，并结合科学的养育方法，使得这些孩子终于恢复了笑容与健康。

婴儿成长的起点在精神方面，而不是身体方面

婴儿出生以后，首先要经历一段精神发育的过程。这与他们在胚胎里的成型过程完全不同，当然也不同于后来要经历的生活。我们把这些刚出生的婴儿称为“精神胚胎”，因为他们的出生只代表在肉体方面成型，而精神方面尚处于“形成时期”。

从某种意义上说，人类要经历两个胚胎期：一个是在出生以前，这和所有动物一样，是肉体方面的成型；另一个是在出生之后，就是上面所说的精神胚胎期，这是人类所特有的，其他生命都不具有这样的胚胎期。

我们有必要对人类这个新特征进行研究，在儿童发育和人类心理研究上找到新的起点。如果说人类的活动依赖于精神和智慧，那么，这种精神力量和创造性智慧就是人类生存的支点，其他行为和活动都以此为基础，人类的发展也以这一精神力量为前提。

按照印度哲学的看法，人的精神状态能够直接影响人的活动，心理疾病和精神失灵会引起生理障碍，这些观点如今已为西方世界所接受。如果印度先哲的发现是正确的，如果精神对人具有这么大的影响力，如果人类的行为是由内在精神所控制，那么我们就不应该忽视新生婴儿的精神世界，不应该像过去那样只关注他们的身体。

婴儿不仅像成人那样具有学习能力，还能根据周围环境塑造自己，因为他们具有一种特殊的心理类型，这与成人的心理类型完全不同。由于这个原因，婴儿与周围环境的关系与成人也不一样。对我们成人来说，环境是外在于自身的客观对象，需要观察和思考；儿童则不然，他们不知道什么是外在环境，他们不仅仅记住周围的事物，而且吸收所有事物的信息，使之成为他们心灵的一部分。成人能够认识外在世界，却很少感受到它与自己的联系，对之无动于衷；婴儿就不同了，他们凭借对环境的感受来塑造自我，把对事物的感知变为自己个性的一部分。婴儿对环境的记忆是无意识的，而且具备一种信息吸收的能力。帕西·纳恩教授把这种记忆类型称为“记忆性基质”。

证实这种特殊记忆类型的最好例子，就是观察婴儿对语言的学习。儿童学习语言，不是“记住”了话语的发音方法，而是形成了发音的能力，并且很快就能熟练运用语言。成人掌握一门外语要经过艰苦的训练，可小孩一旦开始说话，就完全遵循语言法则和特殊用法，他们并没有像成人那样对语言进行研究和记忆，他们还不能想到需要这样学习语言，可是，他们却熟练地掌握了语言，而且使之成为自身的一部分。很明显，婴儿学习语言的方式与通常的记忆截然不同，而且，这种方式是儿童思维的重要组成部分。

儿童对周围的环境有一种特殊的敏感性，这种感受能力使他能够观察和吸收周围事物的信息，并且逐步适应环境。这个特殊的学习过程，儿童也是在无意识中完成的。

我们说，生命的第一个阶段是一个适应过程。这里必须准确把握“适应”一词的含义，因为这与成人的适应行为有很大区别。这种特殊的适应能力，把孩子的出生地变成他永久的家园，如同婴儿对语言的掌握，人唯一能说得流利的语言就是自己的母语。如果一个成人到国外生活，他永远存在一种陌生感，至少无法像婴儿那样适应一个新世界。那些传教士就是最好的例子，他们豪情满怀，跑到那些遥远的国度去传教，如果有人见到他们，他们一定这样回答问询：“我们身在异地，只是一个孤独的异乡客呀！”这说明成人的适应能力是有限的。

儿童可不是这样，虽然他们出生在一个完全陌生的地方，可总是能与之建立深厚的联系，不管生活多么艰难，不管他的家在芬兰的冰冻平原还是荷兰的海滩，他们总会从中找到无穷的乐趣。这种对家园的深切怀念和喜爱，形成于儿童时期。当然，成人对家乡也怀有同样的感情，他的成长经历使他属于这个地方，他只能爱这块土地，除此之外，他无法在别的地方找到同样的快乐。

19 世纪前，绝大多数意大利农民一辈子都没有出过远门，意大利统一之后，大批农民走出自己的家乡，到其他省份去谋生。这些人在外地找到了工作，在那里结了婚，定居下来，可是他们晚年多数都得了一种怪病，病症是面色苍白、压抑、虚弱、贫血，由于各种医治方法都不奏效，医生只好建议他们回家乡走一走，呼吸一下新鲜空气。令人惊奇的是，这些人回到家乡不长时间，大多数就恢复了健康。

所以说，最好的治疗手段是家乡的空气和水土，尽管家乡的气候未必尽如人意。但是，在心理学家看来，真正治愈这些病人的是一种平和、愉悦的心境，这源自他们童年时期潜意识里对出生地环境信息的吸收。

对于研究儿童心理教育的人来说，这种潜意识的吸收能力极为重要，这种心理能力是人成长的基础，人正是在这个信息吸收过程中适应了当地的气候和社会环境。因此，关于儿童教育的研究都应该以此为基础。

由于这种特殊心理能力的发现，我们得以理解婴儿对身边事物的学习。人类对生活环境、文化习俗的适应也是在童年期完成的，儿童的行为发展不但适应时间和地域的要求，而且适应当地的风俗习惯，到最后，这个婴儿完全长成一个典型的当地人。

在世界各民族中，印度人是非常尊重生命的。由于对生命的敬重，印度人甚至崇敬动物。这种对生命的热爱之情，是很难在成人身上培养的。尽管人们常常说“要尊重生命”，但是类似的话并不能使人像印度人一样热爱动物。

一个欧洲人可能会想，印度人做得对，人类应该尊重动物，因为它们和人类一样有灵性，但这仅是一个推理罢了，难以在他内心激起同样的情感。比如说，印度人对牛的崇敬心理，欧洲人就永远无法体验到。虽然我们欧洲人感到不可理喻，但是印度人无论如何也不会改变自己对动物的感情，因为这种情感在他们心中早已根深蒂固。

我在蒙台梭利学校教书的时候，有一天走进旁边的小花园，看见一个印度小孩，大约两岁。我看见这个孩子蹲在地上，用手比画着什么，走过去仔细一看，原来他在帮助一只少了两条腿的蚂蚁爬行，那个小孩用手指在蚂蚁前面画线。我相信，人们会认为这个孩子之所以如此喜爱动物，是因为遗传。从文化的角度看，这种感情有历史传承因素，但就个体发育而言，这种心理特征却不是来自遗传，而是婴儿时期从环境中学习的结果。

如何对待一只受伤的蚂蚁，不同国家的小孩会有不同的态度。有的孩子可能会把蚂蚁踩死；有的会视而不见，毫不在意地走开。大多数人会原谅这些行为，因为他们对动物没有任何感情，认为动物不能与人同日而语。

世界上有许多宗教，各地的人们往往尊崇不同的信仰。尽管如此，只要这些传统受到批判，不论出于何种理由和实际需要，都会引起人们的强烈不满。因为这些情感和信仰早已成为他们生活中的一部分。正如欧洲人常说的："它在我们的血液里。"一个人的个性源自社会规则和道德习惯，这些因素培养了人们的特殊情感。正因为这样，才会有典型的印度人、意大利人、英国人、法国人和中国人。这种情感是如何形成的呢？它源自于婴儿期一种神秘的精神力量，也就是心理学家称为"记忆性基质"的东西。

婴儿通过吸收从环境中学到的东西，养成他们的个性，这些东西因此永远储存在他们的头脑中，即使有些在后来的生活中不再使用，但还是留存在潜意识里。"记忆性基质"（我们可以说它是一种超记忆的东西）不仅创造个性，而且保持这些特性的生命力。婴儿期形成的东西是无法完全剔除的，这些将成为他们个性的一部分。

“记忆性基质”对人成长发育的意义，同样在人的动作、神态和步态方面表现出来。不同种族的人的身体语言、精神趋向会有所不同。比如，生活在非洲土著部落的人，大都具有一些对付猛兽的特殊心理倾向，有的部落主要锻炼听觉，部落所有成员的听觉都异常敏锐。

就人的肢体和行动器官来说，儿童时期学习到的东西将在人身上留下永久烙印。所以人们常说，企图改变一个成人是徒劳的。当人们说“这个人缺乏教养”，或者指责某个人过于懒散时，目的是要这个人意识到自己的缺点，虽然这样往往给他带来伤害，或者令他感到耻辱，可是这些人不会真正改掉自己的缺点，因为这些缺点和其他个性特征一样早已根深蒂固。

用同样的方法，我们能够很好地理解人与时代的关系。今天的人很难认同古代人的想法，古人也不可能理解现代人的生活。婴儿一出生，就会很快适应当时的文明，不论这种文明程度是高是低，他最终都会变成与文明相适应的人。这也说明适应性是人类个体发展的真正原因，个体努力为自己建立一种行为模式，以便融入周围的世界之中。

随着对儿童智力的了解，今天我们有必要把儿童看作联结不同时代和不同文明的纽带。因为婴儿时期是如此重要，如果我们有必要引入新的思想，传播文明的火炬，或者改善人们的生活习俗，在社会生活中注入新的活力，就必须从儿童开始，因为成人是无法完成这一任务的。

20 世纪，当英国即将结束对印度的殖民统治时，一个英国官员经常让保姆带着孩子到印度饭店去吃手抓饭，这是为了让孩子生活在没有种族歧视的环境里。当然，印度人这种独特的饮食方式也吸引了欧洲人。不幸的是，不同民族之间这种日常生活的差别，往往引发敌对的情绪，从而成为相互间产生冲突的根源。这个英国官员的做法给了我们一个启示，如果想恢复传统，我们只有求助于儿童。

既然人类可以通过对儿童的影响来改造社会，那么，我们就不应该忽视幼儿园的重要作用；既然人类社会的改造是从这些小家伙开始的，我们成人就要给他们提供适宜的生活环境。

现在我们知道，儿童的个性发展是通过对环境的信息吸收进行的，所以对儿童的教育就要以环境为载体。儿童既是前人和后人之间的纽带，又可以成为创造者，他们给人类带来了无穷的希望，也带来了全新的生活观念。对于我们这些儿童教育工作者，如果想把人性带到一个更高的水平，还有很多工作要做。因为这样的目标意味着，对儿童的教育必须建立在这样的基础之上：从婴儿一出生，就把他们当作具有特殊心理能力的生命对待，而不仅仅是需要大人照顾的孩子。

其实，新生儿的心理活动如今已受到广泛关注，而且很可能因此形成一门新学科。现在，许多医院已经设立了儿科诊室，专门为儿童治疗疾病，这就是一个很好的证明。既然新生婴儿具有一定的心理活动，那就说明这种心理活动在他出生前就开始了。事实上，科学研究已经证实了这种观点。世人很快接受了这个观念，随之又提出了另一个疑问，胚胎是从何时具有这种心理活动的呢？我们知道，7 个月的胎儿如果脱离母体，也能够健康地活下来，这说明 7 个月的胎儿已经具有心理活动了。

对儿童特殊心理能力的研究，已经引起了世人的关注，这些研究向我们表明，人类对此负有某种责任。科学家对人类出生经历的新发现，大大激发了人们的想象力，这不仅表现在各种心理治疗上，也体现在文学创作上。心理学家如今常说这样一句话“出生的痛苦旅程”，这话不再是指母亲的妊娠之苦，而是针对婴儿说的。婴儿经历出生的痛苦，却不能加以表达，他们只能在痛苦的旅程结束时大声哭泣。

有人说出生就意味着被抛弃，婴儿不由自主地来到一个陌生世界，这里的环境完全不同于他以前生活的地方，要生存下去，就必须适应新的环境，可是他们又无法表达这个过程的痛苦感受。对于婴儿这个重要时刻的心理活动，心理学家用“出生恐惧”加以描述。所谓“出生恐惧”是一种无意识的恐惧，假如婴儿能够说话，他一定会大声问道：“为什么要把我带到这个可怕的世界？现在我该怎么办？我怎样才能适应这个新环境？我怎么才能忍受这个世界可怕的噪声？脱离了母体，我该如何去实现母亲器官曾有的功能呢？失去了胎盘的滋养，我能学会呼吸和消化吗……”

初生婴儿还没有明确的意识，他们还不知道出生的痛苦，可是心理学研究告诉人们，婴儿的潜意识肯定对此有所感觉，他们一出生就大哭，就是对这种痛苦的排解。有一个人人皆知的现象，能够反映初生婴儿的恐惧感：每个新生婴儿都要放进水盆里洗澡，这时候他们仿佛担心自己会掉到地上，手上会做出“抓”的动作，这个反应就应该源于内心的恐惧。这种现象向成人表明，我们有责任帮助初生婴儿适应这个世界。

生命来自大自然的赐予，自然界会尽力保护它的孩子吗？它是如何帮助这些新生命的呢？大自然不仅创造了孩子，同时也为孩子创造了母亲。在一个母亲的潜意识里，已经意识到外界对婴儿可能带来的伤害。所以，当婴儿一生下来，母亲就会将孩子抱在胸前，这样能够防止婴儿受到伤害。

在哺乳动物中，人类母亲对婴儿的保护本能并不强烈，而且这种本性也容易消失。比如，母猫总是把幼崽叼到黑暗的角落里，如果有人想要接近，它就会变得异常凶猛。人类母亲却没有这样强烈的本能反应，这是因为很少会出现婴儿被抢走的情况。母亲会给孩子洗澡穿衣，或者把孩子抱到阳光下，细心观察孩子眼睛的颜色，她们似乎更愿意把婴儿当作宠物而非一个人。人类和其他哺乳动物的这种差别，一方面由于理性的发展超过了本性，另一方面是由于成人一直以为儿童没有心理生活。

出生对儿童的心理活动来说只是一段插曲，可是我们需要对这件事进行独立研究。生物科学告诉我们，生命的进化过程赋予哺乳动物很高的智慧，当幼崽即将出生的时候，母兽会脱离群体，独自完成生产过程，幼崽出生一段时间后，才带着幼崽回到兽群。这种现象在群居动物中最为明显，比如牛、马、鹿、大象、狼、狗等。在母兽与兽群分开的这段时间，新生儿单独与母亲在一起生活，接受母亲的关爱和保护。幼崽在这段隔离时间里，对周围环境的刺激做出反应，并接受母亲的训练，很快适应了环境，生存能力发展到与成年动物相近的水平。因此，当幼崽跟随母亲回到兽群时，它已经是这个动物群体中的一员了。虽然它出生只有一两天，甚至只有几个小时，但不论在心理还是生理上，它都发育成熟了，能够被称为小牛、小马或者小狼了。

不仅野生哺乳动物懂得怎样保护幼崽，被驯化的哺乳动物也维持了野生时期的本能，比如家养的狗和猫，母亲总是尽力保护着幼崽，时常把它们暖在自己怀里。由此可见，尽管出生使幼崽脱离了母体，但它们仍然是母体的一部分，和母亲血肉相连。这种亲子关系是幼崽适应环境，学习生存技能的最好方式。

现在，我们可以对出生这一阶段作出如下解释：动物的生存本能在刚出生时就被唤醒，它们的学习过程，不是环境刺激了它的适应本能，而主要是生命本能的驱动在促进它的发展。这一结论也适用于人类。我们之所以讨论出生这一时刻，并非因为它是婴儿经历的一个难关，而是这一时刻对儿童未来起着决定性作用。在个体发展的每个阶段，都有一些重要的标志。出生这一阶段的明显标志，就是剪断婴儿与母亲的脐带的那一刻。出生使生命的潜在力量觉醒，这些潜在力量促使儿童进行创造性的活动。

所以，对新生婴儿心理的研究，不仅要关注出生创伤问题，还要研究伴随出生而来的各种本能行为。虽然婴儿与其他哺乳动物的幼崽不同，没有遗传性行为模式，但他们具有一种潜在能量，这种能量产生的迫切需求，可以促使他开始生命行为，帮助他在与环境的交流中形成个性，完成自身的成长。

因为这种潜在能量是无形的，因此得到一个形象的称谓——“星云”。这种能量是生命的本质，一切动物都从自己的种属得到这种能量，它们借此开始生命活动，支配自己的行为，选择恰当的食物，运用特定的防御方式。

动物是在自然环境里生活，人类却要在社会环境里生活，所以儿童对生存技能的学习必须在他的社会生活展开之前。既然婴儿不具备先天性行为模式，这些东西就要在他出生后逐渐形成。所以，婴儿出生后最重要的活动就是适应环境。

儿童人格发展的这一特殊功能很重要。实际上，我们相信这是生命的普遍机制，我们也是在这个意义上展开对儿童的研究。

儿童的身体发育是一个漫长的过程，在这个过程中儿童需要不断完善自己，直到成为一个真正意义上的人。婴儿与其他哺乳动物不同，他不直接接触周围环境，他虽然已经出生，但还继续着胚胎的生命过程。正是在这一独特时期，一系列人类本能将在婴儿身上形成。

既然在婴儿的记忆里没有什么来自遗传的东西，婴儿出生之后就必须自己构建精神世界，建立对外表达机制。只要想一想新生儿是多么弱小，就知道这个任务对他们来说有多艰巨——这些小家伙还不能支撑自己的脑袋，就要开始如此重要的旅程。

在这个旅程中，他们将学会识别，学会说话，学会站立，学会走路，直到把自己融入这个世界中。科学家考格西尔发现，在人的胚胎发育阶段，神经中枢先于人体器官形成。由此看来，在儿童做出某种行为之前，支配这种行为的心理模式就已经形成。也就是说，婴儿成长的起点在精神方面，而不是身体方面。

人与动物最大的区别是拥有智慧，所谓人的天性是自由，是指人的活动不是依靠本能，而是由自己的精神意志支配。因此，婴儿出生后，第一件事就是形成自己的精神世界，其他的发展都是次要的。

婴儿需要较长时间的哺乳期，因为他们的器官还没有长成，许多骨骼还没有硬化，脑髓磷脂还没有覆盖住运动神经，不能把大脑的行动指令传出去。所以，婴儿的身体反应很迟钝，从运动机能来看，他还只是一个雏形。尽管体质发育远远不够，但是婴儿和其他哺乳动物幼体一样，一旦脱离母体就开始适应环境活动，他的首要任务是开发智力，这是人体其他器官发展的基础。

所以，对生命个体而言，没有什么比生命的头一年更重要了。

儿童成长发育包括多个方面，而且每个方面都有一定的规律。研究发现，婴儿出生一段时间后，脑门的软骨组织才逐渐合缝，头盖骨才算长成，当这些骨缝吻合之后，身体结构就开始发生变化，骨骼的硬化也逐渐完成。小脑是人体的平衡器官，但是刚出生时却很小，之后当脑髓磷脂将脊柱神经覆盖住，小脑也就快速成长起来，终于和大脑半球形成协调的比例。发育的最后阶段是内分泌腺的形成，这时，与内分泌相关的消化系统也就形成了。

初生婴儿的发育情况我们都很熟悉，很显然，身体成熟是一个连续发展的过程，而且与神经系统的发展变化同步。比如，假如小脑没有发育成熟，儿童无法获得身体平衡，就不可能坐稳和站立，更谈不上行走了。

为了促进身体发育成熟，婴儿的运动器官需要逐渐接收大脑的指令，并且尝试着进行运动，虽然这种运动开始很模糊，但却能够从周围环境中吸取经验。经过一段时间的练习，儿童的运动变得协调起来，终于能够正确地执行大脑发出的指令。对儿童的教育和运动练习，不应该对这个协调适应的过程设置任何限制。

人类与动物不同，不是一出生就能够协调运动。初生婴儿的大脑里没有预先设定的行为模式，他必须自己探索，完成一个逐渐协调的过程。其他哺乳动物就不同了，小家伙们出生后不久就可以走，可以跑，可以跳，过不了多久还能学会高难度的动作。如果是擅长跳跃的物种，幼崽出生不久就能够跃过障碍，快速逃离危险。

人类不具备动物的这种遗传能力，却具有天赋的学习能力。通过学习，人类能够掌握各种各样的动作技巧，他们可以成为体操运动员、飞行员、舞蹈家、钢琴演奏家等。

不过，这些技能的获得不是因为运动器官的成熟，而是源自运动经验。也就是说这些都是教育的结果，人类的每一个成员都需要自学这些技巧。

我们把儿童的成长划分为几个阶段，主要是因为人类幼儿的发展首先是心理发育，身体器官的发育在心理发育之后，并且由心理活动控制。就人的运动技能来说，尽管身体发育是运动的条件，运动需要身体发育成熟，但是心理发育并不依赖身体的发育，当运动器官发育到一定程度，具备运动能力之后，心理发育还在继续。

心理发育的能量来自运动中获取的经验，离不开运动器官的使用和技能的发挥。因此，如果一个儿童的运动器官已经长成，却限制他的活动，就会阻碍儿童相关的心理发育。虽然心理发育离不开运动器官的使用，但是它的发育是独立的，只取决于心理未来的作用，也就是个体将来要完成的任务。每一个发育中的婴儿，都具备圆满完成这一发育过程的能力，只是在婴儿“精神胚胎”阶段还无法观察到。

处于“精神胚胎”阶段的婴儿都非常相似。常听到人们这样说：“所有婴儿刚生下来都一个样，而且以同一个速度发育。”初生婴儿的大脑与胚胎时期差不多，细胞的分裂也处于相同的阶段，所以很难找出他们之间的差别。

胚胎阶段的生命都大致相同。在胚胎发育初期，人们很难区分两种不同动物的胚胎，差别是后来逐步形成的。开始看似相同的胚胎细胞，后来却长成了蜥蜴、鸟、兔子等完全不同的东西。

可以说，人类所有成员都由大致相同的"精神胚胎"发展而来，不论他是伟大的艺术家、超凡的政治领袖，还是一个普通人。普通人也有自己的个性，在社会中也有自己的位置。虽然他们只做一些单调的事情，为一日三餐奔忙，但他们远远高于低等动物，他们的行为是自由的，不受遗传限制。

当然，人类无法预测心理后期发展的结果，也无法了解处于胚胎阶段的人。在生命的这个阶段，人类能够做的只是帮助生命发育。人类的这个阶段是心理成长的开始，如果能根据未来的需要给予某种帮助，必定能大大提高人的能力。

如此一来，对弱小婴儿进行教育的方法也就清楚了。如果孩子从一出生就开始接受教育，那就要适应这一时期婴儿的特点。这种早期教育对所有婴儿都是相同的，不论是印度婴儿、中国婴儿，还是欧洲婴儿，同样也不分社会等级。

既然世界上所有儿童的心理需求一致，而且在成长中也经历相同的阶段，那么，我们就要寻求一种遵循人类成长规律的办法。我们的教育只能遵循自然的要求，因为，只有这样才能满足生命的需要。这不是人类能够主观决定的，也不是哲学家、思想家或是某种实验所能改变的，这是大自然为生命确立的法则，是大自然决定了人类的生命发展进程。

儿童的发展当然符合自然的要求。在父母眼里，襁褓中的婴儿是那么安静，那么愉悦，其实他们正在为自身发展做不懈的努力，成人需要研究这一过程，并且为他们服务。

目前，医疗心理学以弗洛伊德理论为基础，提出了一个具有决定性的时间段，这就是出生时期。医疗心理学是这样界定这个短暂时期的：它处在源于“出生创伤”的“回归症状”和成长阶段的“压抑症状”之间。虽然回归企图和外在环境的压抑是两回事，但这些心理症状却表明了婴儿的一种倾向，这就是回到母体中去，而不是继续成长。当然，这种倾向存在于无意识中。

精神分析已经揭示，“出生创伤”不仅使婴儿哭泣和抗拒环境，还会影响他们的心理发展模式，导致儿童向异常方向发展，结果会出现一种心理变化，或者说心理力量的背叛。

几乎所有婴儿出生时都感到不适应，他们心理上会出现一些回归症状，他们留恋出生前的状态，拒绝来到这个世界。初生婴儿似乎在内心里说：“我要回到妈妈肚子里去。”

新生婴儿的睡眠时间一般很长，这是正常的，但在弗洛伊德看来，睡眠时间过长是不正常的，他认为婴儿睡眠是一种逃避，表明婴儿面临新世界有一种畏惧的情绪。

弗洛伊德的看法也许有点道理，睡觉可以看作是潜意识的回归。当人们遇到难以克服的困难时，往往渴望睡觉，因为一旦进入睡眠，就可以忘记现实世界，生活中的困厄也不存在了。在这里，睡眠不仅是人的生理需要，而且是精神避难所。只要注意婴儿的睡眠姿势，就会发现他们睡觉时大都两腿缩在一起，把手放在脸的旁边，成人也有不少以这种姿势睡觉的。在心理学家看来，这说明他们有回归子宫的倾向。

婴儿睡觉醒来后往往大声哭泣，这被认为是另一个渴望回归的症状，他对独自面对这个世界似乎感到恐惧。另外，婴儿常常做噩梦，这也说明婴儿对这个世界没有好感。

人可能一辈子都不能摆脱这种回归的渴望。对成人来说，它可能表现为对他人的依赖，害怕独处，害怕黑暗，害怕孤独。成人之间的互相依赖并非出于彼此喜好，而是因为恐惧，这和儿童是一样的。儿童不喜欢独处，总是喜欢和别人待在一起，尤其是待在母亲身边。他们不喜欢外出，而愿意待在家里。对那些胆怯的儿童来说，五彩缤纷的外部世界不会让他高兴，而是让他感到恐惧，他对这个世界感到陌生。

假如婴儿在早期对周围环境有一种畏惧感，一定会影响他的成长。这样的儿童长大后往往难以管理，而且很难融入社会。他们可能永远无法正常地从周围世界中学习，对他们可以用一句格言来形容："人生而痛苦。"这样的人厌倦所有的东西，他们的消化功能很弱，连呼吸都会感到压抑，他们所做的事情都有悖于常理。一句话，他们比正常人需要更多的睡眠。

不难想象这种人的童年会是什么样子：这种儿童一定很懒散，郁郁寡欢，而且喜欢哭，经常做不好自己的事情，需要他人的帮助。这种症状一般会伴随人的一生，很难改变。这些儿童长大之后，多半胆量很小，害怕见陌生人，不能适应社会生活，生存能力很差，总是离不开他人的鼓励和帮助。

人在自己的记忆中找不到这些创伤，它们存在于潜意识中，这些人格缺陷源于潜意识负面心理的作用。虽然我们对此没有任何记忆，但是它们留存在人的"记忆性基质"中，成为人格的一部分。这种人格障碍最终会形成很大的危害，阻碍人类生活的发展。

这些发育不正常的儿童，长大之后不仅不能适应生活，而且会报复社会，这就使人类面临巨大的危险。这种危险源自我们的无知，这种无知比其他任何无知的后果更严重。

心理学家都很重视出生对人心理发展的重要性。上面我们只对早期回归现象进行了讨论，下面，我们将探讨哺乳动物对幼崽保护措施的作用。一些生物学家认为，在哺乳动物刚出生的几天里，母亲的抚慰关爱能够唤醒它们的生命本能。我们对儿童心理的探讨，就是以这种观点为前提的。

研究儿童的心理发育，不但要重视出生对儿童的影响，而且必须重视他们对周围环境的适应，儿童需要特别对待。在生命之初，母亲和婴儿面临的危险不同，但他们面对的困难却是相同的，虽然婴儿面临的身体危险很大，可是与心理危险相比，就不是很严重了。如果弗洛伊德的理论正确，回归症状的原因是“出生创伤”，那么这种症状应该就是普遍的，即在所有儿童身上都有所体现。

我们有理由认为，哺乳动物和人一样也经历了这样的过程。哺乳动物的幼崽在刚出生的几天，内心一定发生了重要变化，激发了它们的遗传行为的觉醒，与之对应，儿童身上也可能发生了类似的事情。虽然儿童没有遗传固定的行为模式，但他具备学习各种行为模式的能力，这种潜在能力需要通过与环境的交流发挥出来。

为了恰当地描述婴儿对环境的学习过程，我们借用一个描述天体起源的概念“星云”，用它来类比婴儿吸收知识的创造力。星云是宇宙中的巨大天体，它们相距遥远，以至于天体空间几乎没有密度，但是，对另一个遥远星体来说，它们却存在着，而且具有一定的密度。

儿童学习知识的能力与之相似，表面看来，他们的知识是从无到有，其实，创造的能力一直潜伏在生命中。儿童在“星云”中获得了刺激，逐渐形成了语言能力。儿童的语言能力并非来自遗传，而是通过与环境的交互作用逐渐形成的。由于儿童具备这种“星云”式的学习能力，在语言学习中能够区别不同的发声，从而逐渐学会使用语言。儿童对社会习惯和传统的学习，也是以同样的方式进行的。

语言“星云”并不局限于儿童对某种语言的学习，而是一种与生活环境交流的能力。一个在意大利长大的荷兰儿童，能够熟练运用的将是意大利语，而不是荷兰语，不论他的祖先在荷兰生活了多长时间。另外，人们发现，世界各地儿童学习语言的时间和过程大致相同。

由于遗传的作用，动物出生不久就能掌握所属物种的语言，婴儿就不同了，他们需要经过很长时间的学习才能掌握语言。这就是人与动物的本质区别。显而易见，儿童不是从遗传中获得了某种语言模式，而是在潜意识中储存着学习语言的能力。这种学习潜能和生殖细胞的遗传基因很相似，在细胞分裂繁殖过程中，遗传基因精确地控制整个过程，使细胞体形成一个精密的器官。在儿童对语言的学习过程中，这种语言潜能的作用与此类似，我们不妨把这种能力称为“语言星云”。

除“语言星云”外，儿童的生命本能中还潜伏着其他“星云”，比如对周围环境的适应能力、对群体价值和传统的认同等，这些反应模式都不是来自遗传。这正如现今的文明，它是人类世代创造的积累，而不是来自遗传。对此，心理学学者卡瑞尔说道：“博学的科学家无法通过遗传把知识传授给儿子，如果把科学家的儿子放在荒岛上，他们会变得和克鲁玛努人一样原始。”

也许我在谈到星云的时候，会给人这样的错觉，好像星云所包含的各种本能力量各自独立，不是一个整体。这里有必要作出澄清，所谓“星云”只是一个比喻而已，实际上，大脑的反应形式与星体运行完全不同。心理活动是一个有机整体，从某种意义上说，这个过程是有目的、有意识地从环境中吸收知识，以此完善自己。

如果语言星云因为某种原因无法工作，人就失去了学习语言的能力。我遇到过几个这样的例子，专家对不会说话的儿童进行测试，发现他们大脑健全，听觉和发音器官都很正常，但对于为什么这些孩子不会说话，至今找不到有说服力的解释。这个现象很有意思，我觉得要找到其中的原因，最好研究他们刚出生的几天曾经发生过什么事情。“星云”理论不仅可以解释以上现象，也可以解释其他领域的一些问题，比如社会适应能力的问题。在我看来，“星云”理论比“出生创伤”更具有科学价值，因为我相信，大部分心理回归倾向，是因为儿童期缺乏社会适应能力训练的结果。

如果儿童缺乏敏感性，不再热爱周围的环境，如果传统、道德、宗教等不是以一种正常的方式被吸收，这个人就会看起来比较反常，表现出前面提到过的回归症状。这是因为人类具有敏感的创造力，而不是沿袭某种遗传模式。如果儿童能够适应生活环境，生命的最初几年，就可以奠定他的心理生命基础。

这里需要提出一个问题，有些人的创造敏感性正在消失，或者发育迟缓，这是什么原因造成的呢？这个问题难以直接回答，我们必须对那些丧失创造敏感性的人进行研究，才能找到答案。

有一个例子可以对此研究提供帮助。有个年轻人，他长得很英俊，聪明健康，可就是讨厌学习，也不听话，而且性格不好，自然没人愿意搭理他。我对这个男孩的身世做了一番调查，发现在他出生后的半个月，因缺乏营养，导致体重急剧下降，身上皮包骨头，以至于护士把他称作“皮包骨”。除了这半个月，这个男孩的发育都很正常，所以身体强壮，可惜的是，也许他注定只能成为一名犯罪分子。

毫无疑问，“星云”理论现在还是一个假设，有很多问题有待探讨。但有一点是可以肯定的，儿童心理发展受他所感知的“星云”的指导，正如生殖细胞受基因控制一样。因此，人类也要像其他高等动物一样，在新生命诞生的一段时间里给予特殊照顾。在这里，我们不是说要关心婴儿出生后的第一年或第一个月，也不只要求关心婴儿的身体，我们的目的是引起人们的注意，促使父母关注这个问题，意识到婴儿出生教育的重要性。

孩子作为“心理胚胎”，需要我们的爱、温暖和尊重

新生儿应该被当作一种“心理胚胎”来看待，它是一种为了降临到这个世界上而孕育在肉体内的精神。从科学角度看，新生命来到这个世上并非一片空白，他是个活生生的肉体，他有组织、有器官，这是可以用科学仪器测量出来的，而我们所讲到的精神却无从考察。如此细致灵活的身体难道是无中生有吗？这还是一个待解之谜。

婴儿一出生，就站在人生旅程的一个令人印象深刻的起点上。从此

以后，有很长一段时间他是无法自主的，也没有能力做任何事情，就像一个虚弱的或瘫痪在床的病人一样需要照料。除了大哭，新生儿很长一段时间都会沉默不语。而当他一哭，成人就会冲到他的床边，好像有人需要我们帮助一样。经过很长一段时间，大概是几个月，甚至一年以后，新生儿才不那么脆弱，也渐渐地像个“小人”了。

我们可以把孩子在身体上和心理上的成长变化看作是一个成长为“人”的过程。换个角度说，婴儿长大成人是一个神奇的过程。在他的成长过程中，有一种内在力量在激发新生儿身体的能量。这个能量一旦启动，新生儿的手脚便开始活动，大脑也开始运转起来。从此以后，新生儿不但可以活动，而且有了表达思想的能力，这便是人的“内化”过程。

和其他动物比较，人类的婴儿降临到世界上后，有很长一段时间需要别人的照顾。从现实看，这对新生儿的成长有着非同寻常的意义。你看其他动物不管出生时多么脆弱，几乎都要在非常短的时间内靠自己的力量活下去，它们必须马上学会走路，有些食草动物甚至刚一落地就要跟在妈妈后面跑，以逃避肉食动物的追捕。它们很快学会了与同类动物的沟通方式，比如，小猫学会了喵喵叫，小羊也懂得了咩咩叫，即使发出的声音很微弱，仍旧可以听见它们不断的叫声。动物的成长准备期简单，而且极短，可以说它们从一生下来就靠本能来决定自己的行为。你看那顽皮的小老虎，出生的那一刻就会自己站立起来，出生后一天时间里，就能够灵敏地在妈妈肚子下钻来钻去。

每一个来到这个世界的动物，不仅有着外在的形体，还具备着潜在的本能。所有的本能都会在它的动作中显现出来，这代表了不同物种的个体特征。有人认为，动物的特征应该通过它们的行为，而不是从它的外貌上归纳和体现。因此，动物身上具有的那些植物所没有的特性，便可以统称为“精神特质”。

连动物的精神特质在出生时都很明显，怎么可以说人类的新生儿没有同样的天赋呢？科学理论认为，动物现在的行为特征是一连串物种繁衍的经验累积而来的，人类的特征不也是如此吗？人类先是学习直立行走，再不断开发出语言和智慧，并将这一切传递给后代。

这里面有一个潜在的真理，让我用产品的制造方法来作个比喻。现代机器可以快速制造大量完全一模一样的产品；而有些东西则必须用手工慢慢做出来，每一个都有所不同。手工制造的价值，就在于它有着独特的艺术魅力。这个比喻可用来说明动物和人在心理上的差异，动物就像是大量制造出来的产品，它们一生下来，就已经具有了与同类动物一样的特性。相比之下，人算得上是“手工制造”出来的，每一个人都有所不同，是大自然造就出来的艺术品。

另外，人的制造过程非常缓慢，在他的外貌特征还未显现之前，其“内在特质”就已经开始形成，这可不是在复制一模一样的人，而是要制造出一个全新的人。至于人的内在特质是怎样形成的，到现在为止仍然是一个谜。我们所要说明的是，人的制造一直都在经历一个漫长的内在形成过程，就像一件艺术品在呈现给我们之前，它的创造者必须先在幽静的工作室里进行一番精雕细琢。

人格的形成是看不见也摸不着的，幼小的婴儿对我们来说也是一个谜。我们只知道婴儿将来会有无限发展的可能，却不知道他会成为什么样的人，能有什么样的成就。在婴儿柔弱的身体里，有着比其他动物更为复杂的构成和机制，每一个婴儿都是独立的个体，他所具有的特殊意志帮助他顺利完成自身的转化工作，无论是音乐家、歌手、艺术家、运动员，还是英雄、罪犯、圣人，都是以同样的方式被生下来，他们每个人都带着各自的生成特点来到这个世界。正是这种不同的个性促使每个人去做不一样的事。

婴儿出生时的无助现象，曾经是哲学家讨论的课题，遗憾的是，医学家、心理学家和教育家却从未对此产生兴趣。在他们看来，这种现象是一个理所当然的事实，虽然大多数孩子能顺利度过这段无助的婴儿期，但这个时期的影响会深深地埋在孩子的潜意识里，对他们今后的生活产生严重的心理影响。

那些认为婴儿不仅在行动上是被动的，其心智也空洞的想法，实在是大错特错了。还有人这样认为，孩子在婴儿期过后之所以会神奇般地成长，完全是因为大人的精心照料和养育，这样的想法也是错误的。这些想法使父母产生了一种责任感，以为自己就是启发孩子内在特质的力量。

因此，他们把教导孩子当作是在完成一件艺术品，为了发展孩子的智能、灵敏度和意志力，他们会不停地提出愿望，发出指令。成人赋予了自己近乎神圣的职责，并深信自己在孩子生命活动中的地位，就像《圣经》里所讲的上帝一样："上帝按照他的形象创造了人类。"

骄傲被人类嗤之以鼻，大人将自己神化后形成的自傲让孩子蒙受了许多苦难，只有孩子才真正掌握通向自己内心世界的钥匙。孩子在很小的时候就能表现出他的发展趋向和相当的心智天赋，终有一天他能够展现自己的能力。这时候，如果大人不合时宜地加以干预，就会使孩子的努力付之东流，并挫败他们的自我实现目标。大人的行为极有可能给孩子原始自然的心智带来不利影响，这也许就是人类在传承中失败的原因。真正的问题是，虽然孩子必须经过重重困难和长久的努力才能充分掌握和运用自己的心智，但是孩子有自己的精神层面，只是需要花些时间才能表现出这种天赋。

在成长过程中，孩子懵懂的心灵正在逐渐被打开并茁壮成长，它正一点点地让被动的躯体活跃起来，并唤醒自我意识。然而，在现实环境中，却有另一股强大的力量向他袭来，最终操纵了他的心灵。在这样的环境中，没有人能感受到，也没有人肯接受“人类可发生内在转变”的事实，弱小的婴儿其实没有受到丝毫的保护，也没有人帮助他度过困难的发育期，这个环境中所发生的每一件事对婴儿来说都是一种阻碍。

这样，作为心理胚胎的孩子，只能靠自身的力量，在他所处的环境里求得生存。实际上，心理胚胎像生理胚胎一样，需要外在环境的呵护，需要爱和温暖，还需要人们的尊重，需要一个能够完全接纳它并且永远也不会阻碍它发展的环境。

一旦了解了这些情况，大人就必须改变对孩子的态度，孩子“心理胚胎”的形象呈现在我们眼前，便赋予了我们新的责任。那个柔弱而优雅的小东西，那个招人喜爱、被我们用很多衣物包裹着的婴儿，就像我们的玩具，必将唤起我们的爱。

人类在其转化的过程中，必须面对很多内在的挑战。要理解还不存在的意志和思想，几乎是不可能的，但这种思想和意志终将控制和激励我们被动的身体。从这一刻开始，婴儿娇弱的生命花朵绽放了，婴儿的大脑从此有了意识，他开始对周围的环境产生兴趣，在实现自我的努力下，他的肌肉也活动起来。我们必须对孩子的努力给予理解和支持，因为这段时间是孩子人格发展和定型的关键时期，我们的责任是多么重大，我们应该用科学的方法试着去了解孩子的心理需求，并创造一个符合孩子成长的环境。这是我们正在发展的这门科学长期以来的首要原则，也是需要我们用智慧去领悟的科学，因为在推断出人类发展史的最后结论之前，我们还有很多工作要做。

家教延伸阅读

怎么给宝宝选玩具

玩是宝宝最大的乐趣，在玩的过程中，不但可帮助宝宝发现自我、探索问题，也满足了宝宝与生俱来的好奇心。由于每个阶段的心智发展不同，玩具对宝宝的适用及启发程度亦有所差异，因此如何适龄、适性、适当地为宝宝准备玩具是一门学问。

玩具对宝宝各阶段的发展有相当深远的影响，什么样的玩具才是优质玩具呢?

1. 可以帮助宝宝发展各阶段的基本动作。

2. 可以培养宝宝的学习能力，使学习过程变得更有趣，让宝宝感到快乐。

3. 可以引发并培养宝宝的好奇心、探险性。

4. 满足宝宝操作欲；可让宝宝获得满足感及成就感。

5. 可帮助宝宝用言语表达意思或发泄情绪。

6. 可培养宝宝良好的习惯。

7. 提供宝宝解决问题的机会。

给宝宝选玩具通常分以下几个阶段：

通过给予感官各种刺激的游戏，使宝宝的身心和大脑得到锻炼，这是玩具的功用。宝宝长得很快，不管多么精美的玩具，当它跟不上宝宝的生长速度时，就会被宝宝抛弃和厌烦。

0~3个月

婴儿的听觉和视觉开始集中，能短时间地注视彩色的玩具，此时应在婴儿小床上悬挂一些色彩鲜艳的玩具，要经常变换悬挂的位置，吸引婴儿从各个方向注视玩具。

4~6个月

婴儿的视线能追视活动的玩具和走动的人，对声音有定向反应，手的动作由没有目标和方向地伸出挥动到学会抓握悬挂的玩具，会两手摆弄玩具，翻身取玩具。因此这时期应选择的玩具，不仅要色彩鲜艳、有声响，而且要便于婴儿学习抓握、不易咬坏且无毒。

7~9个月

婴儿已经能够独坐，并学会爬，能眼手协调地用手抓物、取物、摇晃和敲打玩具，特别喜欢将玩具扔在地上，再拾起来玩。7个月时由于宝宝还不懂玩具的性质，可给他娃娃、铃鼓或皮球。8个月以后开始能分辨玩具的性质，知道娃娃抱着玩，铃鼓敲着玩，皮球滚着玩。此时期可让婴儿坐着玩，或坐在床上或在婴儿专用的爬毯上爬着玩。

10~12个月

婴儿已能熟练地爬行自如，会站立及学走路。手的动作已能用拇指和食指捡东西。此时期为婴儿选择的玩具应该是帮助学走路的玩具，还应有训练小手指动作的玩具。

1~2 岁

到了 1 岁左右，着重训练婴儿的手脚配合，可选些组合式的玩具如积木、拼图之类，训练手脚则可用学步车。1 岁半时，可以选些体积较大、较复杂的积木或模型、还可以买些画册让他自己看，可训练手指的灵活性。

2~3 岁

2 岁以后，幼儿除了能随心所欲地坐、站之外，还能步行，对外在世界的探索更热切，对于玩具车之类的玩具尤为喜欢。另外，可以选择能让他们发挥组织力的积木；又或者讲究技巧性，训练手眼配合的串珠链；更由于大肌肉的发展，可以选购球类玩具供其踢玩。

3~4 岁

到 3 岁左右，幼儿喜欢组合性的玩具，例如拼图、积木等，也喜欢吹气玩具。他们懂得把相同的物品放置一堆，所以在搭积木时，他们会搭出与图案相同的实物。手、眼、脑的协调更趋成熟。

琳琅满目的玩具让你挑花了眼？那不妨记住以下原则：

长久性：玩具能否吸引宝宝的注意力数周？

牢固性：当宝宝坐在上面，扔，在上面跳，咬或猛撞，玩具能承受吗？

挑战性：寻找可以教宝宝但是不会让宝宝有挫折感的玩具。

适当性：玩具适合宝宝的思想、语言和运动水平吗？

趣味性：玩具鼓励宝宝思考了吗？

激励性：玩具是如何培养宝宝的创造力和想象力的？

互动性：玩具使宝宝融入其中还是仅仅让他被动地观看来取悦他呢？

多功能性：宝宝能通过多种方式来玩这个玩具吗？

新颖性：这个玩具和你宝宝已有的玩具不同吗？你不需要在玩具箱中装 30 种不同的嘎嘎响的玩具。

娱乐的吸引力：你也乐意与这个玩具一起玩吗？能让你和你的宝宝一起玩的玩具是很理想的。

003

引导孩子的性格发展

一个人从出生到 18 岁可分为三个阶段：
0~6 岁、6~12 岁和 12~18 岁，
儿童的心理发展在不同阶段存在巨大差别，
同时个体之间也有很大差异。

如果儿童能够自由成长，性格发展自然会很正常

在对儿童的心理、生理和行为进行探讨后，我们来讨论儿童的性格及形成问题，性格对儿童的成长非常重要。

西方教育很注重儿童的性格培养，虽然以前并不知道性格的确切含义，也不清楚怎样进行性格教育。西方传统教育理论认为，人的教育不仅包括智力发展和实践教育，还应该包括性格教育。西方人一向看重人的美德，如勇气、坚毅、责任感、与他人的良好关系等。因此，在西方传统教育中，道德培养也占有很重要的地位。

但是实际情况却不容我们乐观，即使在今天，许多人仍然并不真正理解性格的含义，对道德教育也缺乏明确认识。

对于这个问题，哲学家和心理学家很早以前就开始讨论，但始终没有提供一个准确的答案。尽管如此，但每个人都感到了性格的重要性。近几十年来，对性格的研究集中在身体、道德、智力、意愿、人格和遗传等方面。1876 年，本哈森首次使用了“性格学”一词，到今天，这个词已经成为一个新的学科门类，只是它始终不够完备。因为对性格的研究一直是实验性的，缺乏精确的理论指导。

投身性格研究工作的包括许多优秀的心理学家和科学家，他们对性

格做了多方面的研究，但有一点令人奇怪，所有这些研究都是以成人为对象，甚至从教育角度研究性格的人，也似乎把儿童忘记了，虽然这些研究也涉及了遗传和出生前的影响。从对人格发展的认识看，这无疑是有很大的遗漏。遗憾的是，很少有人去弥补这一遗漏。

我们的研究就从这里展开，从儿童的出生、发育开始。因为只有充分了解了儿童的行为，才能找到新的研究方向，才有可能理解性格的真正含义。对儿童行为的研究表明，儿童性格的发展离不开他们自身的努力，这种努力是一系列自然行为，与外部因素关系不大，而主要取决于他们自身的创造潜能，以及他们的生活对这种创造力是促进还是阻碍。

所以，我们的兴趣就转向了对人心理发展的探讨。这样一来，我们的工作就必须从头开始，从婴儿呱呱坠地开始，从他们的个性形成之初开始，直到他们的个性最后定型为止。我们的研究发现，人的心理发展取决于根植于潜意识中的自然规律，这一点也与其他动物类似，人与人之间的差别主要来自后来的生活，因为在这一阶段人会遇到许多障碍，这些障碍对不同的人的心理会产生完全不同的影响。

如果这个理论已经完备，我们就必须对人生不同阶段的性格进行分析和解释。不过，我们暂时只能把儿童的生活作为研究对象，在此基础上才能对个性的不同发展形式进行研究，因为这些发展形式是在生活环境的影响下形成的。

显然，我们是通过研究人的行为来认识性格的。正如我在第一章中总结的，一个人从出生到 18 岁可分为三个成长阶段：0~6 岁、6~12 岁和 12~18 岁（本书主要研究第一个年龄段），每个阶段又可以分为两个小阶段。我们对这些阶段所做的研究发现，儿童的心理发展在不同阶段存在巨大差别，同时个体之间也有很大差异。

我们已经知道，第一发展阶段是一个创造的阶段，虽然刚出生的婴儿没有什么性格可言，但是性格在此时开始形成，这个阶段对人生最为重要，对性格的发展也同样重要。众所周知，我们不能对襁褓里的婴儿施加什么影响，所以性格的发展基础是大自然奠定的。婴儿还没有好与坏的意识，也不受道德观念的影响。实际上，对于第一阶段的儿童，我们不能用好坏或者道德高尚与否来做评价，他们顶多是过于顽皮而已。因此，读者不会在本书里看到“好、坏、道德”之类的字眼。

儿童在 6~12 岁这个阶段开始接受好坏的概念。这样，他们不仅能够评价自己的行为，也可以评价别人的行为。这个年龄段儿童的主要特征就是能够区分好与坏，同时也有了道德意识，这种道德感最终将形成社会意识。到了第三个阶段，儿童能够意识到自己属于某个特定的群体，知道要爱自己的祖国，因此生发出一种民族荣辱感。

上面说过，这三个发展阶段之间存在很大的区别，但每个阶段又在为下一阶段的发展做铺垫。要保证第二阶段的正常发展，就要求第一阶段的发展不出现偏差。这如同蝴蝶的生长过程，不论是外形还是生活习性，蝴蝶和毛毛虫都大不相同，可是蝴蝶的美丽取决于幼虫的形态，而不是对其他蝴蝶样式的模仿。所有生命的发展都是这样，拥有现在才能创造未来。个体在一个阶段得到的满足越多，下一个阶段的发展也就越充分。

人的生命是在母亲身体内孕育的，如果父母双方都不酗酒，也没有其他不良嗜好，而且身体健康，他们孕育的胎儿肯定会很健康。当然，婴儿是否健康也受母亲生活环境的影响，这种影响主要发生在妊娠后期。只要胚胎在母体中的生活环境良好，胎儿就会正常发育，生下来也就强壮健康。

我们在前面讨论过出生创伤，婴儿在出生时所遭受的创伤将导致衰退，甚至更严重的后果。可与此相比，父母的不良嗜好和遗传性疾病的危害更大，比如酗酒和癫痫等。

人的童年时期对一生发展至关重要，其原因我们已经在前面讨论过。儿童最初 2~3 年的生活之所以重要，是因为这一时期所受的影响将会影响他们的一生。儿童在这一时期如果受到伤害，个性发展就会发生偏离。也就是说，如果儿童在发展过程中遇到障碍，可能就会出现性格异常。相反，如果儿童能够自由发展，性格发展自然会正常。

如果我们能够在受孕、妊娠、出生和婴儿养育各个环节采取科学的方法，那么 3 年之后，我们就会有一个非常健康的孩子。不过，这只是一种理想状态，实际生活中无法达到，因为在儿童的发展过程中，障碍不可能完全避免。与胎儿出生后受到的影响相比，他们在母亲怀孕期间因为不良影响造成的后果更为严重，尤其是一些有毒物质，比如药物等的危害是灾难性的。

假如儿童在 0~3 岁这个阶段的发展遇到了障碍，形成了心理或人格上的缺陷，进行治疗的最佳时期是 3~6 岁。因为在此期间，大自然正在全面培养和完善儿童的各种能力。

在我们对 3~6 岁儿童的研究工作中，学校的教育实践做出了重要贡献。依据这些研究成果，我们就能为儿童提供必要的帮助。也就是说，我们找到了更科学的教育方法。

如果儿童 0~3 岁时造成的缺陷在 3~6 岁得不到更正，这些缺陷就会一直存在下去，而且产生越来越大的影响，到 6 岁时，这个儿童会出现人格偏离等缺陷。进入第二个发展阶段后，这些缺陷会产生很大危害，影响儿童是非观念的形成。

所有的缺陷都会在人的心理发展上留下痕迹。如果发展的前期形成了缺陷，6 岁儿童就会出现一些不正常的特征。如果儿童的潜能在第一个阶段没有得到充分发挥，第二个阶段的发展就会出现困难。在这样的孩子身上，就不会表现出他那个年龄应有的道德特征，而且智力也会低于正常儿童，也就无法形成自己的性格，难以适应学习要求。到了最后一个阶段，这些缺陷还会带来更多的问题。

一些重视儿童教育的学校和我们一样，都为每个儿童准备了一份档案，将他们身体和心理的情况详细记录下来。这些档案能够帮助教师掌握儿童每个阶段的发展情况，了解他们可能面临的心理问题，并采取适当的补救措施。

在我们学校的档案里，不仅记录了每个儿童父母的遗传信息，如疾病情况、父母的生育年龄、母亲怀孕期间的情况等，还记录了儿童出生前后的情况，如分娩过程是否正常、婴儿出生时是否健康、儿童出生后的表现等。另外，还会记录儿童家庭生活的一些问题，如儿童是否受到过惊吓，父母对儿童的期望是否合适、是否对孩子过于严厉。如果一个孩子的性格怪僻，这些档案能帮助我们找出其中的原因。我们学校接收的 3 岁儿童通常都有这样那样的缺陷，只要方法得当，都可以得到矫正。下面简单介绍常见的几种性格缺陷类型。

儿童的性格缺陷有很多种类，需要使用不同的方式进行治疗。为此，我把这些缺陷分成两类：一类缺陷发生在强壮儿童身上，这里所说的强壮，是指这些儿童能够克服障碍；另一类出现在软弱儿童身上，这里所说的软弱，是指这些儿童在不利条件面前选择屈服。

强壮型儿童性格缺陷的表现是反复无常，并且经常出现愤怒和暴力倾向。这种孩子有一个共同点，就是不服从命令。我们把这种倾向称为“毁灭性本能”。他们通常非常自私，嫉妒心强，而且有很强的占有欲，总喜欢抢夺他人的东西。他们还有一个常见的特征，就是行为缺乏目的性，难以集中自己的注意力，也无法协调双手的动作。他们手里拿不稳东西，很容易掉到地上。这种孩子心理很混乱，喜欢胡思乱想，通常不安静，喜欢大喊大叫。他们喜欢捉弄人，总是去打扰别人，对小动物或幼小的孩子不友善。这种孩子一般都很贪吃。

软弱型儿童性格缺陷的特征是通常表现得很被动，总是显得消极、懒惰、懒散。这些孩子总喜欢哭，他们用这种方法来乞求别人的帮助；他们总在寻求成人的帮助，渴望得到别人的欢心，希望有人逗他们玩；他们常常显得烦躁不安，对什么事情都感到害怕；这种孩子经常撒谎，还喜欢偷东西。

这些心理上的毛病通常会引起身体上的一些问题。例如，这些孩子往往不正常吃饭，有的完全没有胃口，有的永远感到没有吃饱，最终导致消化问题；这些儿童还经常做噩梦，害怕黑暗、害怕独处、睡眠不好；有的孩子还会出现贫血和肝脏疾病。此外，这些儿童往往还有神经方面的问题。以上这些生理疾病，主要是心理问题引起的，所以很难用药物治疗。

这是因为某些障碍影响了儿童的正常发展，导致他们出现了身体疾病和性格缺陷。不论是哪种缺陷类型的儿童，都不受成人的喜欢，尤其是那些强壮型的儿童，更令他们的父母大伤脑筋。这些孩子的父母总是想方设法摆脱孩子，最简便的办法是把他们托付给保姆，或者送到学校了事。

这样，这些可怜的孩子就成了“孤儿”，虽然他们有父母，但是得不到父母的关心和爱护。尽管这些孩子身体健康，但是他们的心理并不正常，自然就会对他们的行为产生不良影响。父母们也在想办法对付他们，一些较为谨慎的父母向人求教应对的方法；另一些则自己解决问题，他们往往对孩子严加要求，甚至打、骂、不给饭吃等，这种粗暴的办法只会适得其反，使他们更加不服管教，出现更多的问题。

于是，毫无办法的父母只好再来规劝孩子，说一些诸如“你怎么总让妈妈生气呢”之类的话，这自然不会有什么效果。最后，父母只好放弃努力，听之任之。

消极被动型的儿童遇到的情况就不同了，他们往往不能引起大人的关注。这些儿童的行为不会有问题，母亲们觉得他们很听话，认为他们是好孩子；尽管这些孩子过于依赖母亲，总是赖在她们身边，可是他们安安静静的，不找任何麻烦，所以母亲们以为这是件好事。她们也许还会自豪地说，孩子如何喜欢她，离开了她孩子就不会上床睡觉。可是，过了一段时间，这些母亲开始感到有些担心，自己的孩子走路和说话都很迟。但是母亲们往往会说：“我的孩子很健康，只是有些敏感，胆子也小，对什么事情都害怕。这孩子不怎么爱吃东西，要让他吃一碗饭必须得先给他讲个故事。他总是喜欢独自坐在那里，一副若有所思的样子，将来一定会成为一名诗人！”

可是这种自我安慰解决不了问题。当母亲们终于相信自己的孩子确实有问题时，她们只好去找医生了，这才发现孩子存在的心理疾病。

假如这些母亲接受过我们的训练，对儿童的心理发展过程有所了解，就不会出现这些问题。因为我们已经知道，儿童的性格缺陷源自父母的一些错误做法。如果父母在这一时期忽视了对孩子的教育，孩子得不到足够的机会充实自己的大脑，饥饿的大脑就会产生很多问题。

出现性格缺陷的另一个原因是孩子缺少创造性的活动，这样的儿童同样得不到充分发展自己的机会。这些儿童多半一个人待在家里，或者被独自留在某个地方，除了睡觉以外很少有机会做事情。或者是父母把什么都包办了，不让他们动手做事情，不少贵族子女的童年生活就是这样。这种教养方式会产生严重的后果，因为这些孩子除了手里的东西之外，对什么都不感兴趣。久而久之，即使他们想做一些事情，也没有能力去做，就是拿到了自己想要的东西，比如小虫子或花朵，也不知道怎样玩，只会把它弄坏。

许多儿童会没有任何理由地产生一种恐惧感，这种现象也可以在早期生活中找到原因。

我们的学校之所以被认为很成功，是因为带着某种症状进入我们学校的儿童，经过一段时间的学习后，原来的缺陷都消失了。学校为儿童准备了一个可以自由发挥的环境，他们在这里能够发挥自己的潜能，促进心理的发展；学校还特意制作了很多有趣的东西，孩子们可以随意使用，每样东西都能引起他们的兴趣，集中他们的注意力。只要儿童达到我们预期的目的，就能够把精力集中起来，投入到感兴趣的事情中。

久而久之，他们身上的缺陷就会消失，以前混乱的变得有了条理，以前消极被动的变得热情主动，以前调皮捣蛋的变得懂事了。这些情况再一次证明，儿童的性格缺陷不是源自先天因素，而是后天形成的。

孩子的先天禀赋虽然存在差别，但并没有太大的不同，他们身上出现的所有不正常现象，都出于同一个原因，那就是我们忽视了儿童的心理生活，使之缺乏必要的养分。

我们能给母亲们提出什么好建议呢？孩子需要生活在可以引起他们兴趣的环境里；母亲不必什么都帮孩子做，有些帮助不仅不是必要的，而且是有害的；只要孩子开始做某件事，就不要打断他们；过分的关爱、过于严厉，都不会给处于精神饥饿中的孩子带来帮助。这就好比对待一个挨饿受冻的人，我们骂他是个傻瓜，或者把他痛打一顿，或者进行一番说教，要求他的心情变好起来，这些做法都于事无补，因为饥饿的人只需要食物，其他任何东西对他来说都没用。对于儿童的心理缺陷也是一样，成人对他们无论是严厉还是和蔼都不能解决问题，因为这不是问题之所在。

人是有智慧的动物，不仅需要物质上的营养，更离不开精神上的养料。人不同于依靠本能生活的动物，必须建立自己的行为模式。假如儿童能够决定自己应该做的事情，以此来完善自己的个性，那么一切都会正常，不会出现什么问题。即使他们曾经有什么问题，现在也会消失。他们将不再做噩梦，不再厌食，不再郁郁寡欢，他们的一切都将恢复正常，因为心理偏差得到了矫正。

可见，以上这些问题不可能用道德教育来解决，因为这是性格形成中出现的问题，儿童性格的形成或者性格缺陷的消除，都不需要成人的说教。如果成人出于道德的意图，对儿童进行威胁利诱，不会给儿童带

如何培养孩子乐观的性格

父母的支持可以给孩子安全感，从而使其性格变得乐观。

让孩子善于发现自己的长处，增加自信。

良好的礼貌教育会让孩子在社交中充满勇气和自信。

鼓励孩子的模仿行为，这样才会让孩子对生活充满热情。

来什么好处，只会害了他。我们需要做的、所能做的就是：为儿童提供正常的生活环境。

性格不可以随意打造，它的形成靠孩子自己

前面我们已经讨论过，儿童塑造自己的方式完全不是成人想象的那样，儿童的个性不是我们能教给他们的，也不是能强制他们学到的，而是他们在 3~6 岁时通过自己的行为逐渐形成的。性格不是可以随意打造的，儿童的性格更是如此。我们所能做的只是科学地教育，尽量让儿童的发展少受阻碍，帮助他们顺利完成这个过程。

成人对儿童性格的形成和发展无能为力，最多只能在他们性格形成之后，在他们能够理解成人的教育时，通过说理和劝告对他们的思想施加影响。儿童只有到了 6 岁，成人才可以对他进行说教；6~12 岁，儿童开始形成道德和是非感，能够辨别好坏；到 12~18 岁，他们开始理解成人的世界，这时，就可以像对待成人一样对他们说教了。

令人遗憾的是，这些教育只能在儿童 6 岁以后进行，这时他们的性格和个性已经形成，无法通过自然的方式进行塑造了。这时我们会发现，孩子们已经难以接受我们的思想，尽管我们渴望对他们施加更多影响，我们的作用也只能是间接的，而无法直接对他们施加影响了。

有些学校的教师经常抱怨，尽管他们尽职尽责，精心讲解科学、文学等科目，但孩子们就是学不进去，不是因为这些孩子智商不够，而是因为这些孩子的性格使他们无法学习。缺乏良好的性格就没有学习的“动

力”，只有那些具备一定性格要素或个性的孩子能真正学到东西。

不过，大多数刚进学校的孩子都不具备这样的性格，到了这个时候，要求他们集中注意力已经晚了，因为他们难以做到这一点。如果他们在此之前没有形成做事认真的品质，提出这样的要求又有什么用呢？打个比方，我们这样要求这些孩子，就好比对没有腿的人说：“要好好走路！”这种能力是在早期发展中逐渐形成的，我们无法要求他们具备这种能力。

既然如此，父母该怎么办呢？如果你提出这个问题，总会得到这样的回答：“对年轻人要有耐心，我们要努力给他们施加影响，要为他们树立榜样。”我们把希望寄托在时间和我们的耐心上，以为总会有所收获。而实际上，我们什么也不会得到，直到我们变成一个老人，对生活不再有任何要求。总之，时间和耐心不能带来任何东西，最有效的办法就是利用好儿童具有创造性的时期。

如果我们把整个人类看作一个整体，平等看待自己和儿童，就会明白世界上所有的人虽然各不相同，但在内心深处却有一些东西是共通的，就是人人都有一种自我发展的倾向。虽然许多人对此没有明确的意识，这种倾向却在潜意识中支配着他的生活。尽管这种倾向对人类的性格影响不大，但它是人类发展的前提，人类社会和个体一样，都具有这种不断发展的倾向。无论如何，人类总是朝着好的方向发展。也就是说，人类的行为不是一成不变的，它总是处于发展之中，无论自然界、生命，还是人类都有一种向前发展的倾向。

下图中心的圆圈代表人的完美状态，中心圆外面的部分表示较为强健和平衡的人，这些人属于正常状态，或者接近理想状态；再向外的部

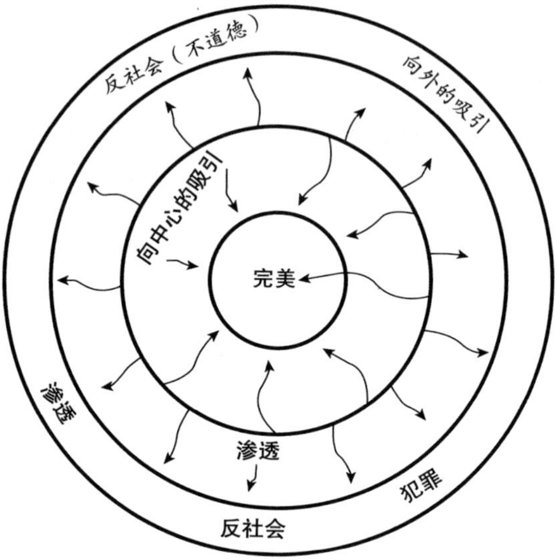

高等和低等社会类型的吸引状态示意图

分表示更多的群体，他们都存在某种程度的不足，没有达到正常状态。最外面有一个较小的区域，表示远离正常范围的人，他们是一些超社会或反社会的人，这些人无法适应社会生活，他们要么缺乏生存能力，要么成为犯罪分子。除了这一小部分人外，其他所有人都适应了生活，虽然存在程度上的差异。我们所说的教育，就是针对这些人而言的。

人对生活环境的适应过程在生命的前 6 年就完成了。这段时间也是人性格的形成期，由此可见，适应社会是多么重要！中间的圆圈代表的是一些接近完美的人，这些人强壮无比，不仅因为他们天资聪明，拥有更多的精力，还由于他们有一个很好的生活环境。从里到外第二层圆圈代表一些次于他们的人，这些人的精力相对较弱，而且生活中会遇到很多障碍。

从现实生活看，那些取得大成就的人都具备刚强的性格，身体也相对强壮，而且这些人身上明显有一种倾向，就是向完美发展。相反，那些性格较弱的人身上出现了另一种发展倾向，就是倾向于反社会或超社会，如果这些人不能努力克服这种倾向，就会彻底堕落。这些人需要道德力量的支持，以便摆脱堕落的诱惑。这种诱惑并不带来快感，而会产生很大的心理压力。谁也不想成为罪人，但是，对这些软弱的人来说，堕落的诱惑如同地球引力一样无法抗拒，他们要保护自身，就需要道德力量的支持，与诱惑进行不断地斗争和反抗。这些人想方设法约束自己，防止自己沉沦下去。他们努力向那些受人称道的人看齐，把他们当作自己的楷模，或者笃信宗教，乞求上帝给他们力量，克服这种可怕的诱惑。就这样，这些人逐渐在自己身上披上了一件道德外衣。这需要极大的自我克制力，因为这种努力是对本性的抵制，不会是一件轻松愉快的事。这些人如同登山者一样，必须用力攀住一块石头，才能保持身体的平衡。

现在的年轻人不再愿意做道德上的努力，与此同时，教育家们却在努力说教，力图对年轻人提供帮助。虽然教育者也受到这个问题的困扰，可他们还是尽力为别人树立榜样。他们总是这样说："我必须给学生树立一个好榜样，否则他们将成为什么样的人？"就这样，他们给自己肩膀上加了一层负担。正如图中第三个圆圈所表示的，教师和学生都属于这种有道德的人。这就是我们现在的教育，性格和道德教育就是在这样的环境里进行的。我们已经接受了这种教育方式，因为绝大部分人都受到了同样的限制。简而言之，道德被认为是人的本能要求，人自然要防止堕落。

中心圆圈代表的人有着刚强的意志，而且具有追求完美的倾向，他们的内心确实有这种愿望，没有任何强迫因素，这是自发的，并非来自人为的努力。他们追求完美是出于内心的驱使。他们的行为有所节制，并非是源于某种牺牲，而是因为他们的内心充实满足。这些人不需要任何人的说教，因为天性使他们自觉遵守这些戒律。

图中第三个圆圈代表脆弱的群体，这些人离不开精神上的安慰与支持，诱惑使他们惶恐不安，仿佛脚下有一个深不可测的陷阱。中心部分的人就不同了，他们不需要任何外来的帮助，生活给他们带来的只有快乐。

现在，我们看看图中代表完美的圆圈。这里有一个重要的问题，什么是完美的性格?

这个问题不可能有确切的答案，只能进行探讨。完美意味着什么?是拥有各种美德，还是达到了某种精神境界?如果是具有某种高超的精神境界，这种境界又是怎样的呢?这个问题必须弄清楚。上面说过，人的行为受性格的支配，而且不断向某个目标发展，这对任何人都一样。同样，人类和社会也在不断向前发展，这是自然的规律。

所以，我们现在讨论的是一个核心问题，因为人的完善就是人类发展的目标。在知识和科学领域，只要有人获得新的发现，社会就会被向前推进一步。精神领域也是如此，只要一个人的精神发展到一个新的阶段，就是对人类进步的推动。人类现在的文明，包括所有物质和精神的东西，都出自一个又一个创造者之手，无论是地理的发现还是历史的发展，都在持续不断地前进。这并不难理解，因为生命就是一种前驱力量，人必须不断前进，追求自身的完美。

中心圆圈所代表的人充满自信，他们没有不必要的欲望，也不用抗拒什么诱惑。伯尔德将军是南极探险的第一人，他曾经想方设法地聚敛钱财，而且对此没有任何道德顾虑，因为他的目的是去南极探险。在南极，伯尔德将军遇到了许多困难，但他没有退缩，因为一种强烈的进取精神在支配着他。在我看来，伯尔德将军就是一个完美的人。

总之，从性格的角度讲，这些人比第三个圆圈代表的人要丰富得多。第三个圆圈代表的人需要更多的扶助，离不开他人的支持，假如我们的教育方式不变，人类就会衰退。

我们可以设想一下，属于第三个圆圈的人站在属于第二个圆圈儿童面前的讲台上，他们肯定这样说："肉是不该吃的，这是一种罪过。"孩子们会怎样回答呢？他们多半会说："是的，先生，我们不喜欢吃肉。"这个人会对其他成人说："你穿的衣服太少了，这样会感冒的，最好多穿一点儿。"他的好心可能得到这样的回答："我感觉很暖和，我并不怕冷呀。"显然，这个病弱者提供的教育只会对儿童起负面作用，而不是引导他们趋近人格的完美状态。

只要对现在的学校教育进行一番研究，就会发现我们的教育存在很多问题，甚至可以说非常糟糕。这种教育很可能导致人的退步，削弱人的能力。现在的学校教育不能满足人的性格要求，传授知识性的教育方式已经过时就如教一个跑步的儿童如何走路一样，这种教育方式只能培养人的低级能力，而不是高级能力。如果一个人的性格发展受到阻碍，错误在人类自己身上。因此，一个教育者必须对人性有所认识，给儿童创造有利条件，让他们充分发挥天赋的创造能力。这样，第二个圆圈里的人就冲击第三个圆圈里的人，从而促进人类的完善。

既然人的心理构建只在人生的一段时期内进行，既然这种构建可能遇到障碍，那么，很多人的人格没有完全发展就非常有可能了。另一方面，因为人的性格是在自然状态下形成的，我们就要少进行道德说教，为性格的发展创造适宜的条件。我们的教育方式也需要进行一些改变。

传统教育方式能把学生培养成一个有知识、有道德的人，可是拥有这些并不能成为一个有能力的人。如果我们能够唤起人类的潜能，情况就大不相同了。既然人的性格是在一个特定阶段形成的，如果错过这个阶段，它就永远无法完成，任何说教都无济于事。

旧式教育和新式教育的区别就在这里。我们的目的，就是要在恰当的时间促进人类的自我完善，使人性的力量充分发挥出来。显然，这个目标不可能轻易达到，因为社会已经建立了很多屏障。新式教育首先需要做的，就是拆除这些屏障，为新一代的发展扫除障碍。因此，新教育可以说是一场革命。如果这场教育革命取得成功，暴力革命也许就可以从这个地球上消失了。

孩子的意志要从小培养，意志是一个孩子内在和谐的基础

当孩子在众多物品中挑选他所喜爱的东西时；当他从餐柜中取出某种食物，然后又把它放回原处或将它让给其他伙伴时……这些举动都体现了他的意志。在影响孩子发挥才能的因素中，意志一直起着作用。下面我们分析意志的辅助因素。

意志的全部外在表现都体现在行动中，无论人们采取怎样的行动，诸如走路、工作、讲话、写作或睁开眼睛凝视，紧闭双眼以避开某些东西，这些行动都被意志左右着。从另一方面看，意志也可以对某些行为加以控制，比如，它可以抑制我们因愤怒而产生的冲动，阻止我们因个人的欲望而去拿别人手里的东西，以上都是自愿的行动。所以，意志不会导致简单的冲动行为，它还可以对行为加以引导。

假如不去付诸行动，就不会有意志起作用。比如，一个人想做好一件事却踌躇不前，想将功补过却不去实施，想外出访问或写信问候亲友却什么也不做，他就没有完成意志的活动，只是处于想象中。只有愿望是不够的，一切都得归于行动，而且关键在于行动。意志有多少生命力，行动就有多强的力量，所有的行动都是冲动和抑制两种力量均衡作用的结果。在这两种力量的作用下，行为不断重复着，就会成为习惯。

事实就是如此，当我们品评一个有教养之人的行为举止时，他的所有习惯性动作都属于此种情况。我们也许会因为一时的冲动而去拜访某位朋友，但当我们意识到这一天不是他的接待日而可能打扰他时，我们就放弃了这个想法；当你正舒服地坐在起居室的一角，一位德高望重的女士向你走来，你会下意识地站起来，向她鞠躬或同她握手。这些都是我们的意志在起作用。

当我们知道自己想吃的蜜饯正好也是邻居爱吃的那种，品尝时就会小心翼翼，尽量不让他发现。这时我们的行为就不仅仅被冲动所支配，它也体现了一种礼貌和教养。一方面，假如没有冲动，我们就不会参加任何社交活动；另一方面，假如没有抑制力，我们也无法修正、引导和利用自己的冲动。

正是这两种截然相反的力量相互起着平衡作用，培养出了我们的习惯。有了这种习惯，我们在做事时，就不必下决心付出多大的努力，也不需要用推理和知识去完成它，它几乎成了一种习惯性的动作。不过，我们这里所谈论的行动并不是由本能所引发的，而是一种习惯。

我们身边有些人，他们并没有受过正规的教育，只是囫囵吞枣地吸收了一些纪律方面的知识，所以难免会犯大错，日常生活中更是过失不断。因为他是被迫在某时某地执行某项行动的命令，并且始终处于警觉和意识的控制下。这是一种持续不断的努力，与那些拥有高雅风度的人的习惯完全不同。对于后一种人来讲，意志会在意识之外或其边缘进行不断的调整，以使自己拥有新的发现和做出更大的努力。

和成人相比，儿童是一个发展还不太平衡的小生命，他们往往容易冲动，并且需要自己承担冲动带来的后果，他们有时还会屈服于抑制力。在儿童身上，意志的两种截然相反的力量还没有融为一体，还没有为他塑造出一种新的个性。直到心理萌芽时期，这两种力量仍然处于分离状态。不过我们不应放弃努力，因为这种融合以及相互适应是一定会发生的，并将在他的潜意识中起支配作用。

我们应该尽早诱发孩子们的积极行为，因为从人的发展来说这是最根本的。需要提醒大家的是，我们的目的不是将孩子培养成一个早熟的小绅士，而是要促进他锻炼自己的意志，更早地建立抑制和冲动之间的相互联系。我们应该让孩子和小朋友们一起参加活动，在日常生活中锻炼他的意志。让他专心致志于某一工作，并抛弃一切与此项工作无关的活动。让他选择力所能及的有益于肌肉协调的运动，并坚持下去，直到这种运动成为习惯。当他开始懂得尊重别人的工作时；当他耐心地等待想要的东西而不是从别人手里抢东西时；当他四处走动时，既不会撞倒同伴，也不会踩到他们的脚，或者把桌子弄翻：这些都表明他正在锻炼自己的意志，正在努力使冲动和抑制趋于平衡。这种态度的形成便是孩子在为融入社会生活做准备。

与此相反，如果我们只是让孩子们一动不动地并排呆坐在那儿，他们之间就不可能建立起任何联系，孩子的社会生活也不可能有任何发展。

只有通过自由交往，让孩子们进行相互适应的训练，他们才能建立起社会的概念。仅仅对他们进行应当怎么做的说教，是无法达到培养意志的目的的。要让孩子们的举止优雅得体，只向他们灌输“礼貌”或“权利与义务”的概念是不够的。在所有类似的事情上，要使孩子发展定型，最根本的一点就是锻炼他的意志力。

在培养孩子性格的早期教育中，调动一切有用机制是很有必要的。就像运动一样，让孩子们做做体操是非常有用的，因为没有得到锻炼的肌肉是不可能完成需要肌肉力量的运动的。甚至为了保持心理活动的能动性，类似体操的运动也很有必要。没有得到锻炼的机体是不完整的，一个肌肉无力的人一定不愿意从事任何活动。

对这种人来说，当他需要采取行动脱离危险时，只能坐以待毙。一个意志薄弱或丧失了意志力的孩子，能很容易适应一所让他呆坐着听课或假装在听课的学校。但是，这些孩子的结果往往很糟糕，尽管学校在他们的通知单上写着“品质优秀，学习成绩良好”的评语，但他们当中有些人不得不到医院去治疗神经错乱症。教师总是夸这样的孩子听话、顺从，结果，这些孩子只能在不受任何干扰的环境下变得虚弱，让自己像流沙一样被吞没。

相比之下，那些活泼好动的孩子，却被指责为捣蛋或调皮。他们身边的人会异口同声地说："孩子就静不下来。"他们的好动被进一步指责为侵犯其他同学的利益，而他们的"侵犯"往往是这样的：千方百计使处于静止状态的同学激动起来，以便融入他们的队伍。

另一个极端是受到抑制力支配的孩子，他们常常害羞到了极点，在回答问题时也犹豫不决，即使给他们施加一些外部刺激，勉强回答了问题，但声音很小，有的在答完问题后竟然会哭起来。

对于以上三种类型的孩子，有必要让他们参与自由活动的锻炼。当一个意志薄弱的孩子看到其他孩子在进行有趣的活动时，这会给他带来最有益的刺激。当孩子们从被监视的状态中解放出来，能按照自己的意志自由行动时，这种有规律的训练会使他们在过于好动与过于抑制之间找到一种平衡。这也是使全人类获得解放的重要途径，它使弱者获得力量，使强者更加完善。

在冲动和抑制之间能不能找到平衡，是病理学一直在研究的一个有趣问题。我们在正常人身上也常会发现两者失衡的情况，尽管程度不是很严重，但就像我们在儿童教育中见到的种种儿童缺陷一样，这个问题也已经达到司空见惯的地步。

冲动能使罪犯做出危害他人的行为，同样也会使正常人为自己轻率的行为带来的痛苦而后悔！大多数情况下，容易冲动会给人们带来莫大的危害，使他们的事业蒙受损失，而且他们的才能也得不到施展。

如果一个人被病理学家判定是自己抑制力的牺牲品，那他一定是一个不幸的人。尽管他表面很安静，但其内心却充满了对自由活动的渴望。

那种得不到满足的欲望会无数次折磨一个人的灵魂，使他有一种被埋没的可怕的压抑感！他多么想得到医生的帮助，倾诉自己的不幸，以求得那高尚灵魂的安慰啊！不知道有多少人经受过这样的痛苦！

他们一生中本来是有很多恰当的时机体现自己价值的，可他们没有这样做；他们本来无数次想表达自己的真情实感以扭转困难局面，可他们的心扉却总是紧紧地闭着，嘴里也一直保持沉默；他们本来非常热切地盼望向能够理解、启发和安慰他们的高贵灵魂倾诉，可当他们面对自己仰慕的人时，却一句话也说不出来。他们唯一能感受到的是内心的极度痛苦。尽管冲动在他们的意识深处催促着："说吧！说吧！"但抑制力却像是无法抵抗的自然力量无情地堵住了他的嘴巴。

要治愈这种病症，只有通过自由活动的训练，让他们的冲动和抑制达到相互平衡。

在此需要明确的是，那种在潜意识里就能采取正确行动的人，并不是我们所说的有意志的人。正如前面提到过的，一位非常有修养并且出身高贵的女士也许是一个毫无意志、毫无个性的人，这种人不是我们所需要的，我们要培养的是一个人的品质。人与人之间的关系和整个社会大厦建立于此，一个社会正是靠一代代人坚韧不拔的意志才得以发展延续。

这种品质是一个人内在个性和谐的基础，没有它，人的生命就不是一个相互连贯的有机整体，而像一个分离成单个细胞的身体，就像许多不连贯的插曲处于一片混乱中。这种基本品质体现了一个人的情感和思想脉络，也就是我们所说的"个性"。一个有性格的人才会成为坚定不移的人，成为忠实于自己的言行、信念和情感的人。正是这些人持之以恒地工作，才创造出巨大的社会价值。

任何一个堕落的人，他在萌发犯罪动机和背叛自己的感情之前，在失足之前甚至在放弃高尚的信仰之前，往往会表现出懒惰或工作不能持之以恒的迹象。一个忠厚老实、举止得体的人，当他在显露出暴力的动机或行为的失常之前，总会有一种先兆，那就是他不再将精力放在工作上。人们总是习惯地认为，那些勤劳的姑娘终将成为贤妻，一个好工人通常是忠厚老实的人，他能够体贴关心自己的妻子。这里所说的好，并不是指他的能力，而是一种坚持不懈的毅力。

比如，一个在制作小工艺品方面有高超的技艺，但在工作上缺乏意志力的冒牌艺术家，人们不会认为他有什么了不起。在别人的心目中，他不仅不能持家立业，是一个不称职的丈夫和父亲，而且还会给社会带来危害。与之形成鲜明对比的是，一个谦卑又虔诚的手工艺者，他的内心却充满了创造幸福和宁静生活的要素，就像人们议论的，他是有个性的人，一个能够征服世界的人。

一个在精神世界里建立起内在秩序与平衡，使个性得到发展，并在这一过程中坚持不懈的孩子，能够和成人一样造福于集体。这样一个在训练中专心致志的孩子，正在努力使自己成为一个坚定不移的人，一个个性鲜明的人，一个具有人类全部优秀品质的人。他的一切努力将使他具备成功者的基本特征：坚韧不拔地工作。只要孩子能做到这一点，那么无论他选择什么样的工作，都能做得很好。因为真正有价值的并不是工作本身，工作只是造就和丰富一个人内心世界的途径。

那种为了让孩子做一些自己认为重要的事情而打扰孩子们工作的人，那种认为地理对培养孩子的修养有必要就不让孩子们学习算术的人，他们混淆了目的和手段的关系，这些人为了虚荣而毁了孩子的一生。一个人需要训练的不仅仅是他的修养，而且是他本身作为一个人的全部需要。

如果说坚韧不拔是意志的基础，那么，我们所做的决定就可以被视为通过意志所采取的行动，为了完成有意识的行动我们必须做出决定，而决定又是选择的结果。如果有几顶帽子，我们在出门时就必须决定要戴哪一顶，是褐色的还是灰色的都无关紧要，重要的是我们必须选择其中的一顶。在做出选择时，动机起着决定性作用，比如，我们是偏爱灰色的还是褐色的，一旦某个动机占据上风，我们就会由此做出决定。

一个家庭主妇在为客人准备晚餐时也要做出各种决定，好在她在这样的事情上经验非常丰富，而且鉴别能力很高。因此，她在做各种选择时得心应手，并不需要外来的帮助。

但是，像这种驾轻就熟的事情在我们的日常生活中毕竟太少了。我们在任何情况下所做出的决定都是一种脑力劳动，需要付出不断的努力。那些意志薄弱的人会厌烦做这些事情，因此他会竭力避免做出选择。

例如，一位服装师在为某位夫人挑选礼服时必须费尽思量，才能从许多礼服中选择合适的一款。这位服装师知道，要做出一项决定，需要经过相当长时间的考虑，但他因为怕烦琐，就建议这位夫人说："就这件吧，这件礼服您穿上一定很合适。"这位夫人也点头表示赞同。实际上，与其说她是对服装满意了，倒不如说她是想不用动脑筋就做决定了事。我们不能用这样的态度对待事情，我们的一生应该是不断做出选择的一生，哪怕是在外出时，也要准确地知道门已锁好，并确信房子已经安然无恙后才能决定出去。

我们越是加强在这方面的训练，就越能摆脱对他人的依赖。清晰的思路和对每件事情都做出明确决定的习惯，会给我们带来自由。将我们捆绑于屈辱的奴隶状态的沉重枷锁是什么？除了没有能力做出自己的决定和凡事依赖他人的心理，还能是什么呢？！

鼓起勇气与懦弱抗争不能只是一种幻想，而是一种对毅力的锻炼。我们在日常生活中也能看到这种情形。比如，一位家务缠身、任何事情都习惯于自己做主的家庭主妇，就比一位没有孩子，整天无所事事，懒洋洋地打发时光，习惯于服从丈夫意志的女人更能适应社会。

前一种女人如果成了寡妇，可能会由于形势所迫一步步学会精通业务，继续打理丈夫的事业；后一种女人如果遭到这种打击，就只好另寻保护，使自己在这场突如其来的灾难中免受伤害。要想在精神上获得拯救，最终还是要依靠自己。因为在危急的时候，我们总是处于孤立无援的状态，即使有人相助，援兵也不会马上就到。

一个意识到要靠自己去拼搏的人，就会进行拳击或决斗的训练，以增强自己的力量。他决不会双手抱在胸前，在那儿悠然自得地坐着，因为他明白，如果那样坐着，他要么成为一个失败者，要么只能像个影子一样一直处于强大者的保护之下。

坚持意志锻炼，孩子的潜在力量就能得到发展

坚持不懈地努力工作，养成对相互冲突的动机进行筛选的习惯，在日常生活中对微不足道的事情做出决定，对别人的行为逐渐施加影响，

在那些重复的行为中不断加强自我指导的能力，这些都是在为形成坚定的个性打基础。在这里，道德将会像一位深居中世纪城堡里的公主一样驻扎于我们的体内。

当然，要“建造”一间可以让道德居住的“房子”，我们还有必要对身体加以适当的控制，如不抽烟、不酗酒，到户外多锻炼以恢复体力。当然，还有比这些更为重要的，那就是为了使心理上的疲劳得到恢复，我们有必要对意志进行不断的训练。

当孩子们通过自我训练，将那些复杂的、需要做出比较和判断的内心活动付诸行动时，他们一方面用这种方式获得了清晰、有条理的智力，另一方面也培养了他们的意志力。这是一门能帮助他们在不依赖他人意见的情况下形成自己决定的学问。掌握了这门学问，孩子们就能把握日常生活中碰到的任何事情；对于那些想得到的东西，他们能自己做出取舍决定；为了放松身心，他们会情不自禁地伴随着音乐的旋律翩翩起舞；而当他们想安静时就会抑制自己所有想去运动的动机。这种培养个性的努力，都是通过个人的决定付诸行动的。

从此，条理清晰代替了当初的混乱，人的生命进入了一种自发的状态，伴随心理混乱的怀疑和胆怯也彻底消失了。

如果不让清晰的条理在头脑里生根，而是让孩子们的思维处于一片混乱，甚至让他们背诵一大堆课文，只会阻碍他们的成长，妨碍他们自己做决定，他们的意志力也就不可能得到加强。采取这种方式的教师会辩解道：“小孩子不应该有自己的意志。”她们在发表这种言论时是诚实的，因为在教育孩子时，她们从来就没有考虑过孩子们内心提出的“我想要”的要求。

这种教育的后果是不堪设想的，她们实际上是在阻碍孩子初期的意志发展，这种教育环境让孩子们感受到一种控制他们行动的力量，使他们变得胆怯，以至于在没有得到依赖之人的帮助和同意时，孩子们连承担责任的勇气都没有。

一次，一位女士故意问一个原本知道樱桃是红色的孩子："樱桃是什么颜色的？"没想到，这一问使这个胆小的孩子感到非常紧张，他竟然紧张得不知道怎么回答，然后说："我去问老师。"

一个人为做决定而付出努力是意志最重要的功能，必须把它建立起来，并且不断强化。病理学揭示，这项功能与意志的其他因素有很大不同，它是支撑人格的支柱。在心理疾病中有一种所谓的"怀疑癖"，这种怀疑癖的一个明显症状就是不能做决定，并伴随着一种严重的心理苦恼状态。

我在一家专治精神病的医院里遇到过一个患有"怀疑癖"的典型病人。这个病人到处检查垃圾桶，唯恐什么有用的东西掉进垃圾桶里，甚至在他准备带着垃圾离开时，还要重新上楼挨家挨户地敲门，问人家垃圾桶里是否有值钱的东西，直到确信没有了才会离开。一会儿他又回来了，再一次挨家挨户地敲门，就这样反复循环。

事实上，正常人的脑子里也隐含着这种病症的因素。比如，一个人准备出门时，他锁上门后，还会摇几下锁，而且他在走了几步后又会回过头来，怀疑门没锁好。尽管他知道门已经锁上，并且清楚地记得他还摇了几下锁，但就有一种不可抑制的冲动迫使他返回来，看看门是否真的锁好了。

这种情形在一些孩子身上也会出现。例如，他们在上床睡觉之前，总喜欢检查一下床底下是否有猫、狗之类的动物。结果呢，他们什么也没有看见，事实上，他们心里也明白床底下什么也没有。尽管如此，他们在上床之后还会爬起来，朝床底下看看有什么东西。

如果想让意志在身体里有效地完成工作并体现它的价值，我们就有必要对意识进行训练，这对培养行为的准确性是十分有用的。我们都知道，脚没有进行过训练，就不会跳舞；手没有进行过动作练习，就无法弹钢琴。但这些基本动作的协调运动以及理解能力的培养，都必须从婴儿开始训练。在纯粹的生理活动中，我们的肌肉并不是用相同的方式进行着运动，而是采取了两种不同的方式。

比如，有的肌肉用来使手臂伸展，有的肌肉则用来把它收回；有的可以用来蹲下，有的则使你站起来。由此可见，它们所采取的活动往往具有对抗性。身体所呈现出的每一种动作都是这些具有对抗性的肌肉互相合作的结果。在运动中，一会儿是这块肌肉在工作，一会儿是另一块肌肉在工作，它们合力产生作用。

正是通过肌肉的这种合作，我们能够完成最了不起的动作，刚劲有力、优美雅致、舒展大方的动作，使我们不但具有高雅的姿态，而且还能够做出与音乐旋律匹配的动作。

为了使这些具有对抗性的动作可以配合默契，就要进行动作方面的训练。需要注意的是，当我们进行动作练习时，一定要在具备动作的自然协调能力之后，才可以进行运动和舞蹈等方面的特殊动作训练。无论是优雅大方、身轻如燕的动作，还是那些富有张力的动作，假若你想让自己的动作协调起来，都必须进行不断地练习。

这里，意志当然在起作用，例如你希望自己致力于运动、舞蹈、防身术或参加比赛等。运动总是随意的，无论是最初的肌肉协调运动，还是后来设计的更高级的协调技巧。总而言之，意志就像一名指挥官，指挥着一个组织严密、纪律过硬、技术精良的部队。

为了培养孩子的主观能动性，任何人都不会让孩子处于完全静止不动的状态，更不会用胶黏住他的四肢，使其肌肉萎缩，直至瘫痪。可是，我们也不能仅仅向孩子讲述一些有关小丑、杂技演员、拳击冠军或摔跤运动员的精彩故事来刺激他，这是一种不可思议的荒诞行为。

不仅如此，我们还做出过更为荒诞的事情。我们总是想用自己的意志去代替孩子的意志。我们按照自己的意志，或者让孩子静止不动，或者让他动个不停。我们还要为孩子做选择，为他的一切做主。到了这时，我们才会心满意足，还用教训的口吻说："所谓的意志就是行动。"可结果往往适得其反，这些或者妨碍了孩子意志的发展，或者扼杀了他的意志力。除此以外，我们还用寓言的形式向孩子们灌输一些英雄人物或意志坚强的伟人的故事，以为只要孩子们效仿了这些人的行为，他们就会产生强烈的冲动意识，创造出奇迹。

我上小学一年级时，遇到过一位非常爱我们的"好"教师。她叮嘱我们在位子上一动不动地坐着，她自己已经累得脸色苍白，却还在讲个不停。为了使我们受到激励，她让我们模仿那些杰出的女性，尤其是书上的女英雄，要求我们牢记这些人的生平。为了让我们出人头地，她要求我们阅读大量的名人传记，从而使我们觉得当英雄并不是不可能的，因为这个世界上的女英雄如此之多，她付出的所有努力无非是在告诫我们："你也应该努力出名！""你难道不想出名吗？"当有人这样问我时，我会冷漠地回答："不！我绝不想这样。我关心孩子的将来胜于一切，绝不会再把那些大人的传记列入课程表。”

来自世界各地参加教育心理学会议的教育学家曾发出过这种悲叹：年轻人缺少个性已经对人类构成了极大威胁。但在我们看来，现在的问题并不是人类缺少个性，而是学校摧残了孩子们的身体，削弱了他们的意志力，现在需要做的是采取解放孩子们的行动。这样，人类身上潜在的力量就能得到发展。

如果意志已经得到发展，并且变得坚强，那么还有一个更高层次的问题，就是应该怎样利用我们的坚强意志。这里有一个经常用来教导孩子崇尚意志力的例子：维托里奥·阿尔费里到了晚年仍然坚持自学，用极大的毅力克服了刚开始学习时的单调乏味。尽管当时他已进入社会名流之列，却仍然努力学习拉丁语，并坚持下来，成为享誉世界的大文学家。谈到他是如何实现这一转变时，有一句名言经常被意大利的教师引用：“坚持，不断地坚持，全力以赴地坚持。”

维托里奥·阿尔费里在做出使自己的人生发生重大转变的决定之前，只不过是一个在社交界以任性出名的贵妇人的玩物。他意识到如果继续充当别人感情的奴隶，就会毁了自己的一生，这种内在的冲动激发了他想提升自己的想法和行动。

可是，正当他感到自己将成为一名伟大的人物，那些潜在的力量充满全身时；正当他准备充分利用这些力量，并听从它们的召唤，把自己的一生交付给它们时，那位夫人派人送来了香气四溢的请柬，他又被拉回戏院的包厢里和贵妇人厮混，白白地浪费掉整个晚上的大好时光。可以说，他是出师不利，在他刚下决心时，这位夫人的吸引力就战胜了他抵制诱惑的意志力。但是，当他在戏院里看着那些无聊透顶的戏时，他感到极为愤慨，也觉得非常苦恼，这段时间给他带来了强烈的痛苦，最后，他竟然对身边这位迷人的夫人顿生憎恶之感。

于是，他决定采取行动，在他们之间设立一道不可逾越的障碍。他毅然剪去代表高贵出身的粗辫子。没有了辫子，就耻于出门了，然后又用绳子把自己绑在椅子上，尽管他坐在椅子上时心神不定，几乎一行字都看不下去，很想去他的心上人那里，但因为身体已不能动弹，头上又没有辫子，就只好安静地待在屋子里。

他正是依靠那句名言“坚持，不断地坚持，全力以赴地坚持”，才让自己获得了自由，并把自己从无所作为和堕落毁灭的深渊中拯救出来，成为名垂千古的伟大人物。

通过这样的意志教育，我们希望带给孩子们的正是这样的东西。我们希望孩子把自己从使人类堕落的虚荣心中拯救出来，专心致志地工作，引导孩子们从事伟大的事业，为使自己成为一个伟大人物而奋斗。

需要注意的是，这种充满爱的热情和希望，往往容易将孩子置于庇护之下，并不利于他们的成长。难道孩子们就没有拯救自己的能力吗？有！孩子们在用整个心灵爱着我们，用他们那小小的身体所能包含的热情感染着我们。不仅如此，他们自身还有一种能够控制内心生活的东西，那就是他们具有的自我发展潜能。

正是这种潜能引导孩子去触摸某种东西，去熟悉它，而我们对他做了些什么呢？我们对他说：“别动！”他到处跑着，目的是为了能走得更稳，我们却对他吼道：“别乱跑！”他向我们提出某个问题，本来是想获得知识，我们却很不耐烦地回答：“别来烦我！”像那位可爱的夫人在戏院的包厢里对待阿尔费里一样，我们只是把孩子放在身边看管着，让他听话，给他几件他并不感兴趣的玩具。也正如阿尔费里在感到无聊后所想的：为什么我深爱的人想毁了我？她为什么要用任性来使我痛苦不堪？难道就是因为我爱她？！

因此，孩子们如果想拯救自己，就必须有像维托里奥·阿尔费里一样坚强的心灵，但遗憾的是，孩子们常常做不到。

我们往往意识不到孩子成了牺牲品。我们用命令和手头拥有的权力，要求他这样做或那样做，我们一方面热切期待着孩子长大成人，另一方面却又不让他成长。

也许有很多父母在读维托里奥·阿尔费里的故事时这样想，他们的儿子将会更有出息，因为他们的儿子不需要给自己设置那些障碍（比如剪头发，或把自己捆在椅子上等）去抵制诱惑。他们希望靠一种精神上的力量来抵制诱惑。那位富于想象的父亲绝不会这样问自己：为了使儿子变得坚强，为了使他达到更高的精神境界，我都做了些什么？他很可能就是那个摧残儿子的意志，使他变得完全顺从的人。

没有哪位父亲能达到如此高的境界。我呼吁天下的父母和教育工作者们，你们的任务主要是保护和提高儿童的能力，而不能阻碍其发展。

儿童是探索者，干涉他们等于阻碍他们的发展

孩子一岁半的时候是他们为上肢与下肢的协调做准备的时期，此时孩子的个性也在发展。这是一个快速发展的时期，因为两岁将迎来他们的语言爆发期。在语言爆发期到来之前，孩子已经开始表达自己的

思想，一岁半这段时间，是他们不断努力、进行准备的时期。

这个时期需要特别注意的是，不要人为地干涉孩子的发展过程，打乱生命的自然规律。既然我们已经清楚这是一个不断努力的过程，就应该为儿童提供帮助。当然，这种说法不够具体。有些人强调说，儿童在这个阶段开始模仿别人。这不是什么新观点，因为人们经常说儿童在模仿大人。

研究表明，儿童在开始模仿之前，先要能够理解。过去，人们只看到儿童对成人的模仿，因此很自然地认为成人应该规范自己的行为从而为儿童做好榜样，尤其是母亲和教师更要显示出良好的品德，尽量做到完美无缺。但是，大自然可不是这么推理的，大自然并不会对成人提出这么高的要求，而是要求儿童在模仿之前必须有所准备。这种准备工作来自潜能的发挥。成人只是儿童模仿的外在目标而已，刻意做榜样，未必能取得好效果。

儿童行为的最大特点就是富有创造性，他们一旦开始模仿，就会超过所模仿的榜样，在某些行为方面，儿童会做得更细致、更准确。假如一个孩子想成为钢琴家，他不仅要会弹琴，还必须不断练习，以此提高手指的技巧，同时还要对音乐有自己的理解，一味模仿永远不可能成为钢琴家。可能由于我们自身缺乏理解力，经常用模仿的方法教育孩子，试图让他们达到更高的水平。我们常常给孩子讲英雄的故事，以为这样就能使他们成为英雄。如果儿童缺乏深层的心理准备，这将毫无意义，没有人能通过模仿变成英雄，榜样的作用只能激发儿童的兴趣。模仿的愿望也许能促进儿童学习，但要有所提高必须进行大量训练。

模仿学习需要一个准备阶段，儿童在能够模仿之前，需要做出很多努力，以便获得能够模仿的能力。大自然不仅赋予人类模仿的能力，也赋予人类有意识改变自己以趋于完善的能力。如果我们想对儿童的发展提供帮助，首先要弄清楚儿童需要多大程度的帮助。

只要我们细心观察就会发现，这个年龄的儿童总是在努力完成一些事情。在成人看来，这些事情可能滑稽可笑，但是他们不管这些，坚持要把事情做完。这些行为是受儿童内心需求的驱使，假如有人打断他们，就会扰乱他们心理的发展，使他们失去行动的目的和兴趣。

我们认为，让儿童完成这些事情很重要，因为这些行为都是准备工作。实际上，人的一生都是在为将来做准备。统计表明，历史上那些伟大人物，在人生的这一时期很少受到干扰。成人提倡持之以恒的精神，这也可以说是一种准备。所以，我们应该让儿童完成自己的事情，这是他们的心理要求。

比如，一个不满两岁的孩子会去拿很重的东西，他这样做没有什么目的，完全是受内心愿望的驱使。我的邻居家里有一些很重的工具，有个一岁半大的孩子总喜欢跑去搬弄这些工具，他费劲地挪动它们，丝毫不知疲倦。另外，孩子们都喜欢帮大人摆桌子，他们会抢着拿那些大面包，会不停地摆这摆那，直到累了为止。

大人总担心孩子累着，不让他们活动过多，希望他们最好是安静地坐着。心理学认为，成人的这种做法会阻碍儿童，会对他们的心理发展造成不良影响，很多精神疾病就是这样形成的。

儿童还特别喜欢爬楼梯，他们爬楼梯没有任何目的，纯粹是一种游戏。他们爬上了楼梯并不满足，又跑下来再爬，如此循环反复，不知疲倦。

对于儿童的这种行为，很少有成人进行干涉。不过，心理学家对此并不满意，他们要求专为儿童开辟一个游戏场所，使他们可以不受限制、不受干扰地做任何事情。为此，西方国家建立了托儿所和幼儿学校，主要招收一岁半以上的儿童。托儿所的东西都是专门设计出来的，比如在树顶上安装一个小房子，下面放一把梯子。儿童的潜能日益发挥出来，他们喜欢搬重东西，喜欢冒险，喜欢往高处爬，而且总在一些艰险的地方爬，这会给他们带来很大的乐趣。

这些行为只是为了满足儿童内心的欲望，并没有外在目的，也不是儿童要达到的目的。同时，这些行为可以锻炼他们协调运动的能力。只有具备了这种能力，准备工作完成以后，儿童才能模仿成人的行为。只有到了那个时候，环境才能激起儿童的兴趣，他们的内心才会出现模仿的渴望，他们才会在看见人们擦地板或做糕点时，自己也跟着去做。

现在，我们讨论两岁儿童对行走的需求。对于儿童来说，行走是最自然不过的要求，因为他将要长大成人，必须具备成人的各种能力。如果心情好，两岁的儿童可以走两公里路，他们乐意克服行走带来的困难。值得注意的是，儿童对于行走的看法与成人完全不同。我们总认为孩子走不了很远的路，原因在于我们无形中要求儿童的步子和我们一样大，这种想法不免有些愚蠢。这就像我们和马一起跑，并试图跟上马的速度一样，马看到我们累得气喘吁吁，心里可能会说："你不行，还是到我的背上来吧。"儿童行走不是要到达什么目的地，他们只想走走而已。他们的腿很短，而且还不习惯走路，不应该要求他走快，而应该减慢我们的步伐。成人不应该要求儿童适应自己，相反，我们应该适应儿童的需要。

不仅仅是走路，在所有问题上都是这样。儿童的发展遵循一定的自然规律，如果想要帮助他们，就不应该违背这些规律，将自己的愿望强加给他们。儿童行走时不仅使用双腿，而且一双眼睛也没闲着，他们愿意走远路，是因为能够看到一些有趣的事情。如果地上有一束草，他们会蹲下来看看，过一会儿，又站起来继续走；看到一朵花，他们会伸过鼻子嗅嗅；看到一棵树，他们会在树下转几圈，或者往上爬，或者坐下来望着它。在不知不觉中，他们已经走了几公里的路。如果路上有什么障碍，比如石头、树枝什么的，那就再好不过了。儿童还特别喜欢水，他们一到溪流边就会很高兴地说："水，水。"跟在儿童身边的父母就不同了，成人心里多半想着尽快走到某个地方。

儿童走路和原始部落的人相似，漫不经心地四处游荡。原始部落的人不会说"我们去巴黎"，因为他们不知道有巴黎；也不会说"我们去坐火车"，因为他们不知道火车是什么。他们漫无目的地游荡，什么地方的东西吸引了他们，他们就在那里停留——一片可以砍柴的森林，或者一片可以放牧的草原。儿童和他们一样，不停地走，不断发现新奇的东西。不断有所发现是儿童的本性，走在路上的儿童就是一个探索者。

学校教育应该注重培养儿童的这种探索精神，尽早帮助儿童开展这种活动，比如经常带孩子到户外活动，观察他们喜欢的东西。学校还应该指导儿童区别各种颜色、识别树叶的形状和纹理、熟悉昆虫的习性、了解鸟和其他动物的名称等等。这些东西一定会引起儿童的兴趣，兴趣越大，他们走路的时间就越长。要使儿童具备探索能力，就应该扩展他们的兴趣。

我们的教育应该让儿童多走路，开阔他们的眼界。只有这样，他们的生活才能越来越丰富。现代教育尤其应该遵循这条原则，因为现代社会有便利的交通服务，人们很少有机会步行。如果生命被分成两个部分，用肢体来游戏，用大脑来读书，人生不会比过去更完美。生命是一个整体，在儿童的成长过程中，更应该遵循这样的自然规律。

天才的秘密

经过多年的观察和实验，我发现正是孩子们揭示了生活的普遍规律，这一规律只被少数人所意识到，同时他们也揭示出社会对他们无意识的压抑。这种压抑使人类增加了沉重的负担，并使他们的内心受到伤害。我曾经将这个感受告诉一位有见识的女士，她对我的理论非常感兴趣，并希望我将它们写成一篇富有哲理的文章发表。但是，她对我正在进行的试验却不能接受。

当我和她谈起孩子的时候，她显得有些不耐烦："啊！有关孩子的事情我都懂。从智力上讲，他们是天才；在道德上看，他们是天使。"我还是不甘心，一再劝说她到我们学校看看，后来她终于同意了。参观完学校并且和孩子们交流后，她显得非常激动，抓住我的双手真诚地说："赶快把教学理论写出来，马上拿去发表！想想看，人说不定什么时候就会死掉，不赶紧做这件事，难道想把这些发现带进坟墓？"

如果我们仔细观察那些天才的脑力劳动，会发现，尽管他们的努力曾经为我们开创了新的思维方式，曾经为我们的幸福和社会的进步带来了新的源泉，但我们必须承认，他们的劳动并不是什么让普通人望而却步的非凡工作。心理学家贝恩说："天才们具有很强的相似联想能力，这就是天才最基本的特点。"只要经过精确观察并利用多数人都能进行的简单推理，我们就能有所发现。想要有所发现，还必须对现实材料进行整理。不过，人与人之间的差别就在于这类现实材料只能被发现者"发现"，其他人却将其忽略了。

可以说，天才有一种将事物分离出来并把它与其他东西区分开来的能力。就如同在一间黑屋子里，只有一束光会落在宝石上，天才就是落在宝石上的那一束光，他的思想会在意识领域内引发巨大的革命，并且为人类做出卓越的贡献！

在这里，需要强调的是，决定天才做出惊人发现的是他们在同一领域对事物进行的分辨，因为所发现的事物本身并非有多么独特的价值。进行矿产开采的人都知道，珍宝就藏在一堆看起来并不起眼的普通物质中，整天堆放在那儿，却没有人注意到。与此类似的是，当真理被发现以后，许多人才大发感慨：这不就是我们早已熟知并一直为我们所用的道理吗？！其实，并非真理在这个时候一下子变得价值连城，真正使其有价值的是那些认识了真理并将真理付诸行动的人。

当然，新发现的真理也是人类智力劳动的产物，它并非早就存在于人的大脑，而且有些真理还需要经过一些波折才能被社会所接受。

让一种新颖的观念进入人的大脑是需要时间的，需要人类智力的协调与配合，刚开始它往往被斥责为奇谈怪论而遭到排挤。哥伦布提出："如果说地球是圆的，那么当人从某一点出发，一直向前走，他就会回到原来出发的地方。"这就是他智力劳动的成果，并且为人类发现了一片新大陆。或许有人会说，这块陆地正好位于哥伦布的航线上，他遇见的是一片大陆而不是死亡，这是他的幸运，但上帝有时就会给这种带有灵性的推理以巨大的嘉奖。

当然，哥伦布能够取得如此伟业，除了卓越不凡的智力劳动外，还有过人的胆略。他是说服别人为他提供船只和随从人员，历尽千辛万苦才完成这一伟业的，最终使哥伦布获得胜利的是他的信念。

伏特的事例也能说明问题。有一天他的妻子发高烧，伏特便按照当时流行的治疗方法为她配制了退烧药——带皮的青蛙汤。那是个阴雨天，当他将死青蛙挂在窗户的铁棍上时，发现青蛙的腮在收缩。这位伟大的发明家马上做出了如下推论："死了的肌肉还能收缩，说明有外力作用于它。"为了寻找这个外力，他进行了大量的实验，终于在地球的磁场中获得了电。这位天才一个简单的推论，给世界带来了如此伟大的发明。

对于一个并不起眼的发现（如死了的动物肌肉能收缩）进行严谨的思考，然后把精力集中到"它为什么会收缩"这样的问题上，这就是人类取得一项伟大发明所经历的过程。

伽利略的发现与此类似。当他站在比萨教堂下面时，看到了正在左右摆动的吊钟，而且他发现钟摆来回摆动的时间是相同的。这一发现对人类来说是多么重要啊！钟摆使人类开始计算时间，也使天文学家计算宇宙有了开端。

牛顿发现万有引力的故事也很简单。当他看见苹果从树上落下时，便问自己："苹果为什么会掉下来呢？"正是这一发问使他发现了物体的重力，也开创了万有引力定律。

当我们研究瓦特的一生时，也是感叹不已。他既是一位物理学家，一位心理学家，还是一位大数学家。英国和德国的大学都授予过他荣誉称号。一个对人类做出如此卓越贡献并为自己树立了丰碑的伟大人物的成就，只不过是因为他发现了被水蒸气推动的壶盖。“水蒸气的力量可以推动壶盖，也一定可以推动活塞，因此，它可以作为机器的动力。”一个小小的壶盖却有了推动人类历史发展的神力，这一发现使人类的工作和旅行生活有了很大便利。

人的大脑所遇到的阻碍越大，他的智慧之光就被浪费得越厉害，智能的力量也会被大大削弱，这不但会导致大脑推理活动的停滞，甚至会使人看不清事实。以生物学领域的一大发现为例，最初的生物学认为血液循环系统为脉管的一个封闭系统，密封的上皮细胞不会被诸如微生物这种不锐利的物体所穿透，更不可能被圆形原生动物这类比微生物还松软的东西所穿透。

这个已经被公认的理论显然不能解释事实，学生们会进一步追问：那么疟疾的原生动物们是怎样进入血液循环中的呢？从希波克拉底、蒲林尼、塞尔夏斯到伽林，人们一直认为这些热病是有毒的沼泽地里从早到晚散发的恶劣空气造成的。而且在找到这种疟疾的真正病因之前，由于人们坚信桉树上的放射物会过滤和杀死空气中的细菌，便栽种了大量桉树。奇怪的是，为什么就没人想想：疟疾原虫是怎样通过空气进入血液循环的呢？是什么麻痹了那些从事这项研究的人的智力？

直到罗斯发现人是在被一种特殊的蚊子叮咬后才患上疟疾的，局面才有所改变。从此，人类在这方面的认识向真理迈出了一大步，即“如果鸟得疟疾是由于蚊子的叮咬引起的，那么人类的疟疾也同样是由于蚊子的叮咬造成的”。

在疟疾流行的地区，空气新鲜，土地肥沃，人们只要不被那种蚊子叮咬，就可以从早到晚呼吸着清新的空气，身体也会安然无恙。一些被贫血折磨得面黄肌瘦的农民只要有蚊帐的保护就能保全性命，并且恢复健康。所有的人在知道这一简单的事实后都会惊呼：为什么以前我们就没有发现呢？原生动物不就是一个众所周知的事实吗？大家不是都在宣称循环系统是封闭的，是任何微生物都不能穿透的吗？

让我们再举一个例子。在古希腊文明时期，人们凭经验断定：石头是从天上掉下来的。在中国古老的编年史中也有陨石降落的记录。到了中世纪，有关陨石降落的记载更加频繁。荒唐的是，1492 年降落的那颗陨石居然被马克西米利安一世当作基督教组织对土耳其人发动战争的借口。从资料看，最大的陨石是 1751 年掉在亚格拉姆附近的那块，重达 40 公斤，现被存放在维也纳矿物学博物馆里。一位德国学者曾对此事大发感慨："那些对自然和历史一无所知的人，也许相信铁会从天而降。"直到 1751 年，德国一些受过教育的人还相信铁会从天而降呢！可见人们对于历史和物理是多么无知啊！

1790 年，一颗重达 10 公斤的陨石落在法国西南部的塔斯肯尼地区，许多人目睹了这一现象，并且向巴黎科学院呈送了一份由 300 个目击者签名的官方报告。科学院的回答却是："收到一份如此荒诞不经的正式报告，真是让人啼笑皆非。"

几年以后，声学的奠基人契拉第里公开承认了这一现象。他相信陨石是存在的，可是，他却被诬蔑为"对自然法则一无所知，是一个不考虑自己的言行会给这个社会的道德造成多大危害的人"。甚至一位著名学者咆哮道："即使陨石从天上掉在了我的脚下，我也不可能相信。"

这个怀疑比圣托马斯的怀疑还要顽固。圣托马斯只是说："除非我摸得着的东西，我才会相信。”摆在我们面前的明明就是一块重达 10 公斤或 40 公斤的陨石，完全可以摸得到，可那位学者却说：“即使摸着了，我也不会相信。”

心理学很少讨论那些对事实麻木不仁的情况，我们在教学方法上也是如此。许多事实本来已是众所周知。比如，如果没有内在注意力与其配合，刺激对于感官的召唤就是徒劳。这样的实验进行无数次后，就成了我们头脑中常识的一部分。要想让我们看见某一物质，首先要将它摆在我们面前，同时还要将意识集中于该物质上，也就是说，一种使我们接受刺激的内在过程是必不可少的。

这种情形在一个更崇高、更纯洁的精神领域也会发生。如果某人的思维没有意念相伴，事物就不能顺畅地进入他的意识中，无论他的思想多么有力或独特都无济于事。在我们看来，意识不仅应该处于自由状态，而且还必须充满期待。

一个思想混乱的人，不可能在毫无准备的情况下接受突然降临的真理。如果没有坚定的信念，那么不管事实是多么明显地摆在面前，我们对它的解释或阐述都只是枉然，是信念而非证据使心灵向真理敞开。如果一个人的内心活动不开门接纳它，作为媒介的感觉也就毫无办法。

现在我们处于一个实证主义的时代，一个人们没有亲手触摸到就不会相信某事物存在的时代。因此，我们深切地感到，智力像精神一样处于危机四伏的环境中，它的作用或许被低估了，也许还包含着矛盾或错误，甚或还没有被人们意识到。由于某个没有被人们注意到的错误，智力也许会导致人神志昏迷或致命的心理失常，所以像精神一样，智力也需要外力的支持，否则它就会慢慢衰竭。智力所需要的支持不是感官上的，而是需要不断地净化，好在卫生学家已经建议人们对身体进行自我调理，我们可以花大量的时间去清洗、磨光指甲，为什么这一自我调理不能扩展到一个人的内部呢？这样我们才能保证身体的健康和完整。

培养智力的目的就是使它免受疾病和死亡的威胁，当然，我们不能强迫智力进行工作，那会适得其反，使它精疲力竭。在这个精神混乱和疯人成群的时代，我们处于自我标榜是健康的人群之中，鄙陋的习俗对人类健康和发展的威胁仍然是触目惊心的。

因此，我们对于孩子们的关注应该是有节制的，不应该随意强迫他们去学习，而要让智慧永远闪耀在他们的心灵中。

家教延伸阅读

透过色彩心理学判断小孩的性格

透过颜色的喜好判断宝宝的性格，每个孩子似乎都有自己无意识的色彩偏好，童装柜台的衣服同一款式总是有很多不同的颜色，孩子对颜色喜欢也可以在一定程度上判断出孩子的性格。

孩子极端地热爱某一种颜色，他的个性往往越突出，这种个性常常是他优点和缺点的爆发点。找准了这个爆发点，父母对孩子的引导可以更加有的放矢。

喜欢红色的小孩个性强烈

喜爱红色者确是个性较强烈的人，精力充沛。其缺点如个性较冲动且感情较丰富。所以，容易引起与异性关系的麻烦事件。

一般来说，小孩子有喜欢红色的本能。由喜爱红色转变为褐红色的人，在个性上兼有两者的优点，且能控制其冲动情绪。

喜欢粉红色的小孩很依赖父母

大部分的女孩子喜欢漂亮的粉红色。如果您所爱的小女儿喜欢粉红色的话，表示您的家庭经济环境在一般水准之上，也象征着双亲爱心的充分表现。在爱心的保护下，这种女孩子多具备高度审美观、细心体贴，优雅、柔顺的潜质，亦正是吸引人之处。

大量的证据表明，热爱粉红色的女孩与父母的亲子关系特别黏乎，在心理上依赖父母，大小事希望大人替她拿主意，站在前面替她做挡箭牌。如果父母拒绝当这个挡箭牌，让她自己去解决这个问题，她的眼泪马上像开了闸的水龙头，关也关不住。

喜欢黄色的小孩聪慧

喜爱黄色的小孩，有天才的一面，对于智慧的需求比任何人都来得强烈，更渴望追求理想，虽然外事态度较不踏实，但是他的脑筋灵敏、反应敏捷。可是此类型者，不容易保持到成年。如果您的子女长大成人，仍然深爱黄色的话，那么，他是所谓“理想家的类型”，同时，他（她）亦会是个重感情、讲义气并深得他人信任的人。但，请务必特别注意，喜爱黄色，亦有可能是一个精神分裂症患者。

喜欢绿色和蓝色的小孩讨厌竞争

热爱绿色和蓝色的小朋友都有回避竞争的倾向，绿色尤甚。喜爱绿色的孩子，个性上较随和开朗，没什么心机，具有包容宽恕的心胸及强烈的好奇心，而且颇有求知的上进心。此类型者，成人后适宜于工薪阶层，如能有恒心踏实做下去，也可有成功的一日，许多才气纵横的男孩多属此类型。

当然，家长们不免有这种忧虑：孩子热爱的绿色，是否平息了他心中的骚动和表现欲，令他向往一个没有竞争关系的、和睦且各司其职的世界？孩子将来必须直面残酷的竞争时，会不会喉头发紧、两手冒汗，兴起逃之夭夭的念头？

喜欢紫色的小孩容易过度情绪化

热爱紫色的小孩则完全相反，他的情绪失控不会向外，只会向内，别人一个眼神、一句话的语气，他都能在心里放大很多遍，非常敏感，你对他的态度有些许变化，都能左右他一两天的心情。喜欢紫色的男孩比女孩还多，这或许可以解释两个事实：第一，为什么神经质有成就的艺术家从来是男多于女；第二，为什么生闷气的怪男孩屡见不鲜。敏感的女孩会用眼泪来释压，男孩从小被教育不许哭！要坚强！男孩就只剩下闹别扭一种表达方法了。

假若发现热爱紫色的小男孩在闹别扭，千万别呵斥他，想一想如何有效安抚他那颗容易受伤的心吧。

喜欢橙色的小孩充满活力，同时容易自大

喜爱橙色者，个性上较外向活泼，喜爱说话而且人缘很好，有趣的是，幼小就喜欢橙色的人，会从一而终地喜欢到成年。此类型者创造性强，以自我为中心，较不懂得体谅他人，粗枝大叶，幼稚地认为天底下都是好人，所以易被骗。 当然，他是乐观主义者，开朗热心，唯一的缺点是不懂妥协，永远不肯立于从属地位。

偏爱橙色的孩子似乎总是处在交友困扰中：因为他的活力和热情，到一个新环境中很容易交上朋友，而他的自大及过度以自我为中心，新交的朋友也很容易与之吵翻。

喜欢水蓝和白色的小孩是典型的完美主义者

有大约 15% 的女孩和 6% 的男孩有较严重的完美主义倾向，他们无一例外地喜爱白色，以及浅到极点的水蓝。热爱白色的孩童几乎都有洁癖：不愿别的小朋友上他的床、用他的毛巾或借用他的文具，他本人的爱干净程度也是一流，夏天时一天要换三套白色衣裤，五双白袜子。他总是在努力交朋友，但很快又因为不能容忍朋友的缺点而否定别人。热爱白色的小孩与父母的亲子关系也常常令人尴尬。

蒙台梭利的早期教育
MONTESSORI'S EDUCATION

004

培养孩子的各种能力

孩子不仅要获得所有人类应该具备的能力，

要调整自己的体温，

去适应他所面临的气候，

还要适应文明社会越来越复杂的环境。

孩子获得区分事物的能力后便奠定了智力基础

“能区别对待事物”是智力发展的重要特征。从工作上讲，就是安排身边的事情；从生活中看，就是为创造事物做准备，而创造则要有秩序地进行。我们是在《创世纪》中找到这一依据的。在没有准备好的情况下，上帝不可能开始创造，而他应该做的准备工作就是在混乱中建立秩序。“上帝把光明与黑暗分开，然后说，让江水汇集，让大陆出现。”

意识中的内容可谓丰富多彩，但是，如果一个人的思维一直处于混乱中，他的所有智力活动就会处于停滞状态。智力的闪现就像点亮一盏灯火：“让世界充满光明吧，它能够让你在这个世界上明辨是非，让你认清事物的本来面目。”因此，我们可以大胆地说，促进一个人的智力发展就是帮助他把意识中的意向进行有条不紊的分类。

让我们想象一个 3 岁的孩子在面对这个世界时的真实情况吧。因为一下子看到那么多东西，他会感到眼花缭乱，以至昏昏欲睡，问题是他身边的人不会想到。还有走路这样实际的工作需要他完成，在孩子的器官还没有发展协调之前，必须随时纠正他在感官方面所犯的错误。因此，在万般无奈的情况下，这个被过多的刺激压迫着的孩子，就只好采取哭闹或睡觉的办法来应付。

3 岁孩子的思维非常混乱，他像一个收藏了很多书籍的人，这些书被他堆放得乱七八糟，他心里想着：对这些书我该怎么办？我什么时候能把这些书摆放整齐，并骄傲地说“我拥有一个图书馆”呢？

通过对感觉的练习，让孩子们学会对事物进行区别和分类。实际上，我们收集的感觉材料分析和描述了事物的属性：大小、形状、颜色、表面光滑或粗糙、重量、温度、味道、噪音以及声音等。最重要的是物质的性质，而不是物质本身，虽然这些互不相关的性质是由物质代表的。我们能找到一系列相同数目的对应物质来描述长、短、厚、薄、大、小、红、黄、绿、热、冷、重、轻、粗糙、光滑、香以及声音是否洪亮等特性，这种属性对于秩序的建立非常重要。实际上，物质的特性不仅有质的差别，而且也有量的不同。它们可能高一点或低一点，厚一点或薄一点；声音有不同的调子；颜色有不一样的强度；形状也许会在不同程度上有相似之处；而粗糙或光滑也不是完全绝对的。

感觉教育材料的选取应该能达到帮助孩子区别事物的目的。首先，它应该使孩子们通过大量的分析和比较确定两个刺激物的特征。接着，当课本将他们的注意力引向一系列外部事物：光明、黑暗、长和短时，差异便会被他们感知到。

最后，他们可以区分事物不同特征的差异程度，然后依次排列一系列事物。比如，表明同一个音符的不同音程的格子，发出八个音调的铃铛以及能以数字表现长度或厚度的东西。与我们看到的一样，这些对孩子们有着巨大吸引力的练习被他们不断重复着。教师在每样东西上贴上一个字，这样就完整了，最后便有了一个写满各种事物名称的表格，孩子能根据名称想起其特征。

现在我们除了依靠物质的特征来区分它们外，没有其他更好的办法。对这些物质进行分类就要涉及每件事物的基本顺序。从此，世界对孩子来说就不再是混乱不堪的。孩子所学到的知识不再仅仅被储藏起来，而是得到了适当的分类。他的思维有点像图书馆或收藏丰富的博物馆里放得井井有条的架子，每样东西都各归其类，各就各位。这种基本的秩序绝不会被打乱，而只会被新的材料加以丰富。

孩子获得了区分事物的能力后便奠定了智力的基础。从此他认识了周围的事物，当他惊喜地发现天空是蓝色的、手臂是光滑的、窗户是长方形的时候，他实际上并没有发现天空的颜色，也没有看见窗户的形状，他只是发现了它们在大脑中的位置和顺序而已，这就决定了孩子内心个性的稳定与平衡。

这种稳定与平衡如同协调身体官能的肌肉，它会使身体保持平衡，获得进行各种运动的稳定和安全，带来了力量，提供了进行新尝试的可能性。一座安排得井然有序的图书馆为查找资料的人节约了时间和精力，就是这种秩序帮助人们节约了时间和精力。这样，孩子能够完成更多的工作而不感到疲倦，能在更短的时间内对刺激做出反应。

在大脑已经建立牢固秩序的基础上，对外部事物进行区分、归类和编排，这既是他智力的表现，同时也是对人精神的陶冶。一个受过教育的人如果能够凭借作者的文风就能了解这个作者，或者能够辨别出这一时期文学作品的特征，我们就可以断定他已经精通文学。同样，如果一个人凭画家用颜料的方式就能判断出画家的性格，或者从浮雕的片断能够判断出其雕刻的年代，我们便可以说他已经精通艺术。

科学家就属于这一类型，他们善于观察事物，能够最详尽地、最恰当地评估事物的价值，这样，事物之间的区别就被人们清楚地感知和归类。科学家根据有条理的思维来区分事物，秧苗、微生物、动物或动物残骸对他们来说都不是谜，虽然这些东西对他们来说可能是陌生的。化学家、物理学家、地质学家和考古学家也是如此。

造就文学家、科学家和鉴赏家的并不是知识的直接积累，而是建立在他们头脑中的知识体系。相反，没有受过教育而对事物只有直接经验的人，也许是一个秉烛夜读的农民，也许是一个终生在花园里对植物进行区分的园丁，但他们的经验不仅混乱无序，而且也只是限于直接接触的事物。科学家的知识是无限丰富的，他们具有把事物的特性分门别类的能力，能够识别所有物质并随时确定它们的类别、它们之间的相互关系和各自的起源，于是科学家们能发现远比实物更深刻的事实。

今天，我们的孩子像艺术家和科学家那样凭借特征对外界事物加以辨别和归纳，他们对一切东西都非常敏感，所有东西对他们来说都具有很高的价值。相反，那些无知的人从艺术品旁经过或听到古典音乐时，却不懂得欣赏。没有受过教育的孩子对一切都无动于衷。

现在的普通教学法与我们常用的教学法恰恰是背道而驰的。这些教学法首先去除了自发性的活动，将事物和它的特征一起介绍给儿童，并要求他们注意各个特征，希望他们不用指导就能辨识这些特征。如此，这些教学法在事物上人为制造了一种比大自然的混乱现象更加缺乏创意的混乱状态。

现在常用的最直观的教学法展示了事物以及它的所有特征，然后就可以把该事物描述出来。这种教学法并没有什么新花样，只是司空见惯的“感官记忆法”的翻版，所不同的是，它并不描述某个想象的东西，而是描述现实存在的东西。这样做的目的是为了使某个事物与其他事物不同的特征能更好地被记住。被动的大脑只限于接收眼前的事物信息及其杂乱无章的表象。

实际上，每个事物的特征都可能是无限的：实物课上，如果实物本身从头到尾的目的都包括在这些特征中，那么大脑就必须对此进行综合思考。比如，在上关于咖啡的直观课时（我曾在一所幼儿园听过这样的课），教师对咖啡进行详细的描绘，将孩子们的注意力集中在咖啡豆的大小、颜色、形状、味道和温度上，如果这位教师再继续描述咖啡树以及先辈们是怎样漂洋过海把咖啡豆运到欧洲，最后点燃酒精灯把水煮开，磨咖啡豆制作咖啡饮品，孩子们就会被弄得不知所云。如果我们再描述咖啡的兴奋作用，如何从咖啡豆中提取咖啡因等，这样的分析就像瓶子里溢出的油一样四处蔓延，没有任何用途了。

如果我们提问被这样教导出来的孩子："咖啡到底是什么东西？"他可能会这样回答："说来话长，我已经记不住了。"很多模糊的概念充塞着孩子的大脑，只会使他的大脑筋疲力尽，根本无法进行积极的联想。孩子能够做的努力最多是回忆咖啡的历史，他的头脑如何能形成联想！何况这种联想也只能是相似的、次要的联想。他会心不在焉地想象着横渡海洋，想象家里每天放着咖啡的桌子。换句话说，当他的思想允许自己脱离连续被动的联想时，就会像懒散的大脑一样处于胡思乱想中。

接受这种训练的孩子往往沉湎于幻想中，没有内在思维活动的迹象，更谈不上什么个性的差异了。适应了直观教学法的孩子，他的大脑总是很容易接受各种各样的新观念，他的大脑成为不断装进新东西的仓库。

如何培养孩子的各种能力

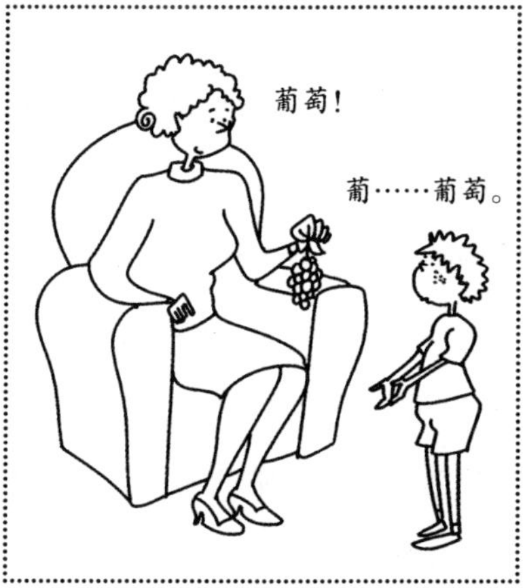

利用生活中的实物教孩子说话。

用孩子感兴趣的东西培养他的注意力。

孩子内心的要求可以锻炼他的想象力。

适当的劳动可以锻炼孩子的运动神经。

如果让孩子像看电影那样以静观的方法形成对某一事物的印象，然后再试图让他认识事物的本质，而不让他参与关于这一事物的任何活动，那么，这个孩子将不能把这一事物与其他事物联系起来并加以思考：它们之间有什么共同特征或相似之处？这些事物是否有相同的用途？

在凭借物质的相似性联想它们的不同意象时，我们应当从总体上抽取这些物质所共有的特性。比如，如果我们说两个长方形的匾很相似，我们要先从匾的众多特性中抽取诸如它们都是木制的、都是经过推刨的、都是光滑的、都着了色、都具有同样的温度以及形状相似等方面的相似特性。这可能会使人想起一连串的物质：桌面、窗子等。但是，在得出这样的结论前，大脑应该从这些物质的众多特征中抽象出长方形的概念。大脑必须灵活，能够分析事物，从事物中提取某种特性，并在这种特性的引导下用同样的媒介综合众多的事物，如果不能从众多相关的事物中选取它们固有的特征，那么，通过比较、综合产生联想以及更高级的智力活动都是不可能的。联想实际上是一种智力活动，因为智力的根本特性不是"拍摄"物体的形象，然后像相册一样将它们一张张地保存起来，或像铺路砖一样，一个挨一个地排着。像这样储存劳动的方式，是一种对智力的糟蹋。

智力独特的逻辑思维能力以及辨别能力足以区分和抽取出事物的重要特征。智力正是在这些特征的基础上继续前进，建立起自己的内部结构。

现在，孩子的思维在教学方法的帮助下，已经在事物特性的分类方面具有了条理性，他们不但要分析和观察事物的特性，而且还要区分它们的相同、不同和相似之处，这一工作使孩子们能够识别某一事物的不同特性。比如注意某些物体形状及颜色的相似之处对儿童来说并非难事，因为形状及颜色已经被分成非常鲜明的类别，他们根据这些形状和颜色等类似的特征联想起一连串的物体。

这是依靠相似性产生的联想，几乎是一种机械性的工作，也许孩子们因此而认为：书本是菱形的。如果他的大脑中不是早有菱形的概念，那么他得出这个结论是要经过一个极其复杂的思维过程的。白纸印上黑字，并装订成册，孩子们会因此而认为：书就是印上了字的白纸。

个性的差异只有在这种积极的活动中才能体现出来。吸引物体相似的特征是什么呢？为进行相似性联想而选出的主要特征又是什么？一个孩子注意到窗帘是淡绿色的，另一个孩子则注意到窗帘很轻飘；一个孩子注意到手的白皙，而另一个孩子则注意到手的皮肤很光滑。窗户在某一个孩子的眼里是长方形的，而在另一个孩子的眼里却是能够欣赏蔚蓝天空的东西。孩子对事物主要特征的选择与他们内在的性格是一致的，这是一种自然的选择。

世界上的一切事物都有它的特性和局限性，我们的心理感觉机制是建立在自己的选择基础上的，感觉器官的作用是什么呢？难道它只对固定的一连串震动做出反应，而对其他的一切都不予理会吗？

如此说来，眼睛只能限于看见光，耳朵只能限于听见声音，因此在形成思维的过程中，第一步应该是经过必要的限制性选择，与此同时，思维还对感官的选择进一步加以限制，在内部进行选择活动的基础上再形成某种具体的选择。这样，注意力就被集中在某个特定的事物上，而不是放在所有的事物上，意志也就从众多可能的行动中选择了必须完成的那种。

孩子语言的形成和强化

这一节我们探讨语言机制。大家知道，在生命活动中各种感觉器官发挥着重要作用，如眼睛、耳朵、鼻子、舌头、皮肤等，但是语言机制的发现表明，起作用的不仅仅是这些看得见的东西。19 世纪末，科学家开始对大脑的研究，人们相信，大脑皮层的神经细胞与语言有一定关系，其包括两个区域：一是感觉中枢，主导语音的接收；一是运动中枢，主导发音的动作。

从外部看，语言器官的构成与之基本相同。耳朵接收语音，嘴、喉、鼻子用来发出语音。研究发现，与语言相关的两个中枢的发展是分开进行的，在生理和心理方面都是如此。就感觉中枢而论，听觉器官与某种心理能量有关，儿童在无意识中对语言的学习，就得益于这种神秘力量。对于运动中枢，可以通过说话时各个器官的活动来了解。

显然，语言的运动组织发育较为缓慢，而且出现得很晚。对此只有一个解释——儿童语言表达器官的发展是由对语言的接收促成的。

这种设想符合逻辑。既然人不是生来就会使用某种语言，那么儿童首先需要听到人们说话，然后才能说同样的话，因此，语言器官的运用以大脑接收的语音信息为条件。这个说法容易理解，但我们必须注意，语言并非来自逻辑推理，而是一种自然机制的产物。当然，自然通常是合乎逻辑的。当某种自然现象引起我们的注意时，我们就要去理解它们，它们也就逐渐“合乎逻辑”了。

这让我想到，每个事物背后一定有某种智慧力量在起作用，而且，这种力量的作用主要体现在心理方面。比如，人们看到色彩艳丽的鲜花时，心理上会产生一种愉悦感。还有，婴儿刚出生时，既不能听又不能说，他们什么都不能做，但长大后却什么都会做。

大脑的这两个中枢最初不起任何作用，证明它们不存在遗传的影响，但它们属于语言机制的一部分，具有学习语言、表述语言的能力。

深入的研究发现，人的语言机制除了这两个神经中枢以外，还有一种特殊的感觉能力，这就是听觉，它直接影响儿童的语言行为。在儿童出生之前，自然界就为他安排好了语言的这些学习条件，儿童一出生就开始为说话做准备。

只要仔细观察就会发现，语言器官的形成也很神奇。作为语言听觉器官的耳朵结构十分精密，简直可以说是一部天才创作的音乐作品。耳朵的主要部分像一把竖琴，有 64 根长度不等的“弦”，按照一定的顺序排列，由于空间有限，它呈螺旋形，像一个小海螺。虽然空间很小，但这把“竖琴”能够分辨各种声音。那么，是什么在拨动这些琴弦呢？原来“竖琴”前面有一层像鼓面一样的共振膜，只要声波触动这层膜，“琴弦”就会震动，这样我们就可以听到外面的声音。

耳朵只有 64 根“琴弦”，所以，不能对自然界所有的声音都做出反应，不过，它完全能够正确地传递人类的语言。在婴儿出生之前，耳朵就已经长成了，7 个月的早产婴儿耳朵也已经发育完成，并且可以使用。

耳朵接收声音之后，又是如何把声音传给大脑的呢？这又是一个谜。

语言是如何在婴儿大脑中形成的？从事这项研究的科学家告诉我们，听觉器官是发育最慢的器官。初生婴儿的听觉反应很迟钝，他们像聋子似的，除非声音特别大，否则他们不会有任何反应。对此人们没有疑义，但是我相信儿童的语言中枢反应敏感，尤其是对带有词汇的语言。也就是说，儿童的听觉器官只对某种类型的声音做出反应。

结论是这样的：儿童大脑中的语言机制只对语言做出反应，他们的听觉器官有声音鉴别能力。如果儿童不能对声音进行区分，他们开始说话时，就会模仿各种声音，而不仅是人类的语言。

大自然为了使儿童掌握需要的语言，把他们大脑的神经中枢区分开来，使他们只对语言敏感。“狼孩”就是最好的例证，他们从小在狼群中生活，能够模仿鸟叫、流水声和树叶的声音，却不能发出人类的声音，即使回到人类社会中，也无法掌握语言。这是因为他们从来没听过人的声音，体内的语言机制没有被激发出来。

这种机制是专门为形成语言能力而存在的。人不是一开始就会使用语言，而是拥有这种特殊的机制，正是这种机制使人类掌握了语言。大自然把这种能力赐予儿童，他们对语言进行吸收也就不难理解了。在我们看来，刚出生的婴儿只知道睡觉，其实他是一个对语言具有特殊感知力的心理实体。这段神秘时期一结束，婴儿仿佛从睡梦中醒来，突然之间，他们就能听到动听的音乐，而且所有的听觉神经都开始发挥作用。其实，婴儿并没有对所有声音做出反应，他只是听到了人类的语言。

生命的创造来自一种伟大力量，正是这种力量赋予儿童记忆性基质，使语言在一代代人之间传承。

不仅语言是这样，歌曲和舞蹈也是如此。每个民族都有自己的音乐，他们像创造语言一样创造自己的音乐。反过来说，人类的声音就是音乐，语言就是音符。虽然音符是没有意义的，但每个民族都用自己的智慧赋予它特定的含义。古代印度曾经有数百种语言，它们将印度分成数百个群体，而音乐又把他们结合为一个整体。没有一种动物会唱歌跳舞，可是人类就不同，世界上任何地方的人都会唱歌跳舞。

语言已经印刻在人的潜意识中。尽管我们不知道机体内在发生什么，但外部变化会给我们一些提示。最先进入婴儿潜意识的是一个个音符，语法上称之为字母，其次是音节，随后是单个词语，儿童在学习它们时也许还不明白其中的意思。类似的情况也发生在刚上学的孩子身上，他们大声朗读课本，却不明白其中的意思。

这个过程的奇妙之处在于，儿童的大脑里好像有一位语言教师，他先教儿童字母，然后教音节，再教单词。这位教师不仅善于把握教学时机，而且遵循语言教学的渐进原则，让儿童先学发音，再学音节，随后学习单词，最后学习语法。

在儿童学习语言时，最先掌握的是事物的名称。自然是最好的老师，在她的指导下，再枯燥的语言儿童也乐意学习，而且表现出浓厚的兴趣，儿童的这种学习状态一直持续到 3~5 岁。自然教给儿童名词、形容词、连词、副词、动词不定式、名词格、前缀、后缀以及所有语法格式，这个过程和在学校学习完全一样。最后，我们会发现儿童已经能够熟练使用语言。这时我们才注意到，孩子原来是一个勤勉的学生，他的体内有一位很好的教师。作为长辈，我们会为他们取得的成绩而高兴，而不是看到他们的幼稚之处。

在一个从事教育的人眼里，儿童是非常神奇的，因为他两年的时间能学会这么多的东西。婴儿一般在 4 个月左右开始意识到语音发自嘴里，他们常常紧盯着大人的嘴巴，观察嘴唇的动作，并且努力模仿，这个动作激发了幼儿有意识的活动。婴儿学习语言的准备工作是在无意识中进行的，因为他们的发音器官还没有发育成熟，不能进行工作，但儿童的意识已经被唤起，他们注意到了语言，而且对此充满了兴趣。

这种观察活动持续两个月后，儿童开始学习发出单音节的声音，也就是当婴儿出生 6 个月的时候，父母会突然听到孩子嘴里发出“帕帕、吗吗”，仿佛在呼喊“爸爸、妈妈”。在一段时间之内，他们只能说出这两个词，这并不说明儿童的语言发展停止了，而是他们此前的努力已经发展到一个临界点，他们现在脱离了潜意识学习时期，可以随意学习语言技能了。

婴儿 10 个月大的时候，开始意识到听到的声音具有某种意义。当父母对他们说话的时候，婴儿努力去理解这些话所表达的意思。一般来说，儿童 1 岁开始说话，在这一年的时间里，他们身上发生了两件事：其一，在无意识中学习语言，并且过渡到意识状态；其二，形成了自己的语言能力，尽管还只是咿呀学语。

儿童 1 岁时开始说话，起初他仍然是咿呀学语，不过他的表达逐渐有了目的，这说明他的思想进入了有意识状态。这时的儿童身上又发生了什么呢？科学研究显示，儿童体内发生的变化远比我们看到的要多。

此时，儿童开始意识到语言与事物的联系，他们学习语言的愿望越来越强烈，这样就在他们体内引发了一场冲突，他们试图冲破过去的无意识状态，靠近有意识状态。就这样，儿童将经历人生发展中的第一次冲突。他们有强烈的与人交流的愿望，但因为无法达到这个目的而苦恼，于是，他们在潜意识里加紧学习，不久就取得了令人惊讶的成绩。

有时候，我们看到大人与一岁左右的孩子对话，往往会心一笑，觉得这个成人童心未泯，其实我们并没有认识到儿童所遇到的困难，没有意识到应该给孩子提供学习正规语言的机会。尽管他们的语法知识是自己学到的，但成人在与孩子对话时也应该遵循语法规则，这样可以帮助儿童正确地组织语言。

1~2 岁是儿童语言发展的关键时期，在这个阶段照顾儿童的人应该具备语言发展知识，这样才能与自然发展规律协调一致，为儿童提供帮助。当孩子说的话大人完全听不懂时，一两岁的孩子可能很气恼，会大发脾气。比如，当他们只能发出一两个单词的时候，我们往往不能理解他们的意思。这时，我们通常会说："你看，小孩都喜欢发脾气。"孩子学习语言没那么轻松，他们加倍努力，希望能让父母明白自己的意思。如果他们还没有学会说话，就只能表示愤怒了。好在他们具有建构语言的能力，交流的愿望会促进他们对语言的学习。

儿童到一岁半左右，会意识到每样东西都有名称，每样东西都由一个特定的词来表示。他能从听到的词语中分辨出一些具体名词，这是一个很大的进步啊！刚开始说话的儿童，只会说单个名词，心理学家称这些名词为"一个词的句子"。只要我们留心就会发现，儿童经常说"Mupper"，意思是"妈妈，我要吃饭"。儿童改变了单词的结构，把它们压缩成"一个词的句子"。

当儿童由于自身能力的局限，感到孤立无援的时候，他们会非常苦恼。这时候如果父母能够理解他们表达的意思，对他们该有多大帮助啊！

儿童还常常说简单的拟声词。比如，他们用"汪，汪，汪"来表示狗。人们通常把这种语言称为"儿语"，不过我们对儿语的研究还远远不够。

儿童在这一年龄阶段，不仅学会了语言，还形成了条理。因为儿童的心理从无意识转向有意识，许多东西需要条理化。

下面这个例子我举过多次，因为它最能说明儿童对条理的需要。“Abrigo”在西班牙语里是大衣的意思，刚开始说话的儿童常常把它说成“Go”；同样他们把背“EsPalda”说成“Palda ”。因为此时的儿童存在心理冲突，缺乏必要的条理，当他们说出“Go”和“Palda”时，经常气得大喊大叫。母亲们有时感到莫名其妙，当她们脱下大衣搭在栏杆上时，孩子就不停地哭喊。我建议母亲遇到这种情况时，马上穿上大衣，儿童一定会停止哭喊，并且高兴地说“Go Palda”，他们仿佛在说：“对了，大衣应该穿在身上。”

这个例子表明了儿童对秩序的渴望，他们渴望摆脱混乱，进入有条理的世界。因此，我多次呼吁建立一种特殊学校，以满足一岁至一岁半儿童的发展需要。我们不应该把孩子隔离开来，而要让他们经常与大人接触，听到符合语法规则的语言。

孩子注意力的培养

当我们把儿童安置在一个有利于他心理成长的环境中，我们希望看到孩子马上就能将注意力集中于某个物体上，按照我们事先设计的方式使用它，并且无数次地重复这一行为。我们看到，每个儿童重复的次数是不同的，一个儿童也许重复 20 次，另一个儿童是 40 次，再下一个儿童可能达到 200 次。这是与心理发育密切相关的那些行为的先导。

促使儿童有这种表现的是一种原始的内在冲动，就像人在饥饿时所具有的那种模糊意识一样。要解决因这种饥饿所产生的冲动，就必须将儿童的意识引向正确的目标，让它成为一种基本的同时又是复杂的、可以重复进行的智力活动。比如说，一个儿童正忙着安置一些立体插板或10个小圆筒，并移动到它们各自的位置，在他连续做了30或40次后，突然发现犯了一个错误，或发现了什么问题，于是着手将这一问题解决，然后他开始对这一活动越来越有兴趣，并试图反复进行这一试验。

也许，正是由于这种内在意识的作用，儿童在使用这类物品时往往显得很愉快，并且会不断重复使用它们。要满足儿童的心理饥渴，光是让他们走马观花地东瞧瞧西看看是不够的，听别人描述使用过程更是解决不了问题，应该满足他们的内在需要，让他们拥有并充分使用这些物品。正像我们给一个口渴的人解渴不能只让他啜一口水，而必须让他喝个够，也就是说，必须让他喝足其身体所需要的水。

我们应该将这一切作为构筑心理的基础，这是对儿童实施行为教育的唯一秘诀。我们向儿童所提供的环境应该是他们能够自由活动的场所，而其终极目的则是满足儿童的精神活动需求。所以，在游戏时，我们向儿童提供的立体插板不仅是让他了解物体大小的知识，平面插板的设计也不单是为了让他形成有关形状的概念，它们的目的是为了培养儿童的主观能动性。

通过这些练习，可以让儿童获得真正明确的知识，并使他在学习这些知识时能够保持同等程度的注意力。实际上，正是由于孩子所获得的感觉知识从范围、形状和颜色等方面来讲是精确的，才使人类的精神活动渗透到各个领域，并有可能取得更大的成就。

到目前为止，心理学家一致认为，注意力不稳定是三四岁儿童的特征，他们会被自己看到的每样东西所吸引，其注意力将不断地从一个物体转移到另一个物体。也就是说，他难以将注意力固定在某一个物体上。这样看来，想集中儿童的注意力很难，这正是儿童教育所面临的困难。

威廉·詹姆斯曾经指出："我们都知道儿童的注意力具有极端的易变性，这种易变性可以从他们上第一堂课的表现中反映出来。这种特性加上孩子注意力的被动性特点，使儿童更多地表现为只是偶然注意所看到的东西，这是教师必须克服的第一个困难。儿童从这种多变的注意力状态中自动恢复的能力是他们形成判断力、性格和意志的基础，促使他们对这种能力加以改进的教育才是最好的教育。"

由此看来，如果一个人听任自己的天性行事，就永远不可能集中注意力，他只能任凭自己的好奇心使注意力从一个物体转移到另一个物体。

实际上，在我们做过的实验中，儿童的注意力并不是由一位教师人为地保持着，而是受某个固定的能引起他注意的物体所吸引。在同样的情景中，一个婴儿在活动中所完成的那些复杂的运动，也是受第一位的、无意识的需要所控制的，并不是有意识控制的结果。事实上，这时的婴儿还不可能有明确的意识。

所以，最先呈现出来的是一种基本的外在刺激，它是真正的精神乳汁，我们可以从孩子的小脸上看到他的注意力高度集中。

我发现，一个年仅 3 岁的儿童可以连续 50 次不断重复同样的活动，此时有许多人在他周围走动，还有人在弹钢琴，一群孩子在高声唱歌，如此嘈杂的环境也不能分散他高度集中的注意力。同样，当一个婴儿正含着母亲的乳头吃奶时，无论周围发生了什么，他都不会停下来，除非他已经吃饱了。

只有自然才能创造出这样的奇迹。心理行为植根于自然，我们必须探寻大自然的奥秘。首先，要对自然的初始阶段有所了解，因为那些最简单的东西是揭示客观规律的基础，也是解释更复杂现象的指南。事实上，许多心理学家为了获得有关生命的知识，都从观察生物开始。如果法布尔没有让昆虫自由地实现其表现形式，并在观察时不对昆虫所从事的工作有任何干涉；如果他仅仅将昆虫捉起来，并将其置于研究室，他就只能用这些昆虫来做实验，却无法揭示昆虫生活中所发生的各种奇迹。

如果细菌学家没有在营养物质和温度条件等方面创造出一种与细菌自然生长相似的环境，从而使这种细菌能自由地生存；如果他们只局限于用显微镜来观察一种疾病的细菌，那么，用于挽救人的生命，保证一个群体不染上病菌的科学就不会问世。

要使各种生命真正实现自由，基础性的工作就是运用各种方法去观察生物。自由是进行儿童注意力实验研究的条件，要记住，对儿童注意力的刺激要强有力，还要注意其感官方面的生理适应性。由于儿童的生理发育还不完全，这就要求我们循着自然规律来发展这种适应性。在发展这种适应性的过程中，如果一个物体不能成为适应能力的有用刺激物，就必然不能让孩子在心理上保持注意力，还会造成他们生理上的疲劳，甚至伤及眼睛、耳朵等适应性器官。当儿童能自由地选择物体，并在使用过程中保持高度的注意力时，他就能明显地体验到一种健康快乐的官能活动，而且这种练习还对身体的各个器官有益。

需要注意的是，与这种外部刺激相关的神经中枢也要做好充足的准备。换句话说，就是要做好内部的心理适应活动。当外部刺激起作用时，大脑神经中枢就会通过内部程序依次兴奋起来，两种力量的作用就像在开启一扇关着的门：外部的感觉力量敲门，内部的力量则可以将门打开，如果内部的力量不努力把门打开，外部的刺激力量再强也是徒劳。一个心不在焉的人也许会漫不经心地跌入峡谷，而一个专注于工作的人则能做到对街上乐队的演奏充耳不闻。

注意力在心理学上是最受重视的，它在教育方面也体现出最实用的价值。教师的艺术就是把握儿童的注意力，使他们对教学充满期待，并在孩子们“敲门”时，给他们提供“开门”的内部力量 。但是，如果这一工作是完全陌生或者难以理解的，就唤不起孩子们的兴趣。教学实际上是一门引导学生从已知到未知、从易到难的艺术，我们要引导他们通过新奇的未知领域的大门，进一步深入学习知识，将儿童的注意力引向所期望的状态。

按照教育学理论的说法，聪明的教师就像军事家一样，他在办公桌旁准备着战斗方案，并扮演着指挥官的角色，引导学生奔向预定的目标。这种教育观念源于长期统治心理学的唯物主义。根据赫伯特·斯宾塞的理论，思想最初只是一堆无足轻重的“泥块”，后来由于外部因素的作用，使其留下了深浅不一、多少各异的痕迹。

他认为，正是经验成就了人，只要在教育体系中配备一套合适的“经验结构”，就可能成就一个人。甚至有人认为，既然蛋白质是细胞的有机基础，它的外形就可以由人工制造出来。甚至根据人的卵细胞也是一种细胞的说法，我们相信有一天，人也能在生物学家的工作台上被制造出来。然而在物质领域，没有任何化学合成物能够将缺乏物质外在的活力、潜在的生命力以及导致细胞发展成人的神秘因素放进细胞。

儿童的注意力难以集中这一现象告诉我们，心灵敏捷的人会受到自然法则的制约。现代心理学家威廉·詹姆斯认为，精神的力量是生命的神秘因素之一，但丁也说：“人类不知道自己的最高智慧从何而来，也不知道他对物质的欲望从何而生，他只是像蜜蜂一样，凭着自己的本能酿蜜……”人对外部事物的特殊态度构成了他天性的一部分，并决定了他的性格特征。我们的注意力不会被那些无关紧要的东西所吸引，而是被那些我们感兴趣的东西吸引。

只有那些能唤起内在活力的东西才能引起我们的兴趣。我们的内心会对外部世界所提供的信息做出选择，使其与我们的内部要求一致。比如，画家在这个世界上能够发现最丰富的色彩，音乐家则最容易受到声音的吸引。尽管人们生活在同一个环境中，个性特征、外在表现等人与人之间的差异，在某些人那里还是表现得相当明显。那些促使自我形成的来自外部世界的经验在人与人之间是不会混为一谈的，而且还受个人能力的支配。

对儿童来说，没有一位教师能让他对某一物体变得神情专注。显然，这种专注力是内在力量作用的结果。我们从历史记载的天才的事迹中发现，尽管这些天才性格各异，但都有超常的注意力。比如，阿基米德就是在伏案钻研他的几何图形时被杀的，他是那么专心，以至当叙拉古城被敌人攻下时，都不能使他从研究中分心；牛顿也是如此，当他沉迷于研究时竟忘了吃饭；意大利诗人阿尔费尔瑞在写一首诗的时候，居然充耳不闻从他窗前经过的喧闹的结婚队伍。

然而，天才人物所具有的注意力方面的特征，是不能被任何一位有经验的教师唤起的，无论他的教学技艺有多么巧妙和高超。

儿童的内心有一种精神力量在起作用，通过它就可以打开他的注意力之门。如果以上观点是正确的，那么由此引出的问题就是有关自由在儿童心智构筑中的作用，它不是一个简单的教学问题。从逻辑上看，通过外部力量为儿童提供适于其心理发展需要的营养成分，用尽量完美的方式尊重他们自由发展的态度，是建立一种新的教学方法的基础。

应该通过科学实验来探索儿童心理发展所需要的东西，在此我们能观察到众多复杂生命现象的发展。在这个过程中，理性、意志和性格将一并发展起来，就如同营养合理时，儿童的脑、胃与肌肉会同时发育生长一样。

首先，我们会发现孩子认知能力的产生，它为智力的发展提供了第一粒胚芽，以补充本能的兴趣。“认知”一旦产生，就开始为儿童建立类似注意力的心理机制。这样就又一次发生了从已知到未知、从简单到复杂、从易到难的演变，只不过其特征更加明显。

从已知到未知的演变，不像有的教师所设想的那样，是从一个物体转移到另一个物体，它是儿童内心所建立的一种复杂的观念系统，这一系统是儿童通过一系列心理活动而积极构建起来的，它代表了一种内在的心理发育过程。

要促成上述变化，我们就必须为儿童提供大量系统的、复杂的与他本能相一致的材料。例如，我们可以向儿童提供一系列物体，引发他对颜色、形状、声音、触觉和气压的本能关注，儿童则会以特有的方式，通过同各种物体发生连续的活动来组织他的心理个性，同时获得一种对事物清晰、有序的认识。完成了这一步以后，这些以形状、尺寸、颜色、光滑度、重量和硬度等呈现的物体，就与儿童的心理产生了某种联系。儿童的意识中开始有了这样一些东西，他时刻期待着并且乐于接受它们。

当儿童在这种原始冲动的基础上有了对外部事物的认识和了解后，便与这个世界上的一些东西建立起联系，并产生更加广泛的兴趣。也就是说，它们不再局限于与原始本能相关的兴趣，而是建立在已经获得的知识基础上，并且成为其洞察力形成的基础。

旧教育学理论认为，要使儿童的注意力集中在未知的事物上，就必须将已知的和未知的事物联系起来，因为儿童可以从新知识的获取中扩大自己的兴趣。但是，我们通过实验观察到，这个观点只是捕捉到了这一复杂现象的细枝末节。实际上，已知的东西会把兴趣引向更具有复杂性和崇高意义的事物上，并使文化连续不断地演变下去，而且这一过程本身就在头脑中维持着秩序。

教师会在上课时简单明了地说：这是长的，这是短的，这是红的，这是黄的，等等。他就这样用一个简单且固定的字清楚地表明了感觉到的事物，并对它们进行分类，孩子的头脑中能把一样东西与另一样东西完全区别开，每样东西都有其明确的位置，而且一种事物可以用一个字记忆下来。因此，新知识既不会被丢弃在一边，也不会与旧知识混淆在一起，新知识会被储存在合适的地方，并与原先的同类知识归纳在一起，就像图书馆里排列有序的图书一样。

就这样，在人的内心深处不仅有一种要求增加知识的动力，而且还会形成秩序，这种秩序又通过不断接收新的信息而得到维持。因此，内部的协调性就像生理上的适应能力一样，它本身就是在自发活动的基础上建立起来的，个性的自由发展、个人的成长与心理构筑都是由内部条件决定的。

教师可以对这些现象加以控制，但一定要小心处理，以免把儿童的注意力引向别处。因为儿童的全部精神决定着他的未来，教学的艺术就在于理解孩子的行为，避免对自然的现象进行干预。

一个人的内在活动发展得越正常，他就越能成为一个有个性的人，也就越能培养出坚强的意志和健全的心智。

孩子想象力的培养

如果想象的真正基础是现实，而一个人的感知能力与其观察的准确程度息息相关，那么，培养儿童的想象力，使他们准确地感知周围事物所需要的材料就显得十分重要了。另一方面，让他们在界定严格的范围内进行推论，让他们进行将不同事物区别开来的智力训练，能够为他们建立想象力奠定坚实的基础。

这一基础打得越牢固，他的想象与具体形式的联系就越紧密，也就越能与独立的意象建立起合乎逻辑的关系。任何夸张或粗糙的幻想都不能使儿童走上正轨，我们只有做好充足准备，才能开掘出一条壮丽奔腾的江河，使智慧之泉在其中流淌。只有这样，它所涌出的泉水才不会泛滥，不会有损于内在秩序之美。

在培养儿童想象力的时候，绝不能阻止他们自发的活动，即使这类活动像涓涓细流一样渺小。我们的任务是等待，千万不要欺骗自己，自认为能够创造智能。我们除了观察和等待青草的萌芽和微生物的自然裂变，别的什么都不要去做。

我们必须记住：创造性的想象只要不是一种虚无缥缈的幻想，不是幻觉或错误，就会在坚实的岩石上建立起一座金碧辉煌的宫殿，智力的开发也就有了坚实的基础。

人们通常认为儿童的最大特征就是想象力极为丰富，因此，我们应该采取一种特殊的教育方法来发掘他们的这种天赋。还有人以为，儿童喜欢在虚无的、令人痴迷的世界里遨游，就像原始人，他们总是被迷人的、超自然的和虚无缥缈的东西所吸引。对此我们需要指出，事实上，在任何情况下这种原始状态都只是暂时的，会被其他状态所取代。对儿童的教育应当帮助他们克服这种状态，而不是延伸或发展这种状态，或者让他们停留在这种状态。

我们确实可以在孩子身上发现一些与原始人相似的特征。比如，在语言方面，他们的表达能力非常贫乏，只掌握一些简单的词汇；他们的用词也非常笼统，一个词往往被用于表达几个目的或表示几件东西。但是，我们却不能人为地对他们加以限制，或者有意给他们提速以尽快度过这个时期。

与那些永远停留在虚幻中的人相比，我们的孩子属于一种完全相反的类型。他们对伟大的艺术作品非常感兴趣，对科技文明津津乐道，沉浸在需要丰富想象力的作品里，我们应该为孩子聪明才智的形成提供相应的环境。在智力发展的初期，儿童被一些奇妙的幻想所吸引是很自然的事，不能以此否定孩子的未来，他们应该青出于蓝而胜于蓝。因此，大人不应对孩子想象力的发展过分控制。

婴儿大脑的创造性活动目前已被认为是人类孩提时代的重要活动，甚至被普遍认为是一种创造性想象。通过这些活动，孩子赋予了他们感兴趣的东西以赏心悦目的特征。

大家都见过，孩子骑在父亲的手杖上时，他的感觉就像真的骑在马背上一样，这就是孩子具有丰富想象力的证据。当一群孩子用椅子建造一辆扶手齐全的四轮豪华“马车”时，他们感受到了无穷的乐趣。建造成功后，一些孩子在“马车”里仰坐着，愉快地欣赏着他们所虚构的车窗外的景色，还身临其境似的向外面欢呼的人群鞠躬致意；另一些孩子则坐在椅背上，抽打着想象中的烈马，鞭子在空中挥舞着。这是孩子具有想象力的又一个例证。

但是，当那些已经拥有了小马驹，并且习惯于在马车或轿车里进进出出的富家孩子看到这一情景时，就会用轻蔑的眼光看着这些兴高采烈的孩子，他们对这些穷孩子的举动感到非常吃惊，甚至会挖苦他们：“他们穷得什么也没有，之所以这样做就是因为没有马，也没有马车。”我们不能为了教育这些富家孩子而将他们的马驹牵走，给他们一根手杖。同样，我们也不必阻止穷孩子对手杖和马车的幻想。

一个穷人或乞丐，当他进入富人家的厨房，闻到扑鼻的香味，从而想象自己正就着他的面包吃着丰盛的菜肴，谁又可以阻止他的幻想呢？当一位穷困潦倒、深爱着孩子的母亲把仅有的一片面包掰成两块，分两次给她的孩子，并且对他说“这是面包，这是牛肉”时，孩子会心满意足地认为自己在吃面包的同时也吃到了牛肉。有人曾非常认真地问我：“当一个小孩不断用手指在桌上比画着想象自己在练琴时，如果我们真的给他一架钢琴，这是一件好事还是坏事？”“坏事。”“怎么会是坏事呢？”他反问。“假如我们这样做，孩子无疑能够学会弹琴，但他的想象力就得不到锻炼了，我不知道该怎么办。”这样的担心确实有道理。

福禄培尔的一些游戏就存在这样的问题。比如，我们将一块积木交给孩子，告诉他：“假装这是一匹马。”再将积木按照一定的次序摆好，又对孩子说：“这是马厩，现在我们把马放进去吧。”然后再重新排列组合，对他说：“这是一座塔，这是一个乡间教堂……”在这类练习中所使用的实物（积木），就不像前面一例中被当作马骑的手杖那样容易引起幻想。孩子在向前移动时，可以骑着手杖，并且可以抽打手杖，他会产生丰富的想象力；而用积木搭建的塔和教堂则只会使孩子的头脑更加混乱。

更为严重的是，在这种情况下，进行创造性想象的、用头脑工作的已经不再是孩子，他们只是在按照教师的提示去做而已。孩子是否真的相信马厩变成了教堂，他是否正在开小差，谁都无法知道。这时，孩子不得不潜心琢磨教师所提示的一连串蒙太奇式的意象，尽管这些意象只存在于同样大小的积木中。

我们在这些尚未成熟的大脑里到底培养了些什么呢？通过这种教育形式，的确有人将树当成了王位而对之发号施令，有人甚至相信自己就是上帝。正是这种错误的知识成为孩子错误判断的开端，并且有可能成为神经错乱的开始。正像精神病人什么也做不了一样，那些因欲望得不到满足而表现得狂躁不安的孩子，既不能为别人也不能为自己做任何事情。

成人总是企图用一种将虚幻当现实来接受的方法来发展孩子的想象

力。比如，在拉丁语国家，大人是这样对孩子们讲述圣诞节故事的：一位名叫比瓦娜的丑女人爬过围墙，然后从烟囱钻进屋子里，把玩具送给了听话的孩子，那些调皮的孩子就只能拿到煤块了。

在盎格鲁－撒克逊国，圣诞节故事又是另外一种情景：一位全身落满白雪的老人挎着一大篮子玩具，到了夜里，他进入孩子们的房间，把这些玩具分别发给熟睡的孩子们。这种方法怎么能够培养孩子的想象力呢？故事里所表现的是成人的想象力，而不是孩子的想象。他们只是相信我们讲的故事而已，却没有他们的想象空间。我们之所以这样对待孩子，是因为我们只要他们轻信我们即可。

轻信确实是那些尚未成熟的大脑的特征，孩子们的头脑因为缺乏经验，也不具备现实知识，所以缺乏辨别真理与谬误、美丽与丑恶、可能与不可能的能力。难道我们仅仅因为孩子们处于无知、未成熟的年龄，就企图在他们身上培养轻信吗？这绝对是错误的。想想看，成人也有这种轻信的毛病，它在与智慧作对，既不是智慧的基础也不是智慧的结果。只有在愚昧的状态，轻信才会萌芽和生长，愚昧是轻信的标志。

有一个流行于17世纪的颇具讽刺意味的故事。当时，巴黎的新桥是供人行走的通道，也是人们休闲和集会的场所，许多江湖骗子和庸医也混迹于此。有一个名叫马里奥罗的江湖医生，在那儿兜售一种自称来自中国的药膏，他吹嘘这种药膏可以使人的眼睛变大，嘴巴变小；可以使短鼻子变长，长鼻子变短。萨丁警长将这个江湖医生拘留起来，并审问他："马里奥罗，你是怎么招摇撞骗的呢？"

"先生，"马里奥罗回答，"你知道一天之内有多少人经过这座桥吗？"

"10万人吧。"萨丁回答。

“是的，先生，你想过没有，他们当中又有多少聪明人呢？”

“差不多 100 个吧。”警长答道。

“这是最乐观的估计数字，”骗子说道，“即使如此，我也还可以在其余的 9 900 多人中找到机会啊！”

当然，可以说现在的情况比那时强多了，现在的聪明人比过去多得多，轻信的人也少多了，但重要的是，教育不应该使人走向轻信，而应该传递智慧。谁把教育基于轻信之上，谁就是想在沙漠里建造高楼大厦。

我想起一个故事。有两位出身高贵的公主，为了免受命运安排的优越生活的诱惑和虚荣的折磨，决定去一所修道院接受教育。在修道院里，修女告诉她们：这个世界充满了虚伪，不信就试试看，当有人称赞你们时，你们试着躲起来，听听他背着你们时会说些什么，也许他会诅咒你们。

这两位年轻的公主到了可以参加社交的年龄，第一次在晚会上露面，所有来宾都不吝言辞地把两位姑娘大大称赞了一番。两位姑娘为了验证修女的话，便躲进客厅大帘子的后面，想听听人们在背后议论些什么。令这两位公主感到惊奇的是，当她们一离开，对她们的赞美不但没有消失，反而更胜一筹。这时候，两位公主感到非常失落，抱怨修女们说的都是假的，当即宣布不再信仰宗教，重新投入到尘世的欢乐中。

随着人们经验的积累和思想的慢慢成熟，轻信会逐渐消失。如果能够给予人们正确的指导，就可以使他们远离轻信。无论是一个国家，还是一个人，随着文明的发展与进步，人们的轻信心理必将减少。这就是人们常说的，知识驱走了无知，幻想最容易游荡在无知的地方，因为那里缺乏上升到更高文明层次的支柱。

难道我们要在轻信的基础上培养孩子的想象力吗？回答是否定的。我们当然不希望看到孩子轻信别人告诉他的一切，事实上，当知道孩子不再相信神话时，我们会感到由衷的高兴。我们因此还会夸赞他："你已经不再是个小孩子了。"这是我们期待已久的，孩子不再相信神话的那一天终会到来。

当孩子长大成人时，我们应该这样反问自己："在孩子成熟的过程中，我们到底做了些什么？我们给了孩子脆弱的灵魂什么样的帮助？我们是否让他们变得正直坚强了？"没有！实际上，当我们想方设法使孩子保持幼稚、天真和充满幻想时，是他们自己战胜了所有困难。他们不仅战胜了自己的内心，还克服了我们施加的阻碍。他们跟随自己内在发展与成熟的动力去行动，它指向哪里，他们就到哪里。

孩子们甚至还对我们说："你们把我们折磨得好苦啊！我们自我完善的任务已经很艰巨了，你们还要压制我们！"不是吗？！诸如让他们紧咬牙关，以便不让牙齿长出来，因为我们把没有牙齿当作婴儿的特征；不让他站直身体，因为我们认为婴儿就是不能站起来；等等。

实际上，我们还在有意延长孩子们那个语言贫乏、不确切的阶段。我们并没有帮助他们聆听词语的清晰发音，观察他们的嘴形变化，反而去模仿孩子幼稚的语言，重复他们笨拙的发音，大着舌头发出辅音，甚至故意把辅音发错。这样做的后果是极其严重的，等于延缓了孩子本来非常艰难的语言形成期，使他们倒退到婴儿状态。

不仅如此，我们在儿童想象力的培养上也扮演了同样的角色。我们总是对那些幼稚的，处于幻想、无知和错误状态的大脑感兴趣，就像我们看到婴儿被抛上抛下时就非常高兴，甚至我们对孩子轻信我们向他们讲述的圣诞故事感到快慰。我们真有点像那些贵妇人，尽管她们表面上对收容所里那些贫穷的孩子充满同情，而内心里却有另外一种想法：“如果没有这些贫穷的孩子，我们的生活将会多么乏味。”我们也会说这样的话：“如果孩子们不再轻信，我们的生活将失去多少乐趣！”

这样做就是在犯罪，为了自己取乐，而人为地阻止儿童的发展。这和那些野蛮的王国人为地限制某些人身体的生长，使他们成为供国王消遣的侏儒一样。也许有人会说这一论调有点耸人听闻，但事实就是如此，只是我们没有意识到罢了。如果我们能克制住自己，不再人为地延长儿童的幼稚期，让他们能够自由自在地成长，并赞叹他们在成长道路上所取得的每一个奇迹般的进步，我们就为儿童的完美成长做出了贡献。

要培养婴儿的想象力，我们应该做的第一件事就是让他们在成为物质主人的环境中生活，或者用建立在事实上的知识和经验来丰富他们的头脑，让他们在此基础上自由地走向成熟。只有让他们自由地成长，他们才有可能发展自己丰富的想象力。

教师在黑板上画一个三角形，然后将其擦掉，这个三角形只代表一个抽象的概念。那些从未用手拿过实体三角形的孩子必须用力记住三角形的形状。围绕这个三角形，许多抽象的几何计算题接踵而至。像这样虚构的图形只能使孩子一无所获，它不能与其他事物互相融合而被感知，永远不会成为灵感的源泉。其他事物也是一样，目的本身就是令人疲劳的，这种疲劳几乎包括了实验心理学的所有努力。

儿童必须先有内心生活的创造，然后才能将其表达出来。我们必须为孩子们提供内心生活所必需的东西，然后让他们自由地进行创造。为了有所创造，他们必须自然地从外界吸收构筑材料。在他们能够发现事物之间的逻辑关系之前，我们必须对其思维加以训练。只有这样，我们才会见到更多两眼闪闪发光，会思考、机灵又智慧的儿童。

我们必须关心和爱护正在进行这种努力的孩子。如果创造的想象力姗姗来迟，说明孩子的智力还没有发育成熟。此时我们不应该强迫孩子进行想象和创造，否则就等于给他戴上了一副假胡子。实际上，男孩要到 20 岁以后才能长出真正的胡子。

孩子运动能力的训练

锻炼孩子的运动神经，必须符合孩子的生理机体所需要的协调运动要求，因为运动神经的培养过程非常复杂。如果没有指导，孩子的运动就会非常混乱。无拘无束正是孩子的天性，所以孩子常常表现得“手脚不闲”“无拘无束”“无法无天”等。

成人的解决办法是不停地约束孩子的活动，唠叨着“老实点，别乱动”。其实孩子正在把自己的运动组织协调起来，为探索对自己有益的活动而努力。让孩子老实地待着，我们还是不要再做这类无用功吧。应该让孩子大胆、勇敢地运动，我们恰如其分地进行指导，这样做效果会更好。这个阶段儿童肌肉锻炼的目标就是这样的，让孩子在我们的指导下自由自在地成长，将来他们就会成为工作积极、从容而有情趣的人。培养孩子正确运动的能力，是我们的儿童之家看起来“训练有素”的重要原因。

肌肉训练包括以下几个组成部分：

1. 基础运动（如坐、立、行、走，使用小的东西等）；

2. 照顾自己；

3. 做一些家务活；

4. 进行园艺劳动；

5. 做小手工；

6. 参加体育活动；

7. 进行有韵律的锻炼。

照顾自己的第一步，就是练习自己穿衣服和脱衣服。我使用很多由布料或皮革等钉成的四方框做教具，对孩子们进行专门训练。训练他们扣扣子、使用挂钩、系带子等。这些内容实际上包含了人类发明的穿衣、系鞋带以及其他事情的所有方法。教师和孩子坐在一起，慢慢演示手指的动作，又做若干详细的分解动作，这样孩子们就能看明白。

举例来说，训练的第一步：先把四方框上的两块布对齐，然后才能从上到下地把两块布对正、系好。如果在四方框上练习扣纽扣，教师会给孩子演示分解动作。教师先捏住扣子，对准扣眼，再放进扣眼，到结束的时候，教师对扣子穿过扣眼的位置进行调整。与此相同，教师在教孩子打蝴蝶结的时候，也是分段演示，直到打成蝴蝶结。

我们的系列教学影片中有一个就是教孩子们用丝带打蝴蝶结的全过程的片子。一部分孩子学习完以后会达到很好的效果，他们会非常耐心地学习分解动作，会把自己的成果与别的孩子分享。孩子们可以以最舒适的姿势坐好，在桌子上使用四方框进行练习。他们在这个四方框上多次充满热情地练习系扣和解扣，双手会变得非常熟练和灵活，只要有机会，他们就想给真正的衣服扣扣子。这时会有不可思议的事情发生，那些最小的孩子不仅想给自己穿衣，还想给他的小伙伴们穿上衣服。他们随时随地寻找机会，获得这种穿衣的乐趣，十分小心地不让那些大人们帮他们穿衣服。

教师在教孩子们洗东西、摆放桌子等时也要采取同样的方式，较大的活动也应该这样。教师在开始时必须准确地进行示范，少说话，也可以不说话。教师要把所有的动作教给孩子们：怎样坐下，怎样从椅子上站起来，怎样拿东西递给别人，等等。教师还要教孩子们把碟子一个个擦好放到桌子上，并且要求不出任何声响地完成。

孩子们很容易就学会了，他们在做这些事情时表现出的兴趣和谨慎令人惊讶。有的班级里孩子较多，就要安排孩子们轮流承担家务劳动，比如上菜、洗碗洗碟之类的劳动。孩子们认真愉快地执行这种轮流制度。他们中甚至才两岁半的孩子都很自觉地去做自己承担的工作，根本不用强制要求。

纽约的雅各提教授就经历过这样的事情。有一次，雅各提看到一个看起来并不聪明的两岁小孩忘记叉子应该放左边还是右边，站在那儿不知所措，他非常感动。那个孩子长时间地想着，显然是在努力回忆。比他大一些的孩子用钦佩的目光看着他思考的样子。大孩子们也像我们一样，为生命的一步步成长感到惊叹。

教师仅仅通过一点暗示、一次指点，就能给孩子们一个很好的起点，接下来，孩子们就可以自己学习。他们在互相学习之后，就开始兴致盎然地工作了。活跃的学习气氛，使孩子们更具有爱心，形成互帮互助的品德。最为奇妙的是，稍大一些的孩子对小同伴在成长中的进步表现出理解和关心。我们的任务就是让孩子获得宁静平和的环境，让他们有在家里一样的感觉——无须你多做什么。我们从一些影片中可以看到“儿童之家”的真实情况。孩子们不停地走来走去，认真履行自己的职责，教师坐在一角，注视着孩子们的一举一动，不用多做什么。也有关于孩子们照顾“儿童之家”的一些画面，反映了孩子们爱护他人和爱护周围环境的行为。我们看到他们在洗脸，擦鞋子，清洁家具，掸掉地毯上的尘土，连计步器上的金属显示器都被擦得锃亮，等等。

孩子们完全独立地完成了摆放餐具的工作，他们分工合作，有的端盘子，有的摆放勺子和刀叉，还有的做别的工作。最后，大家坐在餐桌旁的时候，小服务员们开始端来热腾腾的汤。

孩子们也非常喜欢园艺劳动和手工课。众所周知，园艺课是幼儿教育的重要内容，我们都认为植物和小动物具有吸引孩子注意力的作用。“儿童之家”效仿那些学校里目前最好的做法来从事这些工作，而莱特夫人的思想在一定程度上影响了这些学校。

我们把泥塑作为手工课的重要内容。具体来说，就是把泥土捏成小瓦片、小花瓶和小砖头等。当然可以借助模子之类的简单工具制作这些东西，制作的目的是让孩子们记住整个制作过程，完成后，孩子们要把所有的小作品上釉并用熔炉烘烤。烘烤好的亮白色或彩色瓦片被孩子们砌成一堵墙壁的模样，烘烤好的小砖块被孩子们用灰泥和泥铲铺在地板上。孩子们还挖好地基，然后，用自制的砖块砌一段围墙，或者给小鸡们盖个窝。

在体育训练时，最应该考虑的一个步骤就是“踩钢丝”。所谓钢丝，就是我们用粉笔或颜料在地板上画的一条线。当然，画两条椭圆形的同轴线也是可以的。孩子们像踩钢丝演员一般前后相接地踩着线走，也像真的踩钢丝演员一般小心翼翼地走路以保持身体的平衡，但孩子们很安全，因为“钢丝”是画在地板上的。教师先做练习，向孩子们展示他怎么落脚，不用多说话，孩子们就会跟在身后学习。教师演示完毕后，让孩子们自由练习。

孩子们多数都坚持走下去，他们的脚步小心翼翼的，努力模仿着教师的示范，全神贯注地保持平衡，让自己稳稳地走在线上。别的孩子慢慢地聚在周围看他们表演，跃跃欲试。没几分钟时间，椭圆线或单行线上就站满了孩子，他们盯着自己的脚，走在线圈上摇摇晃晃的，努力使身体保持平衡，每个人的表情都非常专注。

为了配合孩子们的练习，放点音乐是很好的手段。我们可以挑一首很简单的进行曲，节奏不要太强烈，能给孩子们伴奏，更能激发孩子们独立做事的精神。

一旦孩子们学会这些保持平衡的办法后，他们的走路姿势就变得相当标准，相当优美，与此同时，他们不仅拥有了稳健自在的步伐，还使体态变得优雅起来。“踩钢丝”练习也可以运用多种手段，使活动变得更丰富多彩。首先用钢琴上弹奏的进行曲帮助孩子们把握动作的节奏。连续几天反复弹奏进行曲，最后孩子们就会把握住节拍，手脚配合，以适应音乐节奏。还可以利用歌曲配合他们的“踩钢丝”练习。

孩子们慢慢地听懂了音乐。像乔治小姐在华盛顿学校里的做法那样，孩子们一边唱歌，一边在平时的生活中运用教学用具工作。这样，“儿童之家”的孩子们就像小蜜蜂一样，一边工作，一边歌唱。

我曾在书中“方法”这一章提到一家小体育馆，里面有一件非常实用的器具。他们做了一个“篱笆”，孩子们抓紧“篱笆”把自己吊在上面，这么做的目的是让孩子腾出双脚，减轻身体的负担，使手臂变得强壮有力。“篱笆”的另外一个好处是可以在花园里发挥隔离作用，比如用篱笆隔开种花区和散步区，而且不会损害花园的外观。

交替训练孩子的脑力和体力

我们对运动的教育理论有一些错误的认识，尤其是对运动在童年时期作用的看法。现在的学校教育只注重智力培养，忽视了运动的作用，忽视了运动与心理发展之间的关系。也就是这个原因，我们把儿童这方面的学习称为“训练”、“身体教育”或“游戏”。

还是来研究一下人类的神经系统。首先，人类有一个复杂的大脑；其次，有各种感觉器官，能够搜集各种信息传递给大脑；再次是肌肉。就是说，人体结构由三个主要部分组成：大脑、感觉器官和肌肉。这些精密的组织使人的运动得以实现。

虽然人类善于思考，但人的想法只有通过肢体运动才能实现。哲学家是最爱思考而较少运动的人，不过他们说话或者写作都离不开肌肉的运动。如果他们不能表达自己，这些思想又有什么价值呢？

人是什么呢？是会思想的动物。假如我们观察动物的活动，就会发现它们只能用运动来表达自己。所以，忽视运动是违背逻辑的。

科学研究表明，人要与周围环境建立必要的联系，不仅需要神经系统发挥作用，而且离不开肌肉的协调活动。人们把大脑、感觉器官和肌肉称为“关系系统”，它们负责与外界接触。与这三者相比，人的其他组织就显得有些自私了，因为它们只为人本身的发展服务，这些组织被称为“生长系统”，这个系统的功能只限于人自身，而“关系系统”是保持人体与外界联系的纽带。

如果神经系统不发挥作用，我们就感觉不到美丽的世界，也不能形成自己的认识。因此，不应该认为神经系统只是一个生理组织。它是人类所有灵感的源泉。假如人类忽视了与环境的协调关系，仅仅提高自己的精神层次，就会变得傲慢自大，导致严重的后果。虽然动物没有思想，只能通过行动表达自己，自然却赋予它们美丽的躯体和优美的动作。另外，动物与自然的和谐一致，还含有更深远的目的。

人是大自然的一员，人的生命也有其目的，只提高精神层次是远远不够的。自然赋予人类追求更高的生理和心理境界的能力，但是，生命的目的和意义不止如此。那么，“关系系统”有什么作用呢？世界上的万事万物都是宇宙的一部分，都有一定的联系，并且按照宇宙的规律运转着。人类的精神素质不仅是为了满足自己，还在整个宇宙精神中占有一席之地。

我们需要使自身的精神力量发挥作用，以此来实现人类之间的关系。如果只注重自身，就会变得狭隘自私，会把自身的精神层面降低到生长层面。大自然赋予人类许多能力，我们必须使这些能力充分发挥出来。这里，我所指的就是“关系系统”的作用。众所周知，保持身体健康，心、肺、胃等器官必须正常发挥功能。关系系统也是如此，只有大脑、中枢神经系统、感觉器官和肌肉都正常工作，这个系统才能发挥作用。

人是一个有机的整体，各个组织器官是互相联系的，完成一种运动需要几个组织的协调工作。要发挥大脑的作用，就要同时发动其他器官，中枢神经系统、感觉器官和肌肉都要投入工作。一种精神状态需要通过相应的运动来获得。我正是从这一点出发讨论运动问题的。运动依赖于中枢神经系统，这个系统是“关系系统”的一部分，“关系系统”的各部分是一个有机的整体，它们只能共同完成这项工作。

我们常常犯的一个错误就是把运动与人的其他机能割裂开来，好像运动与它们没有关系。因此，我们只把肌肉看作一个运动器官，我们进行体育锻炼，只是为了身体的健康，改善饮食和睡眠。这种观点很流行，不仅普通人这么看，教育界人士也持这种观点。

这一错误认识导致运动与思想的脱节。运动并不只是为了强身健体，而应服务于整个人体机能。实际上，运动与思想紧密相关，是一个互相联系的整体。所以，在设置课程时，不仅要考虑儿童的大脑，同时要考虑儿童的身体，不应该将身体与思想分开，忽视其中任何一部分，这样做就破坏了人体机能的连续性。

既然运动离不开大脑，它就不只是机体的动作，而是表达了更高的生命形式。如果人类和低级生物一样没有大脑，仅仅是一堆血肉，那么，人的发展就只能处于生长层面。但是人有思想，而且必须通过肌肉才能准确地表达，运动还与心理活动相连，对儿童的心理发展产生直接影响。

如果割裂两者，人类就无法实现独立，也不能发挥自然赋予人类的能力。我们在讨论心理发展时，就有人这样说：“怎么说起运动来了？我们现在讨论的是心理问题！”在这些人的意识里，人类的智力如同中国的和尚，一动不动地坐在那里。直到现在，西方教育界还坚持认为，运动仅仅能够强身健体，有益于呼吸和循环系统。但是，更科学的观点认为，运动对心理和精神的发展都很重要，尤其是儿童的心理发展。

只要我们对儿童的发展进行观察就会发现，他们的大脑发育是通过运动完成的。

比如说语言的发展，研究表明，儿童语言能力的提高与发音器官的成长同步，而且，儿童理解力的发展也离不开运动，运动促进大脑发育，大脑反过来又促进运动机能的发展，这样构成一个循环过程。当然，在这个过程中，器官也在发挥作用。假如儿童的感觉器官活动的机会少，他的心理活动就会处于较低的水平。

科学家将大脑所控制的肌肉称为随意肌，这些肌肉受意志的控制，而意志是大脑活动的最高形式。既然随意肌受意志的控制，在某种意义上说，这些肌肉就是一种心理器官。

人体机能的大部分是肌肉，骨骼的作用是支撑肌肉。这样，肌肉和骨骼就构成了一个系统。随意肌的数量很大，主要集中在人体外部，肉眼能够看到它们的活动。随意肌有大有小、有长有短，各有不同的作用，如果一块肌肉向某一方向拉动，对应的另一块肌肉就会做相反的动作，这两个相反的力量越大，运动也就越精确。如果重复做一种运动，两块肌肉的活动就会越来越和谐。

对于肌肉运动之间相反的力量，人类还缺乏深入的研究，不过它们控制着机体一切有意识的活动。无论是老虎有力的腾跃，还是松鼠灵巧的跳跃，都得益于这种相反的力量。这种内在和谐存在于所有动物身上，这是大自然的赋予。

所有活动都离不开微妙的运动机制。对人类来说，这种机制不是生来就有的，需要儿童进行各种活动来逐步形成并完善。人体的肌肉丰富而且细致，可以完成任何形式的动作。不过，人类不像其他动物那样，一出生就能完成必需的运动，人类的肌肉开始时不能协调活动，需要通过大脑进行完善。从另一个角度看，这表明人类具有一种达到和谐的潜能，只要这种力量被激发，就能在活动中完善自己。

显然，实现这一目标的主要因素是人类本身。人类与动物不同，没有一种固定的运动方式可以选择。动物生下来就能够爬、跑、游，初生婴儿完全不具备这样的能力，但是，人类能够通过练习掌握所有运动技能，而且能比动物做得更好。

这些潜在能力需要人类自身的努力才能发挥出来。儿童经过大量的重复练习，肌肉的活动会协调一致，因为神经系统是和谐一致的，能够传达意志的指令。

在实际生活中，人并不能完全发挥自身的潜力，无论多么优秀的运动员，都无法发挥肌肉的所有能力，再精细的动作，也没有穷尽肌肉的所有潜在能力。就像一个人出生在富庶之家，他继承的财富如此巨大，不论怎样慷慨大方，都无法用完这些财富。这些财富的真正价值，就是给了他一种自由，他可以根据自己的意愿进行选择。

一个婴儿长大后可能会成为体操运动员，但并不是说他已经有了运动员那样的肌肉。同样，舞蹈演员也不是天生的，他们都要用意志来发展自己。人身上存在无限可能，但是没有什么是天生的，他将自己做出某种选择，并通过训练获得相应的能力。

人类与动物还有一个不同，就是人类有不同的发展方向。即使在对同一种技艺的学习中，人与人之间也会出现差别。比如写字，每个人都能写字，但风格迥异。同样，每个人的行为方式也不尽相同。

我们说工作对人非常重要，不仅指人的生活需要工作来支持，也指人必须通过工作表现自己。工作不仅是思想的表现，也是人的运动潜能的发掘，因为工作需要思维和运动系统共同完成。如果一个人只从事单调繁重的劳动，他的肌肉组织就不会发育完善，他的心理发展也将停留在一个较低的水平。

因此，工作将影响一个人的心理生命。如果一个人从来不工作，不仅生理生命质量会大大降低，而且心理生命也会受到压抑，因为他无法激发肌肉的潜能，而使用中的肌肉却承受着重压。正是由此，体育和游戏成为学校的必修课，这些活动能够防止肌肉功能退化。

我们认为，学校教育应该有张有弛，既不是单一的体育锻炼，也不是单一的智力培养，而是对脑力和体力的交替训练。西方的学校很注重书法，目的在于把学生培养成办公人员，这与上述教育方式完全不同。研究证明，这种过于专业的训练存在很大缺陷，它无法实现运动的作用。运动对儿童的发展有重要意义，只要儿童提高了自己的运动协调能力，就能够完善心理发展，反过来，心理发展又能促进运动能力的提升。

离开了运动，大脑会独立发展，另一方面，也有不受大脑支配的运动，这两种情况都是有害的。运动为人的整体发展服务，它建立在人与环境的联系之上，建立在人与人的交往之上。

现代社会重视个人的价值，人们过多强调自我完善和自我实现。现在，我们认识到了运动对人的意义，这种自我中心主义将随之消失，因为人有广泛的潜在能力，必须努力发挥它们的作用，这就是所谓的“运动哲学”。运动是生物与非生物的基本区别，生物的运动不是随机的，它有一定的目的性。

大自然的基本特性就是运动。设想一下，如果所有运动都停止，世界会是什么样子？鸟儿一动不动地停在树上，昆虫停留在地面上，水里的鱼儿不再游动，所有植物不再生长，花朵不再散发芳香，果实不再成熟，空气里充满了毒素，地球将变得多么恐怖啊。

当然，这种绝对的静止并不存在，如果自然的运行真的停止了，生物将毫无目的地运动，整个世界将陷入一片混乱。大自然设计了最完美的世界，在这个世界里，所有生物都有自己的运动方式和发展目的，同时又井然有序，所有运动之间保持着一种和谐。

工作与运动两者既存在区别又不可分割。人类生活离不开工作，同样，人类生活也离不开运动。假如世界上的工作停止一个月，人类可能就会毁灭。也就是说，人类的运动还有社会功能。如果运动只是锻炼体质，人类的潜能就得不到利用，从而会失去创造力。

社会是一个有序的整体，其建立离不开运动。每个社会成员既要服务于自身，也要服务于社会。所谓“行为”，不论对人类还是动物，指的都是有目的的运动，这种行为是生物行动的核心。人类的行为不仅要实现个人目的，比如打扫房间，还要服务于他人。比如跳舞，这项运动是非常个人化的，可是如果没有观众，跳舞的乐趣和意义就大打折扣。运动是自然的规律，任何生命都依赖于特定的运动方式，同时，这些运动不只服务于自身，还有更深远的意义。对运动作用的认识，能够帮助我们理解儿童的行为，并对他们进行有效的指导。

家教延伸阅读

三岁前是培养孩子双语能力的最佳期

“双语教育”是近年来十分流行的一种早期语言教育方式。让孩子在语言发育时期就接触英语，同时运用英语和汉语表达自己的思想，对孩子的语言发育有很大的好处。实践证明：3岁以前，是孩子学习外语的最佳时期，家长在这段时期为孩子提供一个良好的学习外语的环境，对孩子的智力开发以及表达能力的提升都有很大的好处。

双语教育从家开始，父母可以按照以下方式具体操作：

1. 多听

0~3岁的孩子，语言学习多偏向于“声音”的刺激，因此，小耳朵变成了接收新讯息的小雷达，“听”成为孩子快速吸收语言的开端。如何让孩子处在一个听外语的环境中呢？除了随时播放外语教材的CD外，还可以让孩子多听轻松快乐的外语儿歌。轻松快乐的旋律加上浅显易懂的歌词，很快孩子就能朗朗上口，轻松学会歌词中的单词和简单用语，并牢牢记住，学习的速度将是显而易见的。

2. 多看

除了听觉刺激的潜移默化之外，还可以利用视觉上的刺激，帮助孩子强化学习印象。选择孩子喜欢的卡通动画是一个很好的方式。活泼的动画、可爱的角色以及吸引人的剧情，可以让孩子很自然地进入虚拟的情境中，熟悉英语语境，学会运用句型，增强听、说能力。

家长也可以在卡片上写上对应的英文名称，并张贴在家中用品上，如在门上贴上写有“door”的卡片、在电脑上贴上写有“computer”的卡片，时时提醒孩子各种东西名称的念法。家长一定要根据循序渐进的原则进行双语教育。

3. 听音乐学外语

通过充满轻松旋律的童谣，可以纠正孩子的语调，增加孩子的词汇量，使其快乐地融入外语的学习中。而音乐的韵律性不但能让孩子感到开心、愉快，也能加深他的记忆力。

4. 建立完整的概念

每个单词与句型不能只出现一次，通过不同的方式，比如音乐、动画、亲手制作卡片等方式，加深孩子对它们的印象和理解。

5. 多玩

“玩”是孩子注意力最集中、学习力最强的时候。通过游戏的方式，免去压力，让孩子快快乐乐地学习。因此家长要选择启发性、互动性和趣味性强的图书。年龄较小的幼儿可使用卡片帮助孩子学习简单的单词。年龄稍大时，可利用多媒体互动的方式，通过动画、图像、声音、文字的组合，来激发孩子学习英语的兴趣。

6. 多说

在日常生活中，家长可以在接送孩子上下学的时候与孩子一起唱一些英文童谣。吃饭时也可以常问孩子：“What is this？”让孩子知道肉是“meat”，鱼是“fish”。也可以用简单的英语同孩子交谈。

蒙台梭利的早期教育
MONTESSORI'S EDUCATION

005

捕捉孩子的真正需求

想让孩子成为自己的主人，

我们真正要做的是引导孩子找到那条通往内心世界的道路，

而不是一再让孩子的发展受挫。

孩子幼小的心灵需要父母的爱

孩子对大人的一举一动都很在意，很敏感，也很想听从大人的每一个指令。我们绝对无法想象，孩子已经准备好服从我们，而且他们的意志是那么坚定，这是孩子的特征之一。举例说吧，有个小孩把拖鞋扔在床上，他妈妈生气地说："不可以这样，拖鞋太脏了！"然后一边生气，一边用手拍床单上的灰尘。这件事之后，只要这个孩子看到拖鞋就会说"好脏哦"，然后跑到床上去拍灰尘。

我们该怎么办呢？孩子是那么敏感，又那么容易受我们的影响。我们应该注意自己的一言一行，因为我们做的每一件事以及说的每一句话，都会在孩子的脑海里留下很深的烙印。孩子是完全服从大人的，因为服从就是他们这一阶段的生活内容，对指引他们生活的大人，孩子们又爱又崇拜。我们应该意识到，孩子行为上只要稍有一点偏差，就表明他们的情绪不大对头，这应该引起我们重视。

别忘了，孩子随时会对我们付出爱，尊重我们，并听从我们的教导。孩子是爱爸爸妈妈的，因此，我们必须了解他们，可我们却总是说爸爸妈妈和老师是多么喜爱孩子，而且有人主张必须教导孩子爱他们的爸爸妈妈和老师，甚至爱每一个人。可是，谁是能教会孩子爱的导师呢？是那

如何满足孩子的真正需要

孩子需要父母的爱，陪孩子入睡能让他感觉到父母的爱。

孩子潜意识里都想成为自己的主人，父母要适当地支持他做喜欢的事。

孩子希望自己找出错在哪里，不喜欢被家长和老师指出来。

不要强迫孩子听自己的话，可以缓解父母与孩子的矛盾。

些总是阻止孩子活泼好动的人，还是那些只会惩罚孩子的人？不是以井底之蛙的眼光来看待比自己更广阔的世界的人，就可以成为孩子爱的导师。

孩子确实深深爱着他的父母，你是否注意到，孩子睡觉的时候，一定要妈妈陪在身边。可是孩子所爱的人却认为“要制止这种无理取闹的行为，如果孩子睡觉的时候还要我们陪在身边，一定会把他宠坏的”。在家人一起吃饭时，情形也是这样，有的父母会说，如果孩子要求和我们一起坐在餐桌前吃饭，而我们不让他过来他就哭闹的话，最好假装还没到吃饭的时候。

虽然孩子太小，不能吃大人的食物，但在大人吃饭的时候，孩子只要在场就会心满意足。一旦孩子被领到餐桌前，就会停止哭泣，但是，假如孩子坐在餐桌前还继续哭的话，那是因为没有人理睬他，他一定非常想成为团体中的一员。

还有谁会像孩子一样，在我们吃饭的时候那么想和我们在一起？将来有一天你会感叹：“现在可没有人在睡觉前还哀求我陪他，每个人在睡觉前只会想到自己，只记得当天发生了什么，就是没有人想到爸爸妈妈。”这将是多么可悲啊！只有孩子每天晚上临睡前还记得说：“不要走，陪我吧！”我们可不要失去人生中这个不会重来的机会。

有时候，孩子一醒来就会把还想睡觉的爸爸妈妈喊起来，这让父母们抱怨不已。实际上，每个人都应该和这个溜下床的天真的孩子步调一致。早晨，太阳升起的时候，大家就应该起床锻炼身体，但父母们却还在睡。孩子悄悄来到爸爸妈妈床边，像是在说：“爸爸妈妈起床吧，我们要学习过健康的生活，早晨的太阳在向我们招手呢！”孩子并不是想当教师，他早上一起来就不由自主地跑到父母身边，是因为他爱爸爸妈妈。你看他走得跌跌撞撞，经过黑暗的走廊，但一点也不害怕；他推开半掩的房门，走到爸爸妈妈床边，轻轻摸他们的脸。爸爸妈妈常常会说："不要一大早就把我吵醒。"孩子也许会这样回答："我不是来吵你们的，我只是想亲你们一下！"可是爸爸妈妈还是会找别的理由来教训孩子。想想看，在我们的一生中，有谁一睁开眼就想着和我们在一起？有谁如此不怕麻烦，只因为想看看我们或亲亲我们，而小心翼翼地怕把我们吵醒？这样的事情在一生中又能有几次呢？然而我们却认为，如果孩子有这种坏习惯，就一定得想办法改正。对孩子爱的表现，我们竟然无动于衷。

孩子清早起来，不仅喜爱美丽的早晨，而且还深爱着总是睡过头、浑浑噩噩的爸爸妈妈。孩子的到来给了我们一个新的开端，他唤醒了我们的知觉，用另一种方式让我们保持清醒。孩子用与我们不一样的方式，每天早晨出现在我们面前，好像是在说："你们可以过另外一种健康的生活，完全可以过得比现在还好。"

我们原本可以过得更好，只是人都有惰性。孩子是可以促使大人积极进取的人，如果大人不愿意去改变，就会遭遇失败，以致慢慢变得顽固起来，变得麻木不仁。

让孩子做自己的主人

这里所谓的人格特质不是单指道德方面的行为，而是广义地强调孩子有多重性格。不仅包括智力上和外貌上的特性，还包含孩子将这两者结合以后的表现，这种综合表现是无法从心理学角度进行分析的。更重要的是，我想在本章探讨一些不曾被仔细研究或者说是根本不受重视的儿童活动。

我们可以用曲线图表示孩子的活动过程。在纸上画一条水平线，水平线表示孩子正处于休息状态，水平线以上表示孩子有规律的活动，水平线以下表示孩子随意玩耍或没有规律的活动，曲线和水平线之间的距离表示活动的程度，曲线的方向表示活动时间的长短。用这样的方式，我们可以将孩子每一次活动的时间和规律，用图形表现出来。而孩子活动的全过程，将会在图上形成一条曲线。

我们还可以用这种方法测量一个孩子在儿童之家所做的活动。当孩子进入教室后，通常是先安静一会儿，然后开始找事情做。所以，曲线是先向上画出，说明孩子是在有规律地活动。慢慢地，他玩累了，活动开始变得有些混乱。曲线就被画到水平线以下，一直下降到他的活动没有规律的区域。接着，孩子会换一种新的活动。举个例子，如果孩子在开始时先摆弄带插座的圆柱体，然后拿起蜡笔，认真画了一会儿，再后来去逗弄旁边坐着的孩子，这时，曲线就必须被第二次画到水平线的下方。接着，孩子和小伙伴斗嘴，这时候的曲线应该继续停留在活动没有规律的区域。再以后他觉得累了，便随手拿起几个小铃铛放在秤盘上，大概觉得挺有趣，就渐渐专心地玩了起来，他的活动曲线则再一次攀升到水平线上方有规律的区域。等孩子玩腻了，不知道接下来该做什么时，他就会烦躁地走到老师身边。

孩子的活动曲线当然不能显示他是怎样玩每件东西的，这个问题我将在另外的章节论述。大多数不能专心的孩子，他们的活动都与上述曲线所描述的情形相吻合，这些孩子往往无法把注意力集中于某一件事情上，他们常常漫无目的地从一项活动转换到另一项活动，他们把原本计划在半年内使用的教具，在几个小时内就玩遍了。孩子这种毫无章法的行为是很普遍的。

过一段时间，也许几天、几个星期或几个月，我们又重新给这个孩子画了一张活动曲线图，发现他有了些专注的表现。

从曲线图上，我们还可以明显地看出孩子的活动状况。虽然他没有很严重的无秩序现象，但是离完全有规律的要求还有一段距离。也就是说，孩子的活动曲线大致保持在有规律和没规律两者之间。这种类型的孩子在进入学校后，趋向于做比较容易的事情，他也许能从教具里找出一些他已经熟悉的东西，重复练习他已经学会的内容。但过了一会儿，孩子看上去有些疲倦，好像不知道该做什么似的，他的活动曲线下滑到代表休息状态的水平线。

以上活动模式，有时不单从一个孩子身上体现出来，全班孩子都是如此。碰到这种情况，对于一个缺少教学经验的教师，如何处理才正确呢？他也许会想：孩子们已经做了日常生活练习，又在摆弄教具上花了很多时间，所以他们一定累了。既然孩子是因为自己玩累了才没有办法专心，所以错误不在教师。

一个容易心软并且对当今盛行的心理学理论有所了解的教师，会理所当然地认为，孩子做了那么多的事一定很累，因此教师会打断孩子的工作。为了让他们透透气，教师会带着他们到操场上去玩。等他们在操场上玩命似的跑了一阵子后，教师才把他们带回教室。此时孩子比没出去玩之前更好动，更不可能专心。他们会连续从一项活动转换到另一项活动，这种“假累”现象会持续下去。

根据以上情况，教师往往会得出错误的结论，认为孩子对自己选择的工作感到满意，这就错了，因为孩子做事情随兴所至，过一会儿他们就会烦躁起来。教师对此常常感到无奈，他们确实已经用尽了各种办法让孩子休息、换一个地方玩等，可是没有一个办法管用，孩子不仅无法继续做原来的事情，而且也没有平静下来。

虽然这些教师非常用心地钻研教学方法，但他们对孩子缺少应有的信心，所以他们不会尊重孩子的自主权。他们竭尽全力，非常在意每一项教学意见和教学计划，但他们已经习惯于干预和指导，因此这反而干扰了孩子的自然发展，妨碍了孩子原本应该得到的启示。

如果教师能够尊重孩子的自由，树立对他们的信心；如果教师能够把自己的思想观念放置一边；如果教师能够谦虚一些，不把指导当作是必要的；如果教师能够耐心等待，他一定会看到孩子所发生的全新转变。孩子只有在找到自己心灵深处尚未被发现的潜能时，他焦躁不安的情绪才会得到平复。

但是，如果孩子重新选择了一项比以前更容易的活动，他不安的心情可能就不会平静下来，所以这项新的活动必须能够吸引孩子的所有注意力，孩子也必须全神贯注于这项活动中，同时孩子还应该不会受到身边事物的影响。

当孩子完成他的重要工作之后，脸上将会呈现出和“假累”完全不同的表情，“假累”是看起来很累，而现在他的眼睛闪闪发光，看起来又很平静，似乎有了新的动力，身上充满了朝气。我们称此为工作的循环，包含两个部分：第一部分是单一的准备工作，它引导孩子接触事物，并且带领孩子进入第二部分——真正重大的工作。

孩子在完成了他的工作后，会显得非常平静。实际上，只有在这个时候孩子才会表现出真正的平静。孩子祥和安静的样子，让我们清晰地了解到他已经找到了新的真理，这时候，孩子一点儿也不疲劳，反而充满活力，就像我们刚刚享用了一顿美食，或是洗了热水澡一样舒服。我们都有这样的经验，吃饭和洗澡是两种费力气的工作，但它们不但不会让人觉得累，反而会让人重新充满活力。正因为孩子能从完成工作中获得平静，所以我们应尽可能地让孩子有接触重要工作的机会。

这里，我们探讨一下“休息”的真正含义。在我们看来，休息并不表示完全松懈。当我们静止的时候，全身的肌肉都比较僵硬，只有放松时，我们的身体才能得到休息。如此看来，我们只有从大脑智慧的劳动中，才能获得精神的平静。

人的生命是神奇的，如果哪位教师说：“我让孩子做各种各样的事情，他才会精力充沛。”那么，他的这一说法应该得到大家的尊重，因为这的确是了解孩子的最好方法。只有仔细聆听孩子生命的声音，我们才能帮助他们选择真正需要的工作。这位教师尊重孩子神奇的生命进程，这就足够了。

在没有压力的学习环境中，孩子会很快乐而且友善，他甚至十分自信地想与教师聊聊天。孩子的心灵之窗似乎打开了，他想找教师说说话，因为孩子已经看出来教师是聪明和优秀的。从前孩子熟视无睹的一切东西，现在好像都在向他们招手。

毫无疑问，孩子的感觉变得敏锐了，生活也丰富起来，对集体活动更加感兴趣。面对生活中这么多的新事物，孩子必须储备足够的精力。

一个精神不振、感情贫乏的孩子，教师的教学对他是不会有什么帮助的。这样的孩子既没有自信也不懂规矩，就算能教会他一些东西，也会让大人感到筋疲力尽。

上述教学理论中，我们不得不承认这样一个事实，那就是以往我们教育孩子的方式实在太糟糕了。要求孩子必须服从成人，这不是孩子内在发展所需要的。但是我们却一再要求孩子遵从这些外在的东西，不给他们发展潜能的机会，这样孩子怎么能成为自己的主人呢？我们真正要做的，是引导孩子找到那条通往内心世界的道路，而不是一再让孩子的发展受挫。

孩子在工作时越专心就越安静，也越能心甘情愿地遵守纪律。在教学上达到这种程度的教师，都会创造出一套特殊的沟通方式。比如，一位教师可能会问另一位教师："你们班上的孩子表现怎么样？他们都有组织、有秩序吗？"那位教师可能回答："嘿！你记不记得从前那个很淘气的小男孩？他现在变得自觉了。"用这种方式与孩子沟通的教师，他对孩子接下来的发展通常早已心中有数，对孩子的教育也是自然而然地开展起来。

一件简单的事情就能让孩子变得遵守纪律，一个孩子就这样走上了自然的心理发展之路。自律的孩子会习惯于工作，如果无事可做他就不知如何是好了，甚至在等人的时候他都闲不下来，这样的孩子充满了活力。

孩子越是能够自律地工作，"假累"的时间就会越短，工作结束后获得平静的时间就会越长，因此必须让孩子有较多的时间沉浸在他已经完成的工作中，这个平静的时刻有着特殊的意义。虽然这项工作好像告一段落了，但是另一项观察外部世界的工作在他脑子里才刚刚开始。孩子的内心安静下来，他注意观察着周围正在发生的事，并在脑子里思考一些细节，从中有了一些新的发现。

要达到专心的目的，需要经历三个步骤：第一步，准备好有具体目标的工作；第二步，满足孩子的内在发展需求；第三步，使疑问得到解答。当孩子心里的疑问有了答案时，外在表现会有所改变，因为孩子领悟到他从来没有经历过的事情。孩子变得十分听话，而且他所表现出来的耐心几乎令人无法相信，更让人惊讶的是，在这之前我们并没有教给孩子要听话或有耐心。

一个孩子如果不能掌握平衡，可能就会因为怕摔倒而不敢向前迈步，也不太敢随意挥动胳膊，这样的孩子走起路来常常是一步一个脚印。一旦他学会了保持平衡，就能跑善跳！孩子的心理发展过程也是同样的道理。一个精神上不平衡的孩子是不可能专心思考的，他也就不能控制自己的行动，这样的孩子怎么可能不跌倒呢？如果孩子不能按照自己的意愿行事，他又怎能听从其他人的意见呢？服从是一种精神上的敏感，是心灵平静的结果，更是内心力量的表现。

用来解释服从所表现的内心力量最好的词是适应，生物学家认为，一个人需要用极大的力量来适应环境。这里所指的适应环境的力量是什么呢？就是一种让人顺应自然规律，试着融入周围环境的重要力量。实际上，这种适应环境的力量在发生作用之前早已存在，它并不是我们需要用时才出现的，它要求我们事先就准备好。我想，园艺师最了解拔苗助长的结果。

孩子应该得到健全的发展，还要达到精神上的平衡和协调，这样他才有力量服从。自然界中，只有强者才能够适应环境；同理，只有在精神上坚强的人，才懂得顺应和服从。

我们必须尽可能按照孩子的天性来让他发展，只有这样孩子才能茁壮成长。一个能够健康成长的孩子，他以后的成就远比我们所期望的大得多。孩子的精神，也就是专注能力自由地发展到了什么程度，就代表这个孩子发展到了何种程度，接下来的一切行为也就理所当然——孩子会控制好他的身体，做到行动自如，也学会了小心谨慎，我们可以从孩子能够完全安静下来这一点上看出，他已经能够做到专心致志了。孩子做事的专心程度往往比成人还强，然而我们不要忽略了孩子是怎样达到这一程度的，也不要忘了环境在孩子发展中所扮演的角色。

必须再次提醒读者，我并没有从一开始就制定一整套原则，然后依据这套原则来拟定教学方法。事实上，正好相反，我是通过观察自主权受到尊重的孩子才了解到，一些内在的规则其实是有它的普遍价值的，这些孩子正是用他们本能的直觉，找到了自己的道路。

儿童的服从意识与个性发展保持同步

探讨性格培养问题总要涉及两个方面，即意志和服从。在很多人的头脑里，这是两个相互对立的概念，这些人对教育抱同样的观点，或者认为教育就是约束儿童的意志，或者认为教育就是儿童对教师无条件地服从，换句话说，就是用教师的意志代替儿童的意志。

下面，我们借用一些实际情况来说明这两个概念。首先要指出的是，人类对意志领域的认识非常混乱，存在各种不同的理论。我们在前面曾经谈到过其中一种，这种理论认为人的意志受宇宙力量的支配，这种力量不是物理意义上的力量，而是一种与宇宙万物相连的生命力，它促使生命不断演化，形成各种生命形式，是生命的原动力。同时，生命的演化受自然规律的支配，既然人的生命也是这种力量的一种形式，那么，人的行为自然受它的支配。

在儿童能够进行有意识的行为之前，这种力量就在他的意识中发挥作用了。不过，人的意志并非与生俱来，而是在成长过程中逐渐形成的，而且是以实际经验的获取为基础。就是说，人的意志是自然的一部分，它的发展过程遵循自然规律。

一种观点认为，儿童生来就无法无天，而且还有暴力倾向。他们的依据是，儿童通常不听大人的话，不服管束，这就是他们意志的表现。可是事实根本不是这样，儿童的这种行为并不是他们意志的表现，因为这种行为不是“具有目的的行动”，这和我们成人发怒是一回事，心理失去控制才会发怒，不能说这是一种理智的行为。

孩子的执拗也是如此，也不是有意识的行为。我们平常说话做事就不同了，这些行为都有一定的目的，我们这样做是因为要解决一些问题。相反，如果我们发现自己的行为与主观意愿不符，那么，我们就会控制自己的意志。也是出于同样的理由，我们总是把自己的意志强加于儿童。

不过，人的主观意志并不一定导致混乱和暴力，混乱和暴力只是一种情感波动的表现。一般来说，意志总是驱使人去做对自己有益的事情。大自然孕育了生命，就赋予了它成长的使命。儿童的意志一定会促进自身各种天赋能力的发展，以使其形成完善的人格。

如果儿童的意志同他所做的事情一致，说明他的意识已经在发挥作用。儿童选择他们想做的事情，多次重复进行，表明他们对自己的行为有了一定程度的理解，这些行为开始只是一种本能的冲动，如今正在变成有意识的行为。

我相信，儿童对这种差别也会有所感觉。有一个孩子就对此作过精彩的陈述，使我终生难忘。一位贵族小姐到我们学校参观，由于对学校的情况不了解，她对一个小男孩说："小朋友，告诉我，这就是指导你们活动的学校吗？"

不料，小男孩回答道："不，女士，这不是指导我们活动的学校。我们做自己喜欢做的事情。"可见，这个孩子已经意识到了两者的区别。

在这里有必要指出的是，意志也是人的一种能力，而且和其他能力一样，只有在不断的行动中才能得到发展。我们应该努力开发这种能力，而不是去压制它，因为这种能力极为珍贵，它需要在持续的行为中逐渐发展，而毁掉它却极为容易，只需一瞬间就能办到。想一想，摧毁一座建筑物是多么容易，爆炸或者地震，只需几秒钟就能办到，但要建造一座建筑物可就困难了，需要设计、材料、艺术等多方面的知识。

建造一座没有生命的东西都如此困难，可想而知，培育一个人的心灵是多么不易，而且人类的心理塑造过程我们是看不见的。人们常说教师是人类灵魂的工程师，其实，儿童心理的建筑师既不是母亲也不是教师，而是富有创造力的大自然。

在生命的创造和发展过程中，母亲和教师们只做了一些辅助性的工作，当然这些工作是不可缺少的，而且他们必须把这些工作做好，否则就会在不经意间毁掉儿童的意志。目前，在儿童的意志发展问题上存在很大分歧，其中不少是有害的偏见，我觉得有责任在此澄清这个问题。

一个最为普遍的偏见就是：许多从事教育的人认为，教育可以通过说教和树立榜样来完成。然而，事实正好相反，完善的个性来自各种能力的协调发展，这离不开自由的行动。从古至今都存在一种偏见，把儿童看作被动的接受者，而不是主动的学习者。

世界各地都有一个相同的做法，就是通过神话故事来激发儿童的想象力，但事实并非他们想象的那样，儿童的想象力并没有被激发，他们仅仅听到了一些故事。这种人为干涉儿童成长的错误观念，对意志力的危害更为严重，一般的学校根本不知道要训练儿童的意志力，教育就是直接告诉学生该做什么、不该做什么，任何反抗行为都被认为是对社会准则的危害。可以这样说，就摧毁儿童意志力而言，每个从事教育的人都在全力以赴。

除了说教之外，教师们还通过树立榜样让儿童学习，而这个榜样就是他们自己。这里还有什么发挥想象力的余地吗？还有意志力活动的空间吗？没有。因为一切都已确定，学生们只需要看和听就行了。

这些偏见必须抛弃，要有面对现实的勇气，看清我们的真实情况。

按照传统方式教育的教师总结出一条格言，而且这句格言听起来似乎挺有道理："教育儿童，我自己首先要做好。如果儿童听我的话，以我为榜样，那就什么都好办了。"在这里，教育者的信条就是服从。一位著名的教育家（名字我忘记了）说过一句名言：儿童有很多美德，最重要的一个就是服从。

就这样，教育变得简单，教师们也变得傲慢和狭隘。这样的教师可能在内心这样说："我做学生的时候什么也没学到，我也要这样教育他们，让这些孩子与我一样。"于是，这个教师开始完成他的教育事业，像《圣经》中的上帝那样，"按照自己的形象来造人"。

这种教育观点之所以极端错误，是因为它认为要使人服从就必须摧毁他的意志，这样一来，教师在向学生传授知识之前，就已经毁掉了学生的思想。

与此相反，正常的意志发展并不拒绝服从，如果给予自由发展的机会，人的意志力能够充分发展，他们会自由选择应该服从的东西。这种服从不是专制下的屈服，而是包含了尊敬的认可。在这样的学校，教师的自尊心一样可以得到满足。

这就是说，意志力和服从意识并不对立，反而相辅相成，互相促进。意志力的发展是基础，服从是在这个基础上所做的选择。这样，"服从"这个词就有了新的含义，不再是听从他人的指使，而是一个人自由意志的体现。

实际上，只要对世人稍加观察，就会发现服从在人的生活中无处不在，可以说是人类的一种自然特征。当然，服从意识在儿童身上有个发展过程，而且在人临近成熟的时候才出现。

假如人的天性里不具有"服从"的意识，人类在进化中也没有形成这种品质，生活是不可想象的。种种社会生活表明，人类是多么习惯于服从呀！这是一种盲从，一种奴隶式的服从，它不止一次毁灭了一个民族、一个国家。人类并不缺少服从，相反，人类似乎太习惯于服从。我们的问题是，缺少有意志力控制的服从。

在观察儿童的发展过程中会发现，服从意识的形成是人类的一个重要特征。这为我们的研究指明了方向。

观察发现，儿童的服从意识与个性发展基本同步。起先，这种意识受本能冲动的影响，随后进入意识层面，最终进入意志控制的领域。

下面，我们讨论服从的真实含义。过去，服从意味着：教师和家长要儿童做某件事，儿童就必须按照他们的意愿做这件事。可是，我们对服从意识发展的研究表明，服从并非如此简单，它的发展要经历三个阶段。第一个阶段是，儿童显得很任性，他们有时听话，有时不听话，没有什么理由。对这种状况需要进行一番研究。

服从不仅仅出于一种“好的愿望”，相反，儿童在第一阶段的行为是受本能支配的，这种情况从胚胎发育开始一直持续到 1 岁。从 1 岁到 6 岁，这种无意识的状态逐渐消退，儿童开始具备意识能力，能够实现自我控制。在这个阶段，儿童的服从意识与具备的能力紧密相关。显然，要执行指令需要一定的能力。比如，谁也不会服从用鼻子走路的命令，因为这是不可能的。同样，我们也无法要求一个不识字的人写信。所以，这个阶段儿童的服从意识取决于他的能力。

3 岁以下儿童的心理发展没有成型，他们还不能有意识地选择，如果命令不符合其内心的需求，他们是不会服从的。这一点人人都明白。只要我们稍加注意就会发现，没有一个成人会要求两岁的孩子完全服从他。成人很清楚，要禁止 3 岁以下的儿童做某件事情，只能进行强制性的呵斥。

不过，服从并不总意味着否定。首先，服从可以是对他人意愿的满足。3 岁以前的儿童服从指令需要一定的能力，3 岁以后的儿童也是这样，服从命令之前必须具有一定的能力。

我们知道，儿童的内心正在经历一个成长过程，这个过程有几个阶段，在这个人格成型的过程中，儿童可能会服从某些要求，但这不能说明他们具备了服从意识，只能说明他们能够使用形成了的某种能力。不过，要完全掌握这种能力，儿童还需要一段巩固时间。

这和儿童刚开始运动时的情况相同。儿童长到1岁左右，就开始学行走，他会努力站起来，向前迈几步，接着跌倒在地，但他会不停地尝试，一段时间之后，他就不再尝试了。不过，只要他完全掌握了行走的能力，也就可以任意使用这种能力。

3岁以下儿童的服从意识取决于他所具备的能力，他们并不总能服从命令，也许他头一次服从了一个命令，第二次就不服从了。成人总认为这是儿童故意闹别扭，因此对儿童进行训斥与责骂，这种做法容易阻碍他们的发展。

说到儿童的行为反复多变，我想起一件有趣的事情。在世界教育理论界，瑞士教育家裴斯泰洛齐是个有影响力的人物，他提出了父爱教育理论。裴斯泰洛齐同情儿童所面临的处境，要求教师谅解儿童的错误行为，但是他说自己不能原谅儿童的反复无常。

裴斯泰洛齐受不了儿童一会儿听话，一会儿又不听话。要是儿童第一次听从了他的指令，他就认为他们具备了这种能力，应该一直如此。正因为裴斯泰洛齐不能容忍儿童的反复无常，他的“父爱”也就化为泡影了。想想看吧，裴斯泰洛齐这样的人尚且如此，其他成人还用说吗？对儿童最有害的行为，就是在能力的成型时期打击他们的积极性。如果儿童还不能掌控自己的行为，还不能满足自己意志的要求，怎么能服从他人的要求呢？正因为他们的能力尚不稳固，所以，他们会表现得时而听话，时而不听话。成人也有类似的情况。

就拿一位乐手来说，他可能有些场次弹奏得非常好，有些场次演奏得却非常差，同样，这不是意志的原因，而是弹琴的技巧不够娴熟。所以，儿童服从意识发展的第一阶段其表现很不稳定，他们时而服从，时而不服从。

到了第二阶段，儿童对自己能力的控制得到加强，不但能够听从自己的意志，而且随时可以服从他人的意志。这时候，儿童能够领会他人的意图，并且用自己的行为表达出来。这种服从正是那些教师们所希望看到的，他们认为这就是服从的最高水平。

但是，儿童的发展还远没有结束，他们的发展水平比我们想象的要高，儿童这种意识的发展还有第三阶段。

儿童在发展中获得了各种能力，而且能够自由使用这些能力了，但他们的发展并没有停止，而是还要向更高的层次迈进。儿童似乎真的以教师为标准，在向教师看齐，与教师们的希望不同的是，这里包含着一种平等的愿望。儿童似乎在对自己说："这个人比我强大得多，他在影响我的大脑，使我与他一样聪明！"

这种感觉能给儿童带来很大快乐，也能激发他们的学习热情，于是，他们等待教师下达命令，而且越多越好。生活中经常见到这种有趣的现象，孩子们围在教师身边，用渴盼的眼神望着他，等待执行他的命令。

有这样一个有趣的例子。有一位教了10年书的女教师，总能把自己的班级管理好。一天，她对学生说："把你们的东西收拾好，在下午放学之前。"没想到，她的话才说了一半，所有孩子都开始收拾起来，直到她把后面的半句说出来，孩子们的手才停下来。儿童们就是这么乐于服从，而且反应如此迅速。这样看来，教师在这种场合应该这样说："今天下午放学之前，你们要把东西收拾好。"

这位教师告诉我，这种事情很常见，儿童总是乐于听从她的命令，而且反应非常迅速，所以她说话前总要认真考虑，怎样说才合适。通常人们认为，自己可以随意地发号施令。可是，这位女教师却不是这样，在学生中的威信给了她一种压力。一次，她路过自习室，听见里面非常吵闹，就拿起粉笔，打算在黑板上写"肃静"这个单词，没想到她刚刚写了第一个字母，整个教室就已经悄无声息。

作为一名教师，我也多次经历过这种场面。我认为，儿童在这种场合表现出的一致性，是对我的认同。在这里，服从含有多个层次的意思。

我把这种现象称为"静穆游戏"。这种静穆必须所有人都保持安静，也就是说，必须让所有人意识到应该保持安静，并且同时这样做，这就产生了一种群体意识感。我曾经反复进行这个游戏，发现随着游戏的重复，这种群体意识感得到增强，孩子们保持肃静的时间也延长了。于是，我在"静穆游戏"中增加了"点名游戏"。

就是在这种静穆的状态下，我轻声地点学生的名字，被点到的学生，这时要一声不响地站起来，尽量不弄出声音，而其他学生则始终保持同一个姿势。可以想象，最后被点到的学生要坐多长的时间！这些孩子的意志力已经发展到了很高的程度。我们做这种练习的目的，就是加强儿童对自己行为的控制，以此锻炼他们的意志力。经过这样的游戏锻炼，孩子们的群体意识和服从意识都得到提高，因为在群体意识中包含了服从意识。

在意志力发展的第三阶段，儿童具有了服从的能力，服从能力使他们形成了服从意识。学校教育向我们表明，我们的孩子服从意识很强，不论教师命令做什么，他们都会马上去做。正因为如此，上面提到的那位女教师觉得自己应该十分谨慎，以免给孩子的意志发展带来负面影响，在这种想法的推动下，她逐渐获得了一种可贵的品质，这就是一名教师必不可少的责任感。

尊重孩子正在进行的一切合理活动

当今教育不仅提供了一个适合孩子发展的环境，并且注意到孩子喜欢自己工作，还有很强的秩序感，强调对孩子的生活进行细致的观察，希望能在孩子的精神活动展开之前，觉察到他的真正需要。当今教育期望通过将我们在人体保健上已有的知识，妥善运用于教育中，以取得新的进步。对我们来说，孩子心理的健康发展是最重要的，这也是当今教育的基础。

接下来，我将列举几项原则，希望妈妈们能在此基础上找到最适合孩子的育儿方法。

第一项原则是，尊重孩子正在进行的一切合理活动，并试着了解他们的活动目的，这是首要的一项原则。

孩子内在的潜力，是促使他向各方面努力的动力，问题是我们经常对孩子在生活中所表现出的潜力视而不见。当谈到孩子们的活动时，我们脑子里浮现的只是曾经观察到的某项特定的行为，我们之所以能够观察到，也许只是因为孩子的这一行为引起了我们的特别注意。浮现在我们脑海里的，也可能是孩子调皮捣蛋的举动，或者是孩子再也受不了压抑而终于爆发的心理冲突。

其实，孩子活动的目的并不是显而易见的。我们要相信他们拥有善良的本质，并满怀爱心地去发现那些善良的本质。只有这样，我们才能逐渐对孩子做出正确的评价。如果父母希望对孩子的行为有一定程度的了解，就应该按照以上的建议，做好随时发现孩子善良一面的准备。

以下是我在一些孩子身上观察到的情形。

让我们把焦点放在一个 3 个月大，刚刚才从生命的起点出发的女婴身上。我观察了婴儿发现自己双手的全过程。小女婴竭尽所能想要仔细看看自己的手，可是她的手臂实在太短了，需要用力移动眼睛才可以看到。虽然小女婴的身边有许多可以看的东西，可她最感兴趣的还是自己的手。女婴的努力属于一种本能的表现，一种为了满足内在需求而甘愿放弃舒适的表现。

过了一会儿，我拿了一些东西给她触摸玩耍，可她还是显得心不在焉，对我给的东西一点兴趣也没有。她张开小手，看也没看就让东西从手上掉下去了。但是从那时开始，她每一次试着要抓起什么东西时，脸上总会出现灿烂的表情，不管她想抓住的物品离她多远，也不管自己是否抓到。小女婴满脸疑惑地看着自己的手，她的表情好像在说：“咦！为什么有时候我可以抓住东西，有时候却不能呢？”很明显，手的使用过程吸引了女婴的注意力。

当小女婴长到 6 个月大的时候，我给了她一个银色的玩具摇铃。我把摇铃放在她手里，并教她摇出声音。玩了几分钟后，她就把摇铃扔到地上。我把摇铃捡起来重新放到她手里，可她又把它丢了。我们就这样你扔我捡地重复了好几次。

孩子好像是故意把摇铃扔到地上，好让人立刻帮她捡回来。一天，当小女婴手里又拿着摇铃时，她不再像以往那样把手全部张开让摇铃掉下去，而是先放开一个手指头，然后再依次放开其他几个手指头，一直到五个指头全放开，摇铃才掉了下去。此时，女婴目不转睛地看着自己的手指头，她还反复做着张开一根根手指的动作。很明显，小女孩感兴趣的并不是玩具摇铃，而是她整个手手指的游戏，是那些抓住东西的手指让她觉得有趣，也正是对手指所做的观察使她感到快乐。

想想看，在她很小的时候，为了看到自己的手她需要很不舒服地移动双眼，如今她居然研究起手的作用了。小女婴的妈妈在这方面表现得十分明智，她克制住自己，不去把玩具摇铃收起来，并且她也加入到孩子的游戏中，大人理解孩子一再重复的游戏对她的成长有着极其重要的帮助。

这个例子向我们说明了孩子在生命早期的简单需要。倘若大人没有注意到婴儿对手的好奇心，也许她的手就会被戴上手套，这就阻碍了她想要看手的欲望的满足。小女婴的父母也可能因为看到她一直把摇铃扔到地上，就干脆把摇铃拿走，那么我们上面所观察到的一切就不可能发生。而这种帮助婴儿智能发展的最好、最自然的方式，就有可能被压制。

原本正在享受发现新事物的快乐的孩子，可能会因为他的游戏被中断而哭闹起来，此时，爸爸妈妈可能会认为孩子哭得一点道理也没有，一道充满误解的高墙便从婴儿期开始，树立于大人和孩子的心灵之间。

或许有人怀疑，在如此幼小的婴儿身上，是否真的有一个内在生命存在。如果这些人想了解孩子的需要，希望认识到这些需要对孩子生命发展的重要性，他们就应该试图去了解幼小心灵独特的语言，尊重孩子发展的自由，包括帮助他们培养这些能力。

下面的例子是关于一个1岁的小男孩。一天，小男孩看着妈妈在他出生以前画的一些图画。他特别喜欢那些上面有小孩的画，而且还要亲亲画上的小孩。小男孩也能分辨花的图样，他会把鼻子贴在上面，好像是在闻着花香的样子。小男孩看到孩子和花所做出的不同反应，清楚地展示出他对两者的不同理解。旁观者看到小男孩做出这些动作，觉得他真是太可爱了，纷纷笑着拿起其他东西效仿小男孩又亲又闻的举动。在这些人眼里，小男孩看到孩子和花的反应好像是一件可笑的事，并没有什么行为意义。他们拿起蜡笔给小男孩闻，送上枕头让小男孩亲。小男孩脸上原本充满智慧的神情，转而为困惑神情所取代。

在这之前，小男孩还为自己能分辨图画里的东西高兴得手舞足蹈，这种分辨能力的形成是孩子智力发展重要的里程碑。但是现在，面对成人残忍的挑衅与干扰，孩子实在已经无力招架。小男孩最后只能黑白不分，把每样东西都闻闻亲亲，别人笑，他也跟着笑，孩子独立发展的道路因此受到阻碍。

我们是否也像那些笑话小男孩的人一样，犯了错误却毫无知觉。成人抑制了孩子自然的行为反应，常常把孩子弄得不知如何是好，而当孩子无助地流泪时，反而不知道孩子为什么哭。

我们不曾关心过孩子为什么哭，正如我们从来不曾注意到孩子因为精神获得满足所流露出的微笑一样。这种情形在婴儿生命之初最脆弱的时候，在他们将要感受人际交往的时候，就已经发生了。孩子和成人的情感拉锯战，也就从这个时候正式开始。

我们不应该讨厌那些哭着闹着求助的幼小心灵。如果我们把婴儿放入摇篮，轻轻地摇他，他很快就会入睡。如果孩子精力很充沛，我们马上就会知道他需要的睡眠不多。他的眼神明亮、聪慧，表现出想和人交往的神情。如果他需要帮忙，就会把目光投向任何愿意帮助他的人。

人们常说，小孩子喜爱妈妈奶水充足的乳房，更胜于爱妈妈本人。这句话似乎是说孩子今后会对任何给他好东西的人表示好感。实际上，这种说法是不公正的，因为早在孩子生命之初，他就会自然地亲近那些可以帮助他获得精神发展的人。

孩子喜欢大人的陪伴，并且千方百计想成为大人生活中的一部分。虽然只是和家人一起坐在餐桌前用餐，或者坐在火炉旁取暖，孩子也会感到心满意足。人们交谈的轻言细语，是最悦耳的天籁之音，也是自然界赋予人类学习语言的最好方法。

第二项原则是，我们必须尽可能支持孩子的活动意愿，培养他们独立的个性，不让他们养成依赖的习惯。

到现在为止，孩子开口说的第一个字和他抬脚迈开的第一步，是我们看到的几乎是儿童在发展道路上极具象征意义的里程碑，也是他们进步的原始证据。第一个字开启了语言的功能，第一步则证明了儿童直立行走的能力。所以，这两方面对一个家庭来讲都是意义非凡的大事，当这些事情发生时，聪明的妈妈还会把它们特别记录下来。

学会走路和学会说话是两件很不容易的事。孩子需要不断努力，他那短小的双腿才能站立起来，那大脑袋小身体才能维持平衡。就连孩子说出第一个字，也是相当复杂的表达过程。说话、走路当然不是孩子最先学会的两件事，它们只不过是孩子的两个最明显的发展特征。在这以前，孩子的智能和平衡感早就发展到一定水平，这也是孩子在学会说话和走路之前的必经之路，需要我们倾注所有的注意力。

当然，孩子会自然地成长，但是只有在孩子得到充分练习的条件下，这句话才算完全正确。如果孩子在成长过程中缺乏练习的机会，他的智能发展就会停留在较低的水平。那些从婴儿时期便开始受到支持与引导的孩子，其发育状况要比其他孩子好得多。

那些一点也不关心孩子的妈妈，会从婴儿断奶时起，就粗鲁地把饭菜一口接一口地塞进孩子嘴里。如果我们能在孩子吃饭的时候，和他一起坐在小桌子前慢慢吃，我们就会很欣喜地发现，孩子自己拿汤匙把饭菜放进嘴里！

孩子学会自己吃饭是妈妈的一大功劳，因为在此期间妈妈要付出很大的爱心与耐心。妈妈必须同时喂养孩子的身体和精神，而他们的精神需求比身体需求更重要。一些养育观念，比如对清洁卫生的注意，当然也是很重要的，但与精神上的滋养相比，清洁卫生就是次要的。孩子刚刚学会自己吃饭，还不太懂得正确地握汤匙、拿筷子，肯定会把自己弄脏。

这时候妈妈们不应该坚持干净的原则，而应该让孩子自己动手的合理需求得到满足。实际上，随着生理与精神的不断发展完善，孩子的动作也会更趋完善，他不会再把自己弄得脏兮兮的。吃东西的时候能够保持整洁，这说明孩子在精神上的发展取得了实质性进步，这也是孩子精神发育上的一大福音。

从一个孩子能持续多少次这样的行为，我们就可以看出他的意志力如何。早在孩子会说话甚至走路之前——大概快到 1 岁的时候，孩子的行为或动作就仿佛有一个声音在指引着。他们会突然想起自己试着用汤匙吃东西，可是他这时候还不能成功地把食物送到嘴里。即使肚子很饿，他仍然不要别人帮忙。

只有等自己动手的需求满足了，他才会允许妈妈喂。也许孩子会把自己弄得脏兮兮的，但他的脸上充满了快乐、聪慧的神情。这时，孩子自己动手的欲望已经得到满足，他会很乐意地把任何食物吃下去。用这种方式教育的孩子，在 1 岁左右就学会了自己动手，自己吃东西，使人刮目相看。虽然这时候孩子还不会开口说话，但他能够听明白别人对他讲的话，还会用动作来加以回应。

孩子的一些动作可以让人感受到他们已然开化的智慧。我们说："去洗洗手！"孩子就会去洗手。当我们让孩子把地上的东西捡起来，或者把脏东西擦掉，他同样会照着做，而且每件事都做得相当认真和投入。

有一次，我带着一个将近 1 岁的小男孩到乡下去。由于他刚刚学会走路，所以当我们走上一条石子路时，我不禁要去拉他的手。但我强迫自己打消了这个念头，以口头提醒的方式告诉他："从另外一边走！""小心这儿有石头哦！""这里要小心走！"小男孩认真地听着我的提醒，一步一步小心走着。他非但没有跌倒，还走得很稳。我说一句他走一步，我轻声地说，他留意地听。小男孩对这个听话行事的活动显得兴趣盎然，乐在其中。用这样的方式教育孩子，是每一位妈妈真正需要尽到的责任。

如果我们只是给孩子一些对其发展没有多大用处的东西，这对孩子来说并没有真正的帮助。唯有配合孩子的精神发展需要，才能使他得到最大的帮助。另外，了解孩子的天性以及尊重他们的本能活动，也是两项有意义的教育孩子的工作。

第三项原则是，我们必须时刻反思和孩子的相处之道。因为孩子的感情，特别是对外来影响的感受，比我们想象的还要细腻敏感。

如果我们既没有足够的经验，也缺少应有的爱心，不去辨别孩子在生活中所流露出来的细致情感；如果我们不懂得如何尊重孩子，只有在孩子表现最激烈的时候才会有所察觉，这时我们的帮助就已经为时太晚。孩子之所以会有某些过激的行为，完全是因为我们忽略了他的某些需要，所以他才会哭闹，而这时我们才匆匆忙忙赶去安慰孩子，似乎是把事情的次序前后颠倒了。

然而，有些家长还保持着另外一种育儿原则，他们从以往的经验中得知，孩子哭闹一阵后就会自动安静下来，所以，孩子的眼泪是不会打动他们的，他们也不会想到去安慰孩子。这些家长认为，如果孩子一哭就去安慰他，这样不但会把孩子宠坏，还会使他们养成用眼泪引起大人注意的坏习惯，父母就可能变成这些被宠坏的孩子的奴隶。

在此，有必要对这个看法做出修正，孩子那看似无理取闹的眼泪，在他习惯于我们的宠爱前就开始出现了，其实这是孩子内心挣扎的表现。为了内在心理的构筑，孩子需要充分的休息，更需要一个平和温馨，让他觉得安心的环境。可是，大人却一再横加干预。我们一股脑儿灌输一些东西到孩子的大脑中，速度快得使他根本来不及消化吸收，致使他像饿过了头或吃得过饱似的放声大哭。

我们应该尝试让孩子自己擦干眼泪，并尽可能安慰他，可是我们常常忽略他们的真正需要，虽然孩子哭闹背后的原因是如此难以捉摸，但是它却可以解答所有的问题。

海伦是一个不满 1 岁的小女孩，她常常用西班牙加泰隆尼亚方言“不怕”（PuPa）这个词来代表“不好”（Bad）的意思。海伦对周围的事物充满好奇，我们观察到，每次她都是经历了一些不太开心的事，比如撞到什么东西，碰到冰凉的大理石板，觉得冷了，或者手摸到粗糙的东西，就会说出“不怕”（PuPa）这个词。当她伸出被撞疼的手指给大人看时，大人都会说几句安慰的话，或是亲亲她受伤的手指。海伦很在意大人对她的及时关心，然后她会说：“不怕（PuPa）！”好像是在告诉大家：“我觉得好多了，你不必再安慰我了。”通过这样的互动，海伦不仅能表达她的感受，也懂得体谅身边的人所付出的关爱。她绝不是一个被宠坏的孩子，因为没有人给予海伦无意义的拥抱，或者过多的安慰。

通过关心孩子的感受，我们不仅让孩子清楚地观察到人与人之间的互动，也有助于发展其社交能力，相当于帮助他们汲取社交上的第一经验，孩子细微敏锐的情感天赋也因此得以顺利发展。每当孩子告诉我们什么事使他感到不快乐时，我们绝对不能这样说：“没关系，不要在意。”我们应该理解孩子不愉快的感受，并轻声给予安慰，但也尽量不要渲染他们所遇到的不快。

如果孩子觉得不快乐，心里有不高兴的事，大人在此时帮助他树立自信心，就很容易使他在情绪上产生共鸣，不但能起到鼓舞孩子面对不良情绪的作用，同时也能引导孩子排解自己的情绪。我们绝不能否定孩子当时的感受，也不要对孩子的情绪视而不见。另一方面，最好也不要对孩子的情绪谈论太多，或者在孩子的感受问题上大做文章。一句温柔关爱的话是孩子唯一需要的安慰。得到及时的安慰和关心以后，孩子可以继续对周围事物的观察，不受影响地自由体验生活，孩子身心的发育也会因此获益匪浅。

海伦不是一个动不动就哭的小女孩。如果她的身边发生了什么不好的事情，她会反复地自言自语说“不怕”，然后期望着有人来安慰她。有一次海伦生病了，她一直对妈妈说着“不怕”，好像是在安慰自己。与其他同龄的小孩子比起来，海伦在身体不舒服时的忍受能力真是惊人，她不但懂得调节自己的情绪和感觉，还会像成人一样把烦闷与不适抛开。

看到别人痛苦，孩子往往也会跟着伤心哭泣。海伦和劳伦斯这两个小孩就是这样，他们的情绪很敏感。例如，有人假装打了护士一下，或者爸爸作势要打他们的一个伙伴，海伦和劳伦斯马上就会大哭起来。如果有人心情不佳，或是为了什么事而伤心哭泣，海伦会立即跑到这个人身边温柔地亲亲他，然后用自信的口气说“不怕”，以表达“不用怕，一切都会好起来，我们不要再提这件事了！”虽然海伦还不太会说话，但是她的语气是如此坚定和明确！假如是劳伦斯，他会表现得更加积极。如果他的爸爸做错了事，劳伦斯会鼓足勇气数落爸爸的不是。假如爸爸对他做出一些粗俗的举动，或者推搡他，他一定不会哭，他会昂起头，用很严肃的神情看着爸爸，然后用责怪的口气喊：“不，爸爸！”意思是说：“你不能这样对待我！”

一天，劳伦斯躺在床上很想睡觉，他爸爸在隔壁房间大声和别人讲话，劳伦斯从床上跳起来，大声喊道：“爸爸，声音小一点！”听到这个忠告，爸爸赶紧把说话声音压低，劳伦斯也就心满意足地伸伸懒腰，继续做他的美梦去了。

我还记得在海伦大约 3 岁的时候，曾经发生过这样一件事。海伦的阿姨拿了一些“儿童之家”的教具——色板给她看，其中有一块色板被阿姨不小心掉到地上打碎了，她的阿姨把握住这个机会，教育海伦说：“你看，我们一定要很小心！”海伦接着阿姨的话说：“不能让它掉到地上哦！”小孩子就是这样，有什么就说什么，他们也会批评、责备大人的不是，只有当大人说出为什么这么做的时候，孩子的正义感才能得到回应。

我们不需要在孩子面前充当完美的人，不要期望每件事都做得十全十美；反之，我们有理由审视自己的缺点，虚心接受孩子公正的批评。有了这样的想法，我们在孩子面前做错了事的时候，也就可以原谅自己。

海伦的阿姨有一天对她说：“亲爱的，今天早晨我对你说话的声音大了些，都怪我心情不好，不该把气出在你身上。”“亲爱的阿姨，”小海伦拥抱了一下阿姨说，“你知道吗？我很爱很爱你！”

不要把在孩子面前树立一个完美形象当作我们的责任，我们在孩子的眼里永远都会有一些小缺点。孩子比我们自己更能看清缺点在哪里，而且还能帮助我们改正它。

大人要随时注意孩子精神上的表现，让他们获得自由，这样他们才能清楚地了解自己的需要，进而寻求有利于自己发展的一切外在事物。这是促使孩子自由、协调发展以及焕发活力的一个前提。

儿童纪律性的发展之路

有一位没有经验的女教师，她对儿童教育很有热情，认为儿童的天性中并不缺乏纪律性，但她在教学中却遇到了很大的问题。

这位教师接受了我们的观点，认为应该让儿童选择自己喜欢的事情，不应该对他们的自发行为进行干涉，也知道教师不能强制儿童做事，恐吓、奖赏和惩罚都是错误的做法。她同意教师应该从孩子身边隐退，扮演一个旁观者的角色，尽量避免自己的个性对儿童产生过多的影响，给儿童留下足够的发展空间。同时，她还为孩子准备了大量的玩具。然而，这位可敬的教师的努力却没有得到回报，孩子们的服从意识非但没有增加，反而减少了。

难道是这些原则错了吗？不是，原则并没有错。很显然，这位年轻的女教师是一位新手，缺乏教学经验，她忽视了理论和实际的差距。这种情况在任何人身上都会发生，比如医生，或者其他受过较多理论教育的人，一旦开始实际工作，他们就会发现事情远比求解数学方程困难得多。

我们永远不要忘记，儿童的纪律性是后天形成的，教育的任务就是有意识地引导这个形成过程。儿童的心理受到吸引，把注意力集中在某些事物上，就说明他们开始有了纪律性。这些事物不仅能带给儿童实践经验，而且能提高他们控制错误的能力，正是这种实践经验的作用，使儿童的心理形成了一个整体，他们也就变得安静快乐起来。

儿童的性格发展展示了人类心理的巨大价值，教师所能做的，就是给儿童指明通向完善的道路，帮助他们排除发展中的障碍。如果教师对此缺乏认识，就可能成为儿童发展的最大障碍。如果儿童已经具有了这种纪律性，能够很好地运用他们的意志力，我们的工作就成了多余的，因为儿童的本能倾向可以使他们克服种种困难。

那些送到我们学校的 3 岁儿童，面临的情况已经十分严重。这些孩子对成人有一种防御意识，在他们身上看不到正常儿童具有的那种安静、平和与聪慧，他们的个性也显得非常浅薄、懒散、任性和不服管教。一句话，这些儿童需要我们的帮助，他们的聪明才智和美好天性等待我们去唤醒，他们的发展遇到了障碍，受到过压制，但是他们没有被毁掉，他们的缺点还能够纠正。

学校将给他们提供足够的发展空间、机会和条件。教师们都明白，这些儿童之所以有许多缺陷，是因为他们正常的心理发展遇到了障碍，必须帮助他们排除这些障碍，才能使他们自由地发展。如果教师连儿童纯粹的冲动和心理的自然能力都无法区分，那他的教导不会产生任何效果。

对这两种行为的区别是教师工作的基础。这两种行为都源自儿童的自由意愿，但两者又截然相反，有各自不同的特点。教师必须能够区别儿童的这两种行为，才可能成为合格的观察者和指导者。教师的角色与医生有些相似，医生首先要能区别正常的生理反应和疾病症状，假如连有病和没病都无法区分，就谈不上对病症的诊断和治疗。同样，要指导儿童追求完美，首先要能分辨好与坏。我们能够对儿童心理发展的各个阶段做出准确的描述，这样可以向教师们提供一些标志性的特征。

下面，我将集中讨论三四岁儿童的心理特征。这个年龄的儿童不具备纪律性，因为他们还没有接触到这种因素。我们来讨论这个年龄的儿童所具备的三种主要特征：

1. 主动行为失常。

这里只讨论这些行为，而不讨论行为的动机。这种症状一般表现为行为的不和谐，缺乏协调性。这种症状非常重要，因为它关系到神经医学。对一个患有严重疾病的患者，比如处于发病初期的瘫痪病人，医生会在他的主动行为中发现一些微小的缺陷。如果这个医生知道这些缺陷的重要性，就不会只说这个患者心理失常、行为紊乱，虽然这是主动行为失常的两种主要症状。笨拙的儿童还会有其他一些表现，比如举止无礼，动不动就大喊大叫，出现一些奇怪的动作，如前冲、旋转等。

不过这些行为没有什么医学价值，我们可以通过教育使这些行为变得和谐，这样主动行为的失常现象也会相应减少。很显然，一些带有病变性质的反常现象，是难以通过教育来弥补的，对儿童在发展过程中出现的各种失常现象，教师不必一一进行纠正，只需为儿童的正常发展提供有益的帮助就可以。

2. 儿童不能把注意力集中在一个物体上。

这些儿童的大脑常常处于空想状态，他们总是喜欢玩石块、树叶之类的东西，并且对着这些东西说话。这样的孩子长大后，只会耽于一些不切实际的幻想中，成为想象的俘虏。这种想象越偏离正常轨道，大脑越疲惫。糟糕的是，居然有人认为这种空想具有创造性，能够促进心理的发展，是艺术天赋的一种表现。其实不是这么回事，对于这些儿童来说，这样的想象力就是石头、树叶，除此之外什么都不是。

人的精神世界是怎样建立起来的呢？它基于能与外界和谐相处的完整人格。人的精神力量应该投向现实事物，空想则相反，它只会妨碍人对现实的关注。可以说，空想是精神器官的一种萎缩现象。空想远离生活的世界，绝不是正常的发展状态，不会带来精神的和谐与完善。为了把儿童的注意力引到现实中，教师们想出很多办法，比如让孩子摆桌子。这些方法未必能起到实际作用。要改变这种不良症状，最好的办法是帮助孩子进行协调运动，并把注意力集中到周围环境上。

对儿童的各种不良症状一一进行纠正，既不现实，也没必要。治病要治本。只要儿童能够集中注意力，从实际事物中获得需要的经验，各种能力就能获得正常的发展，他们也就能够恢复健康。

3. 模仿倾向。

这种倾向不是独立存在的，而是与前两种现象密切相关。在现代人的生活中，这种倾向变得越来越现实。可以说，这是人类的一种根本性弱点。这里所说的模仿倾向，是两岁儿童个性表现的一个特征，不属于儿童正常发展的范围，更小一些的儿童也存在模仿行为，但与此不同，这在前面已经讨论过。由于一些能力的发展受到抑制，儿童被迫模仿他人的行为，他们就像没有风帆的船一样，随波逐流，迷失自己的前进方向。

我们对一些两岁儿童进行了详细观察，发现他们的所有知识都是来自模仿，这是一种心理的退化。因为，正常儿童对知识的吸收表现出一种内在的创造力。这种模仿倾向产生的原因，可能是由于儿童的行为失常和心理波动。这种行为只会降低儿童的发展水平。

举一个例子，如果一个孩子出于某种原因大吵大闹，或者躺在地板上耍赖，又哭又叫，其他孩子可能模仿他，甚至比他闹得还凶。这就是我所说的反常的模仿行为，这种行为会传染整个群体，甚至传到班级之外。这种“群体本能”会使大量儿童出现反常行为，结果做出违背常规的事情。

这种模仿带来的退化越严重，儿童就越难恢复正常发展。不过，一旦他们回到发展的正轨，这些不良现象就会消失。

如果一位教师只知道让儿童自由表达，只知道帮助儿童发展的方法，而没有实际的教学经验，当他要管理一个班级的时候，就会遇到很多令人头痛的问题：小家伙们并不像他想象的那样严守纪律，他们非常散漫，随意扔东西，一切都很糟糕。如果他对此不管不问，就会吵闹声四起，把教室搞得一团糟。不论这种局面是怎样造成的，是因为缺乏教学经验，还是思路不对，要想解决问题，只能对儿童的心理活动进行研究。因为作为一名教师，必须设法帮助这些在地板上跑来跑去的小家伙们。

首先要想办法让孩子们有所觉醒。这时候，一种和蔼而又略带威严的口气也许最合适。教师要敢于制止孩子的错误行为，这是必要的，就像要他们回答问题之前先要点他们的名字一样，要想使这些小家伙觉醒，就要叩击他们的心灵。这时候，教师要放弃所学的教育理论，拿走孩子们身边的小物件，然后运用智慧从每个孩子的问题着手，开始自己的教育工作。教师了解每个孩子，也应该能找到解决的办法。

好医生不仅仅会开药方，好教师也不能死背教育方法，而应该对具体情况进行分析，找到解决问题的办法。这种时候，教师必须想办法恢复班级的平静，他可以加重说话的语气，提醒大家注意；也可以低声对几个孩子说话，以吸引其他孩子的注意。可用的方法很多，需要教师根据实际情况进行选择。

在实际教学中，有的班级从不会出现混乱局面，毫无疑问，这个班级一定有一位经验丰富的教师。这样的教师在离开班级之前，会观察班级的情况，如果自己离开后可能会出现混乱状况，教师就会预先作必要的指导。教师在夸奖或教导儿童的时候，语气要平静，要显得坚定而又不乏耐心。

还有一些方法可以让儿童安静，比如，让他们重新摆放桌椅，同时要求他们尽量不发出声响；或者让他们把椅子在过道上排成一排，然后端正地坐在上面；或者组织他们在教室里轻轻跑动，这些方法可以集中孩子们的注意力。当教师觉得时机成熟时，就可以说“好了，孩子们，我们安静一会儿吧！”这时教室里就会出现安静的局面。

随后，教师可以给孩子们一些玩具，但不要让他们玩得太久，让他们学会使用就可以了，时间长了孩子们可能会厌烦。这样，班级就会一直保持安静。孩子们在一个现实的世界里忙碌着，每个人都在做自己的事，每个行为都有一定的目的，比如，擦桌子、扫地、学习使用小物件等。

很显然，在这样的学习环境里，儿童的各种能力会得到加强，教师也会感到满意。但是，这种情况并不能令人完全满意，因为这种蒙台梭利式的小物件远远不够，在我教过的一些学校，孩子们总是一遍又一遍地摆弄同样的东西。

可是，即使有很多玩具供孩子使用，也会出现一个威胁到稳定局面的问题——这就是孩子们会不停地变换手里的玩具，每种玩具都摆弄一会儿，随后就去找别的玩具，教师会看到孩子们不停地跑向玩具柜。如果没有一种玩具能激发他们的兴趣，他们的能力就得不到发展，个性也无法得到锻炼。如果孩子们像蜜蜂一样在花丛里来回穿梭，却找不到可采的蜜，他们的内心就得不到满足。如果儿童本能的力量没有觉醒，他们就无法进行工作，也就不能完成性格和心理的发展。

一旦出现这种局面，教师的工作就会变得更加困难，他在孩子之间奔来跑去，却又不知如何是好，反而把焦虑情绪传染给孩子。感到厌烦的孩子就会在他背后胡闹，教师照顾到这个孩子，另一个孩子又出问题了。这种情况表明，孩子们的道德和智力发展还没有开始，还有待于我们去开发。

教师很清楚，这种纪律性是很脆弱的，随时可能失去控制，出现无序的状况。这种状态对教师是一种折磨，也会给儿童带来不良影响。其原因是这些教师没有受到足够的训练，又缺乏教学经验。教师应该清楚，这些孩子正在经历一个心理转型期，个性发展的通道还没有打开，他们只是在原地徘徊。这时孩子们的行为当然不会令人满意，更谈不上完美。他们刚刚能够控制自己的行为，但还不够稳定，时而好，时而坏，与第一阶段相比，他们几乎没有取得多大进步，虽然他们已经接触到现实世界，可还远没有把它和自己联系起来。

如同大病初愈的人一样，这些孩子的一切都有待于加强。这是一个关键阶段，教师的工作需要起到两个作用：一是对所有孩子进行监护，二是逐个对他们进行教育。也就是说，教师必须管理好整个班级，同时要对孩子进行个别指导，告诉每个孩子每件东西该怎样使用。教师还要记住，在单独辅导某个孩子时，不要背对着其他孩子，必须时刻注意，自己是所有孩子的老师。教师需要对学生进行单独指导，而且在指导中要显得非常亲密，这样才能打动儿童的心灵，激发他们潜在的能力。

孩子们最终会对手里的东西感兴趣，反复使用这个物件，并且把注意力集中起来。儿童使用双手的技能得到提高，会出现一种积极、满足的精神状态，这表明他们的心理发展进入了一个新阶段。

我们知道，自由选择对儿童的心理发展非常重要。可是，这样的选择存在一个前提，就是儿童要对自己的心理需要有所了解。如果儿童受多种外在物品的吸引，兴趣就会被分散，一会儿摆弄这个，一会儿摆弄那个，这样就没有发挥意志的作用，也谈不上自由选择。

如果儿童不能运用自己的主观意志，就不可能获得完美的发展。这样他就只能被动接受环境的影响，受外部刺激的摆布，他的心理也会像钟摆一样来回摇摆，无法获得稳定和平衡。儿童心理发育成熟的标准，必须是他们具备了自我感知的能力，能够集中精力完成一件事情。

我们能在各种生物的活动中观察到，自由选择对所有生物同等重要，几乎所有生物都具备在复杂环境中选择的能力。植物从泥土中吸收特定的养分，昆虫只选择自己喜好的花朵，人也一样，差别在于人的这种能力不是天生的，而是后天获得的。

不满 1 岁的儿童心理极为敏感，如果成人的举措不当，很可能扼杀这种敏感性，使他们对各种刺激都感兴趣，最终受外部刺激的摆布。大多数成人已经失去这种敏感性，所以很容易忽视儿童的这种能力。如果一位教师缺乏必要的心理训练，很容易扼杀儿童的这种能力，就如一头大象踩碎一朵小花一样。

当儿童全神贯注地摆弄某件物体时，他的心理正处于一种和谐、满足的状态，大人不必为此担心，应该设法满足他的需要，协助他排除可能遇到的障碍。

在儿童达到这种心理状态之前，教师应该学会控制自己，不去干扰他们的工作，给儿童留下自由活动的空间。但是，这不等于说，教师只是看着孩子玩，自己站在那里什么都不做，他不仅需要给儿童提供必要的帮助，同时必须观察他们的活动，因为儿童的注意力是否集中，并不容易判断。在做这个工作时，教师不应该把自己放到台前，也不要随便向他们提供帮助，只需要了解儿童的心理发展状况。如果儿童的注意力集中在某件事情上，他会非常高兴，这时，他忘记了周围的一切，全部精力投入到自己的工作中，正是在这个过程中，他的个性诞生了。当他从自己的世界中走出来时，会对周围的环境充满新鲜感，对每个人都非常友好，对美好的事物更加热爱，对一切充满喜爱之情。

这个心理反应并不复杂：暂时与这个世界隔离，是为了获得与之融和的能力。古人说“不识庐山真面目，只缘身在此山中”，也是这个道理，我们要清楚地看到地面的景色，最好乘坐飞机。人类的心理反应也是一样，为了和我们周围的人更好地相处，我们应该与他们分离一段时间，让心灵汲取爱的力量。智者就是这样，他们在为人类的幸福奔走之前，往往远离人群，躲进山洞或小屋里，独自思考造福人类的方法。

儿童暂时与外界隔离开来，集中注意力完成自己的工作，有助于他形成平和而坚毅的性格。不仅如此，他还会从中获得自我牺牲、工作规律、服从意识、爱心等优良品质。儿童们将学会热爱生活，他们的爱将会像泉水一样汩汩奔涌，滋润身边的人。

集中注意力还能培养儿童的社会感，这是教师不能忽视的。他们应当关注儿童的表现，如果发现这种社会感出现在儿童身上，就应该向他们提供必要的帮助。孩子对教师充满了期待，他们希望从教师身上学到东西，如同渴望从蓝天、花草中汲取营养一样。

孩子们强烈的求知欲给教师很大压力，尤其对于那些缺乏经验的教育工作者。教师应该懂得自己的工作重点。第一阶段，应该把精力放在儿童的基本需求上，不必过多关注他们的混乱行为。现在也是一样，教师不能被各种表面现象所迷惑，必须关注主要的事情，虽然教师的工作退到了幕后，但同样非常重要，应该像门的合页那样，对整个局势进行控制。

儿童的心理发展必须靠自己，教师的工作只能起辅助作用，但这种辅助必须准确、及时，而且是经常性的。开始，教师可能看不到自己的作用，因为他们的努力并没有在儿童身上反映出来。不久，他们会发现儿童开始变得独立，表达能力大大增强，其发展速度明显加快。这时候，教师才会感觉到自己工作的价值，也许他们会想起施洗者约翰见到弥赛亚后说的话："他注定成长，而我将退到幕后。"

这个时期的儿童需要权威的指导，当他完成一件事（比如画了一幅画或写了一个单词）后，就会跑到教师面前，希望获得他的评价。儿童不需要别人的指教，他知道一件事情应该怎样去做。一个完备的心灵能够自由地选择，并且完成自己的工作。但是，儿童对自己的工作没有把握，需要得到教师的指导。

儿童是完备的，他们的发展遵从内心的需求，这种本能保护了他们精神的独立，同样也使他们寻找到正确的方向。为此，他们要求成人关注他们的行为，给他们的工作成果一个评价。这种心理在儿童学习行走时就表现出来了。他们已经具备了走路的能力，却还是要求大人看着他们，或者站在前面，张开双臂迎接他们。当儿童完成了某项工作，不论成绩如何，教师都应该给予鼓励，至少也要报以微笑。当然，儿童的成长和自信心取决于他们自身，教师只是起辅助作用。

一旦儿童形成了自己的判断标准，对自己有了信心，就不再寻求这种鼓励了。这时候，儿童喜欢独立做自己的事情，他们会一遍一遍地重复，努力把事情做好，他们只对自己的工作感兴趣，而不是别人的评价。参观过我们学校的人可能还记得，我们在介绍儿童的工作时，从来不说这个孩子的名字，因为我们知道，孩子们根本不关心自己的名字，他们关心的是工作的成果。其他学校则与此不同，要是教师忘记介绍孩子的名字，就会感到很难堪，因为那个孩子会很不高兴，甚至会用埋怨的口吻说："这是我做的！"

我们学校可不是这样，那个小孩多半正躲在某个角落里制作另一件作品呢，他最不愿意的就是有人打扰他。儿童在反复制作作品时，还会形成一种纪律性。这个时期的儿童，虽然显得忙乱，却自有条理；虽然要求独立，却不乏服从意识；虽然渴望关怀，却又充满爱心。他们好像春天的花朵，使人们对秋天的丰收充满期待。

家教延伸阅读

宝宝不听话，爸妈有办法

两到三岁的小孩已经具备一定的理解和接受能力，但这种潜在的能力只有通过适合其年龄特点的说话方式才能被激活并得到充分发挥。现在的家长对宝宝非常溺爱，过度宠爱带来的一个负面影响就是宝宝变得不听话。那么怎么对待不听话的宝宝呢？不妨借鉴以下的方法。

1. 做一个鼓励者

你可能会因为担心宝宝出错，而不厌其烦地告诉他做事情的每一个小细节，但是，这样监控他的人生，无异是对他能力的质疑。因此，妈妈们应该尽可能让自己的宝宝独立完成一些小事情。

尽管你很想帮忙，但你还是应该放手让他自己解决过程中遇到的困难。你可以在这个过程中，用一些简单的句子或小提示帮助他解决问题，例如，“我知道你很生气，但是，你可以好好跟小朋友说话，而不要这么大声嚷嚷。”

2. 建立良好关系

如果你希望你的小宝宝“合作点”，那么你就应该把重心转到培养彼此的关系上。当你总是唠叨他所犯的小错误时，你和宝宝都会因此而倍感挫折，你感到自己不是个称职的妈妈，宝宝也感到自己总是不能做好一件事。因此，妈妈最好每天都尽量给宝宝正面的评价。例如，“你挑选了一种很特别的颜色画画哦！”“你对你的娃娃真温柔啊！”另外，无论你产后工作如何忙碌，每天都要花一定时间陪伴宝宝，陪他做喜欢做的事情。

3. 时刻保持冷静

当你要孩子关电视，而他却屡劝不听的时候，你最后可能会恼羞成怒，对他大吼。但是，你迟早会发现，暴力或怒火是不能让孩子与你合作的。这只会让你更加愤怒，让宝宝对你更加抗拒。

因此，必须很好地控制自己，不要轻易向孩子宣泄你的愤怒和沮丧。当宝宝向你发小脾气的时候，你不能发火，相反，应该“借”你的冷静给小朋友。告诉他做了什么不对的事情，并且给他另外一个选择。例如，“踢东西是不对的。你可以告诉我你生气了，但是不需要踢东西。”

4. 谅解

虽然有时候你真的很生气，但是，你必须忍耐一些小顶嘴。“我不要睡觉！”宝宝可能这样说，但这只是他宣泄情绪的方式。如果你此时反驳他，就可能引发矛盾。因此，最好用谅解的方式表达你的态度：“我知道你还想玩娃娃，但现在是该去睡觉的时间了。”

5. 多用“我”

孩子听到“不”的次数太多，会感到很沮丧。因此，用“我”来陈述句子，让孩子明白，他们的行为对你产生了什么影响。“看到你这样扔东西，我感到不开心”，“如果你再这样扔食物，我会拿掉你的盘子”，等等。

6. 转变责备的用语方式

“不要再让我听到你这样称呼别人！”这种命令方式可能会导致你的孩子更加叛逆，你可以这样说：“这样叫人家是不对的。”同样道理，你可以改变说话的方式，让孩子更乐于遵循它。例如，“你的房间乱得一团糟”可以表述为“你地上这么多玩具啊”。

以上就是一些让孩子更加听话的小技巧。如果家长发现自己和宝宝的关系陷入恶性循环，就要在生活中做出一些改变了。

006

爱给孩子带来力量

爱是一种结果，

不是冲动。

创造的过程中产生了爱，

这种爱充满儿童的思想。

让孩子发展自我，是指让他成为智力发展的主体

对儿童进行教育必须同时使他们的机体处于运动之中，这是使儿童实现自由的关键。

那些怀有某种智力目的而四处走动的儿童，才能使自己不断得到完善，他们也必然能够自由地发展自己的内在人格。那些在某种智力目的支持和指引下工作的儿童，才能做到持之以恒。

如果他们没有这种智力目的，也没有对工作持之以恒的态度，就不可能有良好的内部发育，也不可能取得明显的进步。当我们慢慢克制住自己，不再对孩子指手画脚时；当我们把孩子从我们的影响中解放出来，将他放在适合自己发展的环境中时，他就会对自己的智力信心倍增！

在此基础上，孩子们将会自发地从事一些具体的活动：洗洗手和脸，换件外套，打扫房间，拂去家具上的灰尘，铺地毯，摆桌子，栽种花草，照顾小动物，等等。他们会受到感官的吸引，或在其指导下自主地选择有助于自己发展的工作，正是这些感官材料使他们能够对事物加以区分，然后进行选择与推理，使自我得以发展。

在选定即将从事的工作后，他就开始坚持不懈地去做。这一转变不仅使其内心不断成长，而且还将成为推动他继续前进的强大动力。在这

种情况下，他会把自己的工作从简单的实物逐渐过渡到复杂的东西上，并让自己的身心得到陶冶。孩子正是根据自己大脑里形成的内在秩序，以及在生活中获得的技能来培养自己性格的。

我们所说的让孩子发展自我，指的是让他的智能得到发展，并不是像大家普遍认为的那样把他交给本能。本能是指动物所具有的最原始的东西。我们总是习惯把孩子当成狗或家畜一样对待。在这种错误观念的指导下，当我们议论一个自由的孩子时，总难免会想到他就像一条吠叫不停、蹦蹦跳跳或到处偷东西吃的小狗一样。

因此，人们已经习惯于把孩子的抗议、挣扎以及他们为使自己摆脱屈辱的境况而发明的保护手段看作本能的表现，并认为孩子们的这些行为就像兽类一样野蛮。但是，想想我们对孩子都做了些什么？我们一开始把他们比作小狗和家畜，等他们稍大点后，又设法让他们像植物一样安静，使他们成为我们的奴隶，任凭我们摆布。

我们如此对待他们，他们怎么可能成为一株我们所希望的带着天使般芳香的植物呢？这样只会使他们身上的本性不断湮灭，直至死亡，人性一点点退化的痕迹将在他们身上显现无遗。

反之，如果我们让孩子成为智力活动的主体，情形将会完全改变。

为了把孩子培养成高度自觉地从事智力活动的人，我们就必须赋予自由以新的内涵。

我相信，智力是解决人类社会自由问题的关键。遗憾的是，近几年我们的社会被一种只要求在思想上获得自由的偏见搞得混乱不堪。这与目前我们对孩子自由的曲解有相似之处，有人认为人类只有后退到最原始的思想自由状态，才能获得解放。问题是我们能够这样去自由地思考吗？这种所谓的自由时期不就是大脑神经衰退的时期吗？那就等于将社会权利交给文盲！

举例说吧，如果我们让一个人在健康和疾病之间做出选择，他能够有多大的自由选择度呢？如果我们让一个未受教育的农民在有益的投资和无益的投资间做出选择，他会选择哪一种呢？如果他选择后一种，他就是“自由”地甘心受骗；如果他选择前一种投资，也不是因为有了自由选择的权利才选中它，那只是幸运而已。

只有当他有了足够的知识来区分有利可图和无利可图的投资时，他才真正称得上是自由的。只有在他形成这种内在能力后，他才能真正地自由，如果只是简单地凭借社会约束力是不能达到自由的目的的。

如果人的自由只是一种简单地释放本能的自由，那就好办了，我们只要颁布一道法令：让瞎子能够看见东西，让聋子能够听到声音，让这些可怜的人回到健康状态，那一切事情不就都解决了！但现实是这样的吗？

我相信，总有一天人们会认识到，人最基本的权利就是发展自我的权利。只有达到这一步，我们作为一个人才不会受到压抑，也不会受到奴役，并且能在所处的环境中自由地选择发展自我的方法。总之，我们只有接受教育，才能找到与个性相关联的解决社会问题的基本方法。

孩子的发育和成长过程已经给了我们很大启发，那就是智力的发育是揭示他们成长秘密的关键，是构筑他们内心世界的手段。有了这一认识后，智力卫生学就显得十分重要。当智力被视为培养孩子的关键，甚至是孩子们生活的支柱时，人们就不会再让它盲目地消耗掉，或者不分青红皂白将其压抑或禁锢。

现在我们常常对孩子的身体以及身体的附属部分，如牙齿、指甲、头发等过于操心。我相信在不远的将来，儿童的智力问题一定会被人们更明确地认识和更认真地对待。不过，我们明白通向文明的道路是十分漫长的。

什么叫智力？我并不打算上升到哲学的高度来探讨它的定义，而是要思考促使心智形成的映像、联想和再创造活动的总和，并将这种心智活动与环境联系起来。依照贝恩的理论，对差异的感知是智力活动的开始，大脑活动的第一步就是对差异进行鉴别。感觉就是对外部世界的知觉，收集材料并将这些材料加以区分就是智力活动的最初阶段。

我们有必要对智力进行精确、清晰的分析。展现在我们面前的，作为智力标志的第一个特征跟时间有关。很多人认为，快就是聪明的同义词。对某一刺激能够迅速做出反应，思维敏捷，判断神速，这些都是智力最明显的外在表现。

然而，是什么使一个人做出如此迅速的反应呢？这肯定与从外界获取信息，精心编织意象以及将内心思考的答案表达出来的能力有关。关于这种能力，可以用一套类似于心理体操的系统加以训练。这个系统的操作过程是：通过收集大量的感性材料，使它们彼此间建立相互联系，并以此做出判断，经过一段时间后，就养成了自由展示这些东西的习惯。

因此，心理学家建议，应该使行为管道和联想管道更具有渗透性，使反应期更短一些，在能够促进智力发展的肌肉运动中，动作不仅要表现得更加完善，而且还要更加快捷，我们所说的聪明孩子不仅是指能够对事物加以理解，而且还应能对事物加以迅速理解。如果一个人学同样的东西要比别人花更多的时间，他的反应就要迟钝些。

人们喜欢用“什么都逃不过他的眼睛”来议论那些聪颖灵敏的孩子，确实这样，他的注意力总是能够高度集中，时刻准备着接受各种各样的刺激，就像那灵敏度极高的天平对极小的重量变化都能做出反应一样，灵敏的大脑也能对哪怕有一丁点吸引力的东西做出反应。这样的孩子联想能力也是极强的，我们常常用“一眨眼就明白”来形容他们在这方面的能力。

感官练习能够激发孩子的主要活动意识。我们可以把孩子的感官与刺激物适当分离，以便使他有清晰的意识；可以让他敏锐地感觉到热与冷、粗糙与光滑、重与轻以及乐音与噪声之间的区别；可以让他在万籁俱寂的环境中闭上眼睛，等待一种细微纯净声音的召唤……所有练习的目的，都是让孩子感受到外部世界在叩响他的心扉之门，并唤醒他的心灵。

以我们的经验看，各种感觉与环境互相融合时，两者就能产生互相协调的作用，并能加强已经被唤醒的意识活动。这个问题可以用下面的例子说明：一个正在专心致志给图案上颜色的孩子，当有音乐陪伴时，他会选择最美丽的色彩来着色；当一个孩子身处优雅宜人的校园，并且有赏心悦目的鲜花环绕时，他会引吭高歌，唱出最美妙的旋律。

孩子们的自我教育一旦开始，就会表现出如下特征：大脑的反应变得更加迅速，思维更活跃，往日那些从他们身边掠过却丝毫不能引起注意，或只引起一点点兴趣的感官刺激物，如今却能被他们明显地感知；同时，他们能轻而易举地发现物与物之间的关系，这样，当他们运用这些东西时，一旦出现差错就能及时发现，并迅速作出判断，然后予以纠正。正是经过这种感官体验，孩子完成了原始而基本的智力训练，唤醒

如何提高爱孩子的质量

不要让孩子为了奖赏才去学习。

早上睡醒的时候，孩子尤其需要得到亲昵的关心和拥抱。

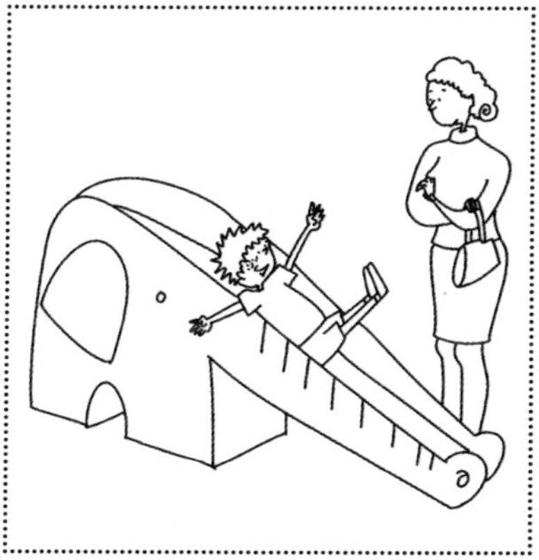

多带孩子户外游戏，会为他的身心成长提供很大的自由空间。

小孩天生喜欢美好的东西，这样可以使疲惫的精神得到缓解和放松。

了他的中枢神经系统，并使其处于运动状态。

当我们看到这些反应灵敏、生机勃勃的孩子对最轻微的感召都表现得敏感，随时随地准备朝我们飞奔而来，以及对所遇到的事物都能集中注意力时，我们就会不知不觉地将他们与那些普通学校里表现迟钝的孩子对比，那里的孩子往往行动迟缓，对刺激物反应淡漠，缺少自发联想的能力。当我们作这些比较时，自然会拿今天的文明与古时的文明相比。

比如，今天的社会环境与昔日相比更加舒适：马车在以前曾经是主要的交通工具，现在我们可以坐汽车或飞机旅行；过去我们交流的方式是鸿雁传书，今天我们主要通过电话交流；在敌我交战时，古人一般是一对一地互相厮杀，而今天则是危及成千上万人的大屠杀。

所有这些使我们认识到，文明的进化并不是建立在对生命珍惜的基础上，而是建立在对时间珍惜的基础上。我们从外部感觉到文明的发展，机器无疑是运动得更快，经济也发展得更快。

然而，人类本身却没有跟上文明发展的步伐，个人还未能井然有序地进行自我的发展。在这个复杂多变的环境里，孩子们还不能轻松应对所面临的各种事件，还不会充分利用人类在外部环境上的进步来为自己服务。尽管我们已经进入了文明社会，但是我们的灵魂却一直被欺骗、被压制！

如果人类不站起来改造自己，不使自己与这个新世界协调起来，那么，有朝一日人类就会被这个新世界压得粉身碎骨，甚至被毁灭。孩子对这个世界所做出的反应不仅表现为思维的敏捷，它不只是与训练相关，而且也跟建立相应的内在秩序有关。对所熟悉的工作进行有组织、有条理的安排，更能说明智力的形成过程。

秩序是一个人能够做出快速反应的关键。思维混乱的大脑是很难对某个知觉对象有正确认识的，它并不比写一篇推理性论文更容易。无论社会还是具体的个人，只有组织和秩序才会使其迅速发展成为可能。

不在孩子自然发展的道路上设置障碍

许多人建议，为什么不在原来的幼儿教育基础上继续展开实验，以便更有利于对 7 岁以上儿童进行新式教育。实际上，他们是对我提出的那些法则能否适用于这一阶段的儿童产生了怀疑。他们的疑义主要在于孩子的道德规范方面。

难道孩子就不懂得尊重别人的意愿？难道他就不会在某一天自告奋勇地执行一项必须完成的任务？难道他就不应该有自我牺牲精神？

另外，有些人还为 7 岁以上的孩子设计了各种稀奇古怪的算术题，对他们进行智力训练。这些人是打算把课程全部取消，还是让孩子屈服于这些所谓的必修课呢？

很显然，整个争论都围绕我提出的“自由”一词而展开，而这种自由正是我所倡导的教育体系中不可动摇的基础。

要给那些有异议的人一个清晰、明确的回答，我知道并不那么容易，因为哪怕是一些人坚信不疑的观点，也同样免不了产生争议。举一些类似的例子或许能更清楚地表达我的意思。在照料婴儿方面，我们以前是怎样做的呢？许多人至今仍对那些很早以前的做法记忆犹新。比如，必须将婴儿的手脚捆起来，否则他的腿就会长成罗圈腿；必须将他舌头下的韧带割断，这样才能保证他到时候可以开口说话；必须一天到晚地给婴儿戴着帽子，否则他的耳朵就会难看地凸出来；必须认真摆好婴儿躺着的姿势，以免他那柔软的颅骨发生变形；有些母亲会不厌其烦地捏婴儿的小鼻子，以为这样就能使孩子有一个又高又挺的鼻子；还有一些母亲在婴儿出生后不久，将一种小耳环穿入他们的耳垂，据说这样可以改善孩子的视力。现在，许多国家已经放弃这些做法了，不过，有些国家仍然保留着。

再举一个例子，我们都有过扶着幼儿走路的经历，有些望子成龙的母亲，甚至在婴儿出生的头几个月里，就每天花好几个小时教他走路，她们会扶着婴儿柔弱的身体，充满好奇地看着孩子的小脚漫无目的地移动。可笑的是，她们居然认为宝宝已经开始学会走路。

实际上，这个时候的婴儿神经系统尚未发育完全，他们的动作也不可能协调，而婴儿的脚弓在这时确实已渐渐成形，于是他就开始尝试大胆地移动小腿。这些母亲因为缺乏这方面的知识，居然把孩子的进步归功于自己教导有方。

这时，婴儿刚刚具有运动能力，尽管他还没有平衡感，不具备站立的能力，自以为是的母亲便用带子将孩子的身体提起来，将他牵引着向前走。有时候，她们甚至会把孩子放入一个底部比较宽大的竹篮里，这种篮子可以防止孩子跌倒。母亲们就这样把孩子的身体捆在竹篮里面，并将他的手臂放在外面，使他的整个身体靠竹篮的边缘来支撑。在这种装备下，尽管孩子还无法站立，但也能够向前移动双脚，而婴儿的这种状况却被母亲认为是在走路。

这些父母强加给孩子的支撑物，就像残疾人的专用拐杖一样，这些已经习惯在竹篮的辅助下走路的孩子，如果突然被撤去篮子，必然会重重跌倒。

当我们将正确的方法引入幼儿教育的领域时，会给这个社会带来什么呢？我要郑重声明，它不会教你如何使婴儿的鼻子挺起来或保持完美的耳朵形状，也不会教你如何让婴儿出生后立即学会走路。我只是想告诉你：让自然本身来决定孩子的头、鼻子及耳朵的形状；无须把孩子舌头下的韧带割断，他也能学会说话；婴儿的腿不用捆绑也会自然长直；走路的机能会自然产生，成人在这些方面最好不要人为地干涉。

我们必须遵循这样的原则：尽可能把一切事情留给大自然去做，因为孩子越是得到自由的发展，他就越能形成协调的身体比例，也越能造就健全的身体机能。我主张抛开一切束缚，让婴儿在恬静的状态下保持最大限度的自由。让他的双腿完全放松，使他在躺着时可以得到全身心的舒展。在时机未成熟之前，千万不要强迫孩子学步，因为只要到了一定年龄，他自然就能站立起来，也能学会行走。

令人高兴的是，现在大多数母亲已经接受这一观念。那些卖绑带、帽子和篮子的小贩们只好另谋出路了。结果怎样呢？大家有目共睹：孩子们的双腿长得比以前更直，他们走路的姿态也比以前更优美。

这是一个令人欣慰的事实，想想看，过去由于我们一直相信儿童的双腿、鼻子、耳朵甚至脑袋的形状都是大人料理的结果，我们为此经历了多少担惊受怕的日子呀！我们感到身上的担子是如此沉重，以至许多人都觉得自己难以胜任！现在有了新的认识，我们可以说：“大自然会为我们安排好一切的。我们只需给孩子自由，在一旁观察他的成长。然后就让我们充当奇迹的见证者吧。”

在孩子的内心活动方面，我们都有过这样的经历，那就是帮助孩子形成特定的性格，开发他的智力，教他学会表达情感等，所有这些都是非常必要的。我们也曾为此忧虑过，并常常自问：我们应该怎样帮助他呢？就像母亲经常捏孩子的鼻子或用帽子固定他们的耳朵那样，我们能用这些“特殊”方法去束缚孩子吗？事实上，人的性格、智力以及情感的形成是与身体的成长同步的，如果我们不能认识到这一点，那么除了任人摆布外还能做什么呢？

我们既不是人类精神的缔造者，也不是世界上各种物质的创造者，是大自然在掌控一切。如果我们确信这一点，就得承认“不在孩子自然发展的道路上设置障碍”是一条基本原则。同时奉劝大家，不可孤立地看待这些问题，也就是说，不要单方面考虑什么因素最有助于孩子个性、智力或情感的发展。事实上，只要弄清一个问题，就可以揭示教育的根本，这个问题就是我们怎样让孩子获得自由？

只要遵循自由的原则，我们就能为孩子设计出一套科学、有利于其健康成长的方案；只有在自由的环境下，人的头、鼻子、耳朵的发育才能达到最完美的状态，而他走路的姿态也将在先天能力的驱使下达到尽善尽美；只有自由，才能使孩子的性格、智力和情感得到最大限度的发展。

我们应该允许孩子拥有精神上的自由，因为自然的创造力比我们更能塑造他的精神。这并不意味着我们要忽视孩子的精神世界，甚至可以放任自流。事实上，反省我们所做的一切就会发现，虽然我们不能塑造孩子独特的性格，不能对他的智力和感情给予直接的影响，然而我们却有许许多多的职责。很久以来，我们忽视了这些职责，孩子们在精神上所表现出来的某些畸形，正是由于我们忽视自己的职责造成的。因此，自由并非放任，而是引导我们从幻想走入现实，指导我们积极有效地去照顾孩子。

儿童爱我们，并想服从我们

人类把按照自然规律做每一项工作当作实现自我、和谐发展、获得爱的力量的途径，这可以说是一个人健康的标志。爱是一种结果，不是冲动。创造过程中产生了爱，这种爱充满儿童的内心。它像一颗来自太阳系的行星。爱既是本能所驱使，也是生命的创造性力量，孩子通过爱实现了自我。

儿童在敏感期与周围的环境联系起来，那种冲动不可抵抗，我们可以想象为它是源自儿童对环境的热爱。它作为一种令人激动的情感，不是通常所说的爱，而是一种能理解和吸收的智慧之爱，在这里，爱是过程，也是结果。它是引导儿童去观察事物的那种自然的欲望，被但丁（Dante）称为“爱的智慧”。

爱使儿童在现实中能以一种敏锐和热情的方式观察周围的事物，那些东西往往是被我们所忽视的。爱的特点是什么呢？那就是他人不注意的事物孩子也能察觉，孩子可以揭示他人尚未感觉到的事物细节和特性。人们不禁要问：“难道只有爱才能发现它们吗？”是的，儿童通过爱获得了智慧，通过爱而产生兴趣，所以，儿童能够看到成人视而不见的东西。

成人认为是儿童天生对环境的兴趣引发了爱。但是，成人并没有站在一种精神能量和一种创造力的高度去看它。

儿童的爱是单纯的。他的爱是为了满足自己获得感觉印象的需要，为了满足获得生长媒介的需要。他不断地吸收环境信息并使它成为生命的一部分，由此创造自己本质的生命。成人是儿童爱的对象。因为儿童从成人那里不仅得到需要的物品，而且得到很多关爱。这对他的自我发展而言是必要的，对儿童来说，成人是可敬的人。儿童从成人的话语里汲取他必须学会的词汇，并将其作为对他的一种指导。

成人的言语对儿童有深深的吸引力，甚至会使他神迷。在儿童看来，成人的嘴唇好像一口喷泉。成人的话对于儿童来说是神奇的催化剂。这表明成人言语的暗示力量巨大。成人用他的行动向儿童展示人是如何行动的。儿童模仿成人，从而开始自己的独立生活。儿童对成人过度敏感，以致他们的生活和行动在某种程度上被成人支配着，从而失去了自己的个性。

儿童的服从来自暗示的力量。儿童将成人所讲的话永远铭刻在心，就像刻在大理石上一样。成人应该仔细、认真地考虑在儿童面前讲的所有话，因为儿童是如此渴望得到爱。

儿童的精神本源就是乐于服从成人。但是，当成人试图抛弃那些有助于儿童发展的本能时，他就不再服从了。成人为了自己的利益，会阻止儿童的创造，就好像在儿童出乳牙时不让乳牙长出。儿童发脾气，进行反抗，是他们创造性的冲动与他所爱但不理解他的成人间冲突的结果。成人在儿童不服从或发脾气时，应该想到这种冲突的根源，同时想到这是儿童发展所必需的心理防御。

儿童爱我们，并想服从我们，这是我们必须记住的，儿童对其他任何东西的爱都不会超过对成人的爱，但人们只知道成人对儿童爱得深沉。我们常常可以听到“可怜天下父母心”“教师爱学生如子女”之类的话。还拼命教育儿童去爱，爱父母，爱老师，爱所有的人，爱动物，爱植物，爱一切。谁有资格教育儿童呢？谁可以做他在爱的艺术方面的老师呢？难道是那些批评儿童不听话、一心保护自己和财产免遭儿童侵犯的成人吗？显然，这样的人不可能教会儿童去爱，因为他们并不具备那种被我们称为“爱的智慧”的东西。

儿童是爱成人的，他需要成人在身边陪伴，而且希望引起成人的注意，那样他就会很高兴：“看我！和我在一起吧！”

儿童希望晚上睡觉时，他所爱的人陪着他，不要离开他。一个正在吮奶的孩子也要跟着我们去吃饭，吃饭不是他的目的，与我们在一起才是他的目的。成人往往忽略儿童这种深厚的爱。但是，现在如此深爱我们的儿童终将长大，这种爱就会减弱甚至消失，这些我们应该记住。因为到那时没有人会像现在这个儿童那样地爱我们。没有谁还会在睡觉前充满深情地对我们说：“和我在一起吧！”而只是祝我们“晚安”。没有谁还会在我们吃饭时如此渴望站在我们身边。我们害怕并隔离这种爱，但永远也找不到与它相同的另外一种爱。我们对他唠唠叨叨地说：“我没空！我没办法！我忙死了！”我们心里所想的却是：“要改变孩子的做法，不然，就会成为他的奴隶。”

我们想摆脱儿童这个绊脚石，不这样，我们就不能做我们想做的事情，不这样，我们会感到不方便。如果儿童每天早晨进屋把酣睡的父母唤醒，那就太令人讨厌了！保姆是父母们早晨睡觉权利的维护者，因为保姆会竭力阻止孩子这样做。

如果不是因为有爱，儿童还会因为什么一醒过来就寻找他的父母呢？太阳刚升起，孩子就从床上爬起来，去找熟睡的父母，仿佛在说："圣洁地生活吧！太阳高高！早晨来到！"但是，儿童并不是作为教师去指导他们，而只是去看所爱的人。父母住的那个房间窗帘遮着，光线仍然是暗的，黎明的曙光照不醒这两个觉迷。儿童蹒跚地走进去，他害怕黑暗，心里紧张，可是他克服了一切困难，温柔地抚摸他的父母，父母却生气地说："跟你讲过多少次了，怎么还是一清早就来叫醒我们。"

儿童回答说："我不想叫醒你们，我只是轻轻抚摸你们一下，我只是想吻你们一下。"他的心里话是："我并不想把你们吵醒，我只想让你们的精神更健康。"

儿童对我们的爱确实很重要。父母已经对生活麻木了，需要一个小孩子去唤醒他们，用那种充满生气、富有活力、成人已经失去的能力激发他们。他们需要一个特别的朋友，每天早晨对他们说："你们不要麻木地生活！要更好地生活啊！"

是的，要更积极地生活！要更真心地感受爱的抚摸！如果没有儿童的帮助，成人将会变得颓废。如果不努力自我更新，成人就会慢慢僵化，最终将会变得麻木不仁和毫无热情。

不幸的孩子若学会把悲伤转为欢乐，便能克服自身许多缺陷

从在罗马创建的第一批"儿童之家"中，我们可以找到一个令人感动和值得赞赏的例子。这所儿童之家的情况与第一所儿童之家不同，因

为它是为了照料在墨西拿地震（意大利历史上最大的灾难之一）后幸存的孤儿而创建的。地震后，在墨西拿的废墟周围发现了约60名幸存的儿童，他们都不知道自己的姓名和家庭背景。那场可怕的地震使他们变得沮丧、沉默、冷淡、厌食而且失眠。晚上，经常可以听到他们大叫和哭泣。

意大利皇后对他们极为关心，她为这些不幸的孩子提供了一个充满欢乐的场所。他们的新家有适合他们使用的各种色彩鲜艳的小家具：有门的小柜、小圆桌、稍高的长方形桌子、立式小凳和小扶手椅。窗户悬挂着彩色的窗帘。餐具及就餐设施也特别引人注目，他们有自己的小刀、叉子、勺子、盘子、餐巾，甚至肥皂和毛巾的大小也与他们的小手相适应。在每件东西上都有一个考究的装饰品。教室墙上挂着许多图画，四周摆着花瓶。这是方济各会的一个寺院，有着宽敞的花园、宽阔的走道、金鱼池和鸽子房，身着灰长袍并罩着庄严的长头巾的修女安静地走动着。

这些修女教给儿童良好的行为举止，并使其健康逐步得到改善。她们中的许多人过去是贵族。这些人回忆起她们过去在上流社会的行为方式，并把它们教给似乎永不满足的儿童。儿童学习像王子一样用餐，学习像最好的侍从一样端菜。虽然他们失去了对食物的自然欲望，但他们对学习新知识和进行各种活动却很有兴趣。他们的食欲渐渐恢复，并能很快入睡。他们的变化确实给人们留下了深刻的印象。他们到处奔跑、跳跃，或把东西提到花园去，或把房间里的家具搬到树下，既没有损坏任何东西，也没有碰撞任何东西。在整个过程中，他们流露出欢乐和幸福的神情。

有人在那时第一次使用了“皈依”这个词。一位女士——她是意大利最著名的作家之一——评论说：“这些儿童使我想起了皈依。再也没有比征服忧愁和沮丧并逐渐上升到更高生活层次更为不可思议的皈依了。”尽管这种表述充满矛盾，但它在许多人心里留下了深刻的印象。

“皈依”似乎是与童年时期的无知状态相对立的，然而，这个词强调了对所有人来说都一目了然的精神变化。儿童在经历了一种精神新生后，摆脱了悲伤和放纵，恢复了欢乐和纯洁的状态。如果我们将放任和悲伤看作是一种对完美状态的背离，那么，恢复纯净和欢乐的状态就意味着皈依。

这些儿童确实“皈依”了。他们从悲伤转变为欢乐，克服了许多根深蒂固的缺陷。不仅如此，通常被看作缺点的某些特征也消失了。这些儿童带来了一种令人迷惑的更新，他们以某种不可思议的方式表明，人一旦犯了错误，必须完全更新。这种更新只有在人的创造力的源泉中才会发生。

如果没有这种更新，我们学校里这些曾经几乎绝望的儿童，就不可能正确区分自己身上的善与恶，因为对于成人来说这早就确定了。儿童的善是根据他们对成人生活环境的适应来衡量的。儿童的自然本性正是由于这种错误的观念而被掩盖。天真无邪的儿童消失了，他在成人社会生活中完全是一个陌生人。对于善与恶的评判把儿童隐藏起来了。

三岁前靠心灵探索世界，三岁后靠双手探索世界

造物主好像在孩子 3 岁时画了一条界线，把 3 岁以下和 3 岁以上分成两个部分。前者虽然很重要并充满创造性，但如同孩子出生前的胚胎期一样，成为容易被遗忘的时期，因为孩子到了 3 岁才开始有自我意识

和记忆。

在心理胚胎的发育时期，有些活动是分开进行、各自独立的，比如语言能力的形成和四肢的运动；又比如在产前时期，胎儿的身体器官一个接一个地出现，但是他自己却一个都不记得。3 岁以前的孩子，人格尚未形成，只有当身体各部分的发育都完成时，他才可能完美地统一起来。这种潜意识和无意识的幼儿——这个被遗忘的生命，似乎被人们从记忆中抹去了，当他满 3 岁出现在人们面前时，似乎是非常不可思议的。

孩子与我们沟通的权利似乎被造物主剥夺了，除非我们知道他早期的生命进程，或认识他的本性，否则我们很可能不自觉地毁坏孩子已构筑好的部分。人们已经偏离生命原来的道路而创造着文明，受文明洗礼的人类只知道维护物质利益，却不知道保护自己的心灵，结果留给孩子充满障碍的环境。

孩子完全是在大人的监督下成长的，除非有来自造物主的科学启示，否则他们的成长会受到成人的极大阻碍。3 岁的孩子必须借助在环境中的活动才能顺利发展，他可以利用 3 年时间来所获得的能力，尽管他已经忘记以前发生过的事情，但他的能力已经渗透到意识的各个层面，这种能力可以借助生命的活动表现出来。智慧可以引导孩子在玩耍中执行心灵的意志。

对孩子来说，3 岁之前是靠心灵探索世界，3 岁以后则是借双手探索世界，而他以前所获得的能力，比如语言，在 3 岁后也会更趋完善。3 岁的孩子在各方面的发展虽然已经趋于完善，但还会继续吸取知识，直到四岁半，他们仍然具有心理胚胎期的学习能力，而且不知疲倦。这时，双手成了直接接触事物的器官，扩充性的发展主要是靠双手的工作。

3岁的孩子能连续玩耍很长时间，如果双手不停地忙碌，他反倒拥有如鱼得水般的快乐。这是成人认为最幸福的玩耍时期。市场上也提供了许多玩具迎合这个年龄段孩子的游戏需求，结果孩子的房间里塞满许多没用的、不利于心智发展的玩具。

孩子想要身边的每一件东西，但成人只给他们其中的一些，而拒绝其他要求。孩子真正应该触摸的是大自然中的沙子，在没有沙子的地方，有钱人就会买些沙子回来。对于孩子来说，水也是好玩的东西，但大人只给他一点点，因为水会弄湿衣服，水和沙子都会把衣服弄脏，会麻烦大人洗。当孩子玩腻了沙子，大人就给他过家家的玩具，有小房子、玩具钢琴等，但都不是真正能用的东西，他们看出孩子想学大人做家务，可是提供的东西又都是假的，真是可笑！

在没人陪的时候，大人会丢给孩子一个洋娃娃做伴。当然洋娃娃可能比难得陪他的爸爸妈妈来得现实一点，但洋娃娃不会说话，也不会回报小朋友给它的爱，只能勉强作为孩子生活中的代用品。玩具逐渐变得重要起来，因为人们认识到它有助于提高孩子的智力。这当然比没有东西玩好些，问题是孩子很快就厌倦了，又要新的玩具。孩子有时故意把玩具弄坏，大人还以为他喜欢把东西拆得七零八落，或有破坏欲。

这是因为孩子没有合适的东西可以摆弄，他不喜欢这些玩具，因为它们是假的。孩子会因此变得无精打采，不能专心致志做任何事，甚至人格也遭到扭曲。其实这个时期的孩子很想在各方面认真模仿大人，以便使自己更趋完美，可是这种努力总被大人否定，这就使孩子陷入误区。

越是在高度文明的社会，孩子的处境就越可悲。生在简单社会里的孩子反而快乐得多，他可以自由地使用周围的物品，因为那些物品并不昂贵，不用担心损坏它。当母亲洗衣服或烤面包时，孩子也可以参与。如果能找到适合自己的事，孩子就能照顾自己的生活。

这个事实不容置疑：3 岁的孩子必须自己动手摆弄东西了。如果依照孩子的身体比例制作一些物品，让他像大人一样操作，他的性格就会变得平和、满足。孩子不在乎生活环境里所缺少的东西，因为他会在玩耍中适应所处的环境，造物主就是要让他享有做成一件事情的快乐。

新的教育方式提供了符合孩子心理和特点的理论，就像成人在田间工作或居家生活一样，孩子也应该有属于他们的田园或家。不需要给他们玩具，应该给他们小型工具来耕耘自己的园地；不要让孩子们玩“过家家”，应该给他们一个真正的家；不用给他洋娃娃，要给他一群伙伴，让他体验社会生活，我们应该用这些取代以前单一的玩具。

一旦我们把虚假的玩具扔在一旁，给孩子真实的东西，他的反应会出乎我们的预料。孩子们会表现出不同的性格，他们会拒绝帮助，并清楚地表示要独立做事，母亲或教师只能在一旁做观察者，现在孩子成了真正的小主人。

许多年前，我很幸运地在罗马看到这样的事实，如果不是因为当时的情形特殊，我是无论如何也看不到的，假如当时的“儿童之家”设在纽约的高级住宅区，可能就不会发生值得注意的事。许多贵族学校并不缺少教具，但那里的孩子也会受到其他事的干扰。

当时有利于观察的三个环境因素是：

1. 学校位于极其贫穷的地区，孩子们苦于物质的匮乏，但那里的自然环境很好，所以孩子们的心灵是富有的。

2. 这些孩子的父母大多数是文盲，无法提供给孩子所需的帮助。

3. 教师都不是专业学校毕业的，不受传统教育偏见的影响。

如果在美国做这项实验可能就不会成功，因为他们要找最好的教师来配合，而“好教师”学了一堆对孩子没用的东西，满脑子都是阻碍孩子独立自主的观念，只知道把自己的观念强加于孩子。我们都希望实验获得成功，那就应该以贫穷的孩子为研究对象，给他们提供一个未曾经历过的环境，再设计合理的教具，引起孩子们的兴趣，并唤醒他们的注意力。

40 年前的这个实验在社会上引起了很大轰动，因为人们从来没有看到过 3 岁的小孩能有这样的表现，然而孩子专注于一件事只是他最基本的表现，接着，实验一项一项地进行，孩子们忘情地流连其中。在过去那种无法使孩子满足的环境中，孩子只能不安心地动来动去，无法专注于任何一件事，现在，我们已经证明，这不是孩子应该表现的真正性格。

我们必须清楚，3 岁孩子的心里有一位教师，一直准确无误地引导着他。我们所说的自由的孩子，就是跟随内心强大力量引导的孩子。受心灵引导的孩子会把工作做得很彻底，例如，大人原本只想让他擦擦桌面，但孩子连桌腿、四周边缘甚至桌子的缝隙都擦到了。

如果教师允许孩子自由做事，不予干涉，孩子就会全神贯注地投入工作。而大多数教师在面对孩子时往往忍不住打岔、说教，所以，那些受心灵自然引导的孩子，无法与爱说教的教师相处。教师可能认为应该由易到难，渐进地引导孩子进步，或者让孩子由简单到复杂地学习知识，而孩子可能喜欢先难后易，有时甚至表现出跳跃式的进步。

教师的另一个偏见就是对疲劳的认识。当孩子对某一事物兴趣盎然的时候，是不会觉得疲劳的，可是教师偏要每隔几分钟就让他们休息一下，这样反而让孩子对所做的事失去兴趣，并感到疲劳。那些从师范学校毕业的教师，大多数根深蒂固地持有这种偏见，几乎不可救药。如今多数大学也有这种偏见，认为每堂课只能上 45 分钟，然后就应该休息，这对孩子来说其实是非常有害的。

教育要遵从人类社会的逻辑，但自然的心灵却有不同的法则。长久以来，人们把心智活动与身体活动看作是两回事，认为只有安静地坐在教室里学习才是心智活动，而人的身体活动则应该抛开心智。这等于把孩子分成了两半，当孩子思考的时候，不准他动手动脚。但事实上，孩子不用双手便无法思考，他甚至还得不停地走动，像古希腊四处游走的哲学家一样，需要行动与思考同时进行。

我们在尽最大的努力帮助教师摆脱这些偏见，我们的最大成就也就在此。如果教育体系里还有设想的空间，而且受过正规训练的教师极少，我们就谢天谢地了，这是很理想的状况。当然，新教师必须知道一些基本的事情。例如，我的第一个实验对象是公寓管理员，我告诉她为孩子示范教具的使用方法后就可以走开，让孩子独立完成操作。她虽然没有受过高等教育，但把任务执行得很好，所以当孩子们的表现十分完美时，她也感到非常惊讶，以为有天使或神灵在帮助孩子们。她有时会非常震惊地跑到我的面前说："夫人，我今天看到孩子们开始写字了！"从孩子写出的漂亮字句看，似乎有神灵在他心里，因为他以前从未写过字，也没有阅读过任何书籍。

经验让我们明白，教师必须大胆放手，仅仅为孩子们准备好材料，然后就让他们自己动手。我们的任务就是让家长和教师明白，对孩子的干涉是不必要的，即使孩子做错了什么也没有关系，这就是所谓的“非干预教学法”。教师应该判断孩子可能需要什么，像一个仆人细心地为主人准备好晚餐后退下，由主人随意享用一样。教师还应具备谦卑的品格，不要把自己的意志强加给孩子，同时还要保持警觉，随时注意孩子的进展，为他们准备好下一步所需要的材料。

文化层次较低的家长最热心配合我们的工作。当孩子写出第一个字时，不识字的父母会高兴得把他们的孩子举起来；然而，有钱的家长只表示了淡淡的兴趣，可能还要追问学校有没有教美德的课业，至于孩子写出第一个字的成果好像无关紧要。有的家长可能会说打扫卫生之类的事是佣人的工作，孩子到学校的目的不应是学做这些低贱的工作；还有一个家长认为自己的孩子太小，还没到学算术的年龄，怕孩子的脑子用坏了而出面干涉教育工作。这样，孩子就有了很复杂的情感，他既有优越感又有自卑感，成为心智上不健全的人。

在我们的教育实验中，局外人认为很糟糕的事情，却往往很有实际价值，这些实验不仅能影响孩子的发展，也会使家长有所领悟。在最初的儿童之家，孩子开始练习做家务事后，就会回去告诉他们的母亲，衣服上有污垢是一件损害自己形象的事。不久，他们母亲的衣服也开始变得洁净无瑕，每次外出都穿戴整齐。不少父母还开始学习读书写字，因为这些是他们的孩子已经学会的。整个社会的气氛和环境因为孩子而改变，仿佛我们手中拿着一根魔杖。

大人与孩子之间的矛盾

现在，教育不仅仅被看作一门技艺，而且属于社会科学领域中最重要的一个研究门类。人类的进步和发展，除了依靠改善外在环境的科学技术外，最有效的方式还是借助于针对儿童的教育科学。

不仅科学家和教育家对教育科学研究产生了浓厚的兴趣，家长和公众也表现出同样的关切。现代教育理念有两项主要原则，第一是了解和培养孩子的个人特质，即了解每个孩子的本性，并透过孩子特有的性格来引导他；第二项原则是解放孩子。

虽然教育科学已经解开了很多儿童教育上的难题，但是要领会现代教育的宗旨，还需要克服不少的困难。在现代教育中，“问题”常常被当作研究的主题，例如，人们常提到学校问题、性格问题、兴趣和能力问题等。但在其他科学研究领域却是“原理”两个字用得比较多，例如，光辐射原理、地心引力原理等。

一般来说，在科学研究领域，问题多半产生于不明确的地方和外围部分，科学研究的核心则包括发现问题和解决问题。但在具有实验性的现代教育方面，却不去正视重要的问题，这等于偏离了科学的正轨。

即使有人说：“我已经把教育的问题全部解决了，我在人类精神方面已有许多新的发现，我将教育置于明确、单纯的境地。”对于这一论调，学者们是不会相信的。社会有一股无形的压力，迫使人们不得不去适应一些令人无法想象的事，也必须适应那些维护社会安定的礼教束缚，因此，每个人都得或多或少地牺牲一些自我。我们的孩子也如此，在学习的义务下，他们不得不有所牺牲，不管我们多么希望孩子们能够享受学习的乐趣。孩子们必须努力学习，但又不能把自己弄得疲惫不堪。

我们一方面希望孩子自由自在，另一方面又要求孩子服从，这些理想和现实之间的矛盾，引发了很多教育上的问题。所谓教育科学的改革，到头来变成大人想象孩子未来命运的声声叹息。所有的学校教育改革，其本意都是为了缓和沉重的教学所造成的伤害，例如，重新修改教学课程和教育制度，强调体能运动和休息的必要等。然而，这些补救方案并未达到真正使孩子自由发展的目的。

不管怎样，针对教育问题的解决，绝对不能有一丝一毫的让步和妥协。目前的教育仍是在一条死胡同中，我们一定要进行真正的改革，一定要开拓出一条崭新的教育之路。

如今我们发现的所谓教育问题，特别是那些与孩子的个性、性格发展和智能发展相关的问题，事实上全都起源于孩子和成人之间的冲突和对立，成人在孩子发展道路上设下的障碍，不但难以计数，而且很有伤害力。成人在设置这些困难时，总是借着道德和科学的名义，并且想要操纵孩子的意志来满足自己的意愿。所以，最接近孩子的成人——母亲或是教师，在孩子的人格形成过程中，反而成了最可能伤害孩子的人。儿童与成人之间的矛盾冲突与教育有关，也是造成儿童成年以后精神错乱、性情异常以及情绪不稳定的主要因素。这些问题从大人传给孩子，又从孩子传给大人，成为一种恶性循环。

所以，要从根本上解决教育问题，首先绝不应该针对儿童，而应该针对教育工作者。教育工作者必须理清自己的思想观念，抛弃一切偏见，还必须改变自己的态度；接着就是创造一个有利于孩子生活的环境，一个没有障碍的学习空间。对于环境的设计要符合孩子的需求，能够让孩子得到心灵的解放，使孩子能克服一切困难，并显现他们的非凡品性。以上两个步骤是奠定成人和儿童间新道德观的基础。

自从我们为孩子营造了一个适宜的环境，感受到孩子在活动中自然流露的创造力之后，我们便看到孩子在工作中表现出前所未有的沉稳。一个与孩子精神上的基本需求相匹配的环境，能让他长时间潜藏着的性格显现出来。因为过去和成人之间的一再抗争，使孩子不得不武装自己，表现出压抑的精神状态。

通过观察我们发现，孩子的内心存在两种不同的心理状态：一是自然而富有创造力的状态，显现出孩子正常、善良的一面；二是因为受到成人的压制而产生的自卑心理。这一发现让我们对孩子有了全新的认识，为我们黑暗的教育之路点亮了一盏灯，引领我们走向新式教育的崭新大道。

在自由且适宜的环境中，孩子所表现出的纯真、勇气和自信，都源自道德的力量，也是孩子融入社会的迹象；而孩子的缺点如行为缺陷、破坏性、说谎、害羞、恐惧以及那些让人意想不到的对抗，会一下子消失得无影无踪。

现在，与成人沟通的是一个完全改变了的孩子，教师也应该以全新的态度来面对他，不应该再把威严和权力集于一身，而要以谦和的态度来帮助孩子。既然我们已经意识到孩子的心理层面有两种不同的状态，当我们开始讨论教育方针时，就需要先理清讨论的基本对象，我们应该以受到成人压制的孩子为讨论对象，还是以在良好环境下自由成长、得以发挥创造潜能的孩子为讨论对象？

对于那些被压制的孩子来说，成人就是制造出许多问题的祸首。但对于那些自由成长的孩子来说，成人则扮演着一个对自己的错误充满自觉性，而且能和孩子平等相待的角色，成人能够轻松愉快地与孩子相处，并且和孩子共享温暖且充满爱意的新世界。

教育科学的改革也应该在与孩子平等相待的体制下施行。实际上，科学的理念就是先假设一个真理的存在，然后才能有一个向前发展的基础，才能发展出一套切实可行的办法，进而减少错误的发生。孩子本身就是引导我们求得真理的人，孩子希望大人能够给予他们有益的帮助，这也是成人在帮助自己。

孩子是通过各种活动在环境中成长起来的，但是除了活动之外，孩子还需要对物质的接触，需要得到学习上的指导以及对万物不可缺少的了解，这些都是孩子发展道路上的重要需求，都有赖于成人提供。大人必须给孩子的发展提供必要的东西，实现孩子的需求，尽可能帮助孩子自己行动。如果大人做得不好，孩子就没办法顺利发展。但是如果大人做得太多，也可能阻碍孩子的发展，使他们的创造力无法发挥。而这之间的平衡点，我们称为“介入的门槛”。随着教育经验的不断积累，我们会逐渐找到介入的恰当时机，而孩子和施教者之间的了解也就能更透彻。

孩子的活动是经过和物质的接触引发的，因此，我们把一些经过科学论证而挑选出来的教具放在孩子的周围，让孩子们随意把玩使用。关于文化传承的问题，也会因这种做法而得到解决。这样的做法不但减少了大人的介入和干预，也保持了较为传统的教学形式，让孩子们依据自己的发展需求，摸索着学习。

每一个从活动中获得自由的孩子，都可以发挥自己的最佳创造力，也将在学习过程中不断进步。个体的发展也有助于文化的传承。教师扮演着指导者的角色，只有在必要时才出现，孩子的个性循着自己的规则展现，演绎着自身的各项能力。

孩子的精神比一般人所认为的更加高尚。经常让孩子感到痛苦的，不是要做许多事情，而是不得不去做那些对他来说毫无意义的事。孩子感兴趣而且愿意付出努力的，是那些与他的智能和尊严相符的事情。我在全球上千所学校里看见，很多孩子做出了成人以为他们不可能做到的事。孩子工作时的表现，证明他们能够长时间地做一件事而不觉得疲劳，能够专心到几乎与世隔绝，这些都是孩子人格发展过程中的一些表现。孩子在文化方面显得特别早熟，四岁半的孩子已经学会写字，并且非常热衷于享受其中的乐趣，我们将孩子热衷于绘画和写字的这一时期定义为“画写爆发期”。

孩子们很小的时候，就在轻松、有趣的氛围下学会了绘画和写字，他们一点儿也不觉得写字和画画很累，因为这是一项自发的活动。

看着这些健康、安静、纯真、感情细腻、充满爱和欢乐并随时准备帮助别人的孩子，我不禁想到，由于过去对孩子所施加的错误管教，人们实在是浪费了太多的精力。是成人让孩子变得什么都不会做，变得疑惑和叛逆；是成人夺走了孩子旺盛的精力，破坏了孩子独特的个性。成人急切地想要纠正孩子的错误，平复孩子心理上的缺损，弥补孩子性格上的缺陷，殊不知这一切都是成人自己造成的。

我们发现自己正在一个没有出口的迷阵中转悠，陷入了毫无希望的挫败中。成人发现自己受困于问题密布的丛林中，不知如何是好，唯有等到自己能够勇于面对错误并加以改正，问题才能彻底解决。孩子长大成人后，又成了这些错误的继承人，如果不改正，这些错误便会代代相传下去。

家教延伸阅读

学步宝宝的益智小游戏

蹒跚学步的孩子会整天缠着大人，耗尽父母的体力和精力。其实大人可以和他一起玩游戏。这里有几个教给父母的小游戏，不仅可以让妈妈们从孩子的纠缠中解脱出来，而且可以让孩子在愉快的游戏中促进大脑发育。

1. 洗衣游戏

当宝宝在身边黏着你时，洗衣服自然是比较困难的。不过没有关系，不妨让他加入进来吧。比如让他帮你把白衣服从有色的衣服中挑出来，或者干脆给他拿个小盆，让他给自己的洋娃娃洗衣服，然后让他在花园的椅子之间拉根绳把衣服晾起来。他一定听话且干劲十足。

2. 穿衣游戏

帮宝宝穿衣服，但不是拿着衣服就套在他身上。妈妈可以跟宝宝做个游戏，一边帮他穿衣服，一边唱着“头、肩膀、膝盖、脚趾”。唱到什么地方就让宝宝指向什么位置。当他掌握了这些部位后，可以再加上身体的其他部位。在帮他穿衣服的时候可以逗他开怀大笑，比如，你可以把他的袜子戴到他的手上，把他的腿塞到袖筒里等。宝宝也许马上就会告诉你：你错了。接着他可能告诉你袜子、袖筒该穿在什么地方。

3. 观察游戏

对宝宝来说，走路是一件枯燥的事情。因此，可以在走路的时候给他增加些乐趣，让他忙活起来。比如，让他留心路上的小朋友、小狗、树木等，告诉他每次看到都要喊“我看到了”，这会让孩子学会观察与探索。在街上散步也是锻炼宝宝看、听、学的最好方法。他可以看到小汽车、小狗、飞机、脚印，可以看到交通灯、救护车，妈妈们要好好教教宝宝。

4. 盒子游戏

宝宝喜欢把东西藏在盒子里，因此，你干脆就给他买几个彩色的储存盒以便他保存玩具。当你打算打扫卫生或是给他整理床时，就给他布置些简单的任务，比如“宝宝，请把玩具熊放在蓝色的盒子里”等。做完之后别忘记奖励他一颗小星以示鼓励哦。这样，他的信心就更足了。

5. 洗浴游戏

每周一次，妈妈可以和宝宝一起洗个澡。这是个很好的机会，你们可以相互拥抱、唱歌。别忘了，边洗边指着告诉他身体的每一部分叫什么。这不仅能培养宝宝勤洗澡的好习惯，还让他认识了自己。在你放一件物品在浴盆里之前，让宝宝猜一猜这件物品将下沉还是漂浮在水中。你可以试试肥皂、牙刷或橡皮玩具等不同物体。拿个漂浮物，比如塑料杯，然后装上水，让他猜猜接下来会发生什么。猜想可激发宝宝的思考力。

6. 听力游戏

当妈妈做饭的时候，塞给孩子一个空罐子，让他往里面放干面条、豆子、扁豆或玉米。让他摇晃，最好能摇出声响，让他比较不同的声音，可练就宝宝很好的听力。在家里反复放一些歌曲或小故事，若干遍之后，时不时地把音量调小，看他是不是能跟着唱上几个词，或者讲讲故事的一部分。

7. 寻宝游戏

在公园里玩的时候，可以给宝宝一个袋子让他收集宝物，比如不同形状的树叶、花、羽毛等。回到家，拿些纸和无毒胶水让他创作一个收藏集，可提高宝宝的动手能力。

8. 购物游戏

在超市，让孩子去寻找一些常见的东西，比如黄瓜、牛奶等。他会很乐意地抱上一大堆塞进小车里。如果你想让他待在小车里，就给他一个便笺簿，剩下的就不用管了，他会记录好你所购买的东西。购物的时候，让孩子帮你数西红柿、苹果的数量，让他来认柠檬、橘子的颜色，让他告诉你，他感觉到它们是冷的、热的、湿软的，还是坚硬的。

9. 睡前游戏

睡觉前给孩子讲故事时，不妨把故事的主人公换成你的小宝宝。或者干脆不照本宣科地读，而是改编个故事让他成为其中的一分子。总之，睡前做些事情，让他加入进来，身临其境，宝宝会乐此不疲。该睡觉了，可宝宝还迟迟不肯上床，而你又不想吓唬他或者采取什么刺激性的举动。这时，不妨每天在他的枕罩里藏不同的玩具，给他一个意想不到的惊喜。而他也知道，必须要爬到床上才能知道今天会发现什么新奇的玩具。得到心爱的玩具，睡觉也就顺理成章了。

蒙台梭利的早期教育
MONTESSORI'S EDUCATION

007

关键的早期教育方法

节奏不是可以随意改变的！

成人应该可以理解这一点。

每一个孩子的成长活动，

都会有一种独特的节奏，

就像每个人的体形不同一样。

运动对儿童非常重要

生命不息，运动不止，运动始终伴随一切机体的活动。通过运动，儿童不断获得发展。儿童的发展不仅依靠心理的训练，也依靠身体的运动。运动给身体带来健康，给心理带来勇气和自信。

运动对儿童非常重要，它是一种创造性力量，并使人类实现人种的完善。儿童通过运动改善外界环境，履行自己改造世界的使命。运动不仅是人身体的必要活动，而且是人智力发展的必要活动，因为人要想与外界建立联系，唯一的途径就是运动。

通过锻炼身体，儿童的肌肉可以保持健康，他的生命就不会衰弱，从而变得强健有力。儿童在运动中还可以通过自主地控制和使用运动器官，实现自己的意志，这是儿童智慧成果的外在表现。

可是成人不仅不重视儿童的身体运动，还试图阻止儿童的身体运动。

毫无疑问，一些科学家和教育家并没有注意到运动在人发展中的重要性。如果“动物”这个词包含了“活动”或“运动”的意思，那么植物和动物之间的区别就是，植物扎根于土壤，动物却可以到处活动。所以我们制止儿童运动的想法，是不是很好笑呢？

人们的潜意识里隐藏着赞美儿童的语言。比如，儿童是幼小的花朵，这就是说他应该文文静静的；儿童是小天使，这是说他应该是活跃的。

父母最应该知道的育儿方法

不要阻止孩子做在大人看来没意义的事，因为这是孩子自己独有的成长节奏。

孩子早期的学习是从模仿开始的。

内心安静可以锻炼孩子的听觉。

运动可以让孩子生命力更顽强。

人类所理解的儿童世界和儿童好像没有关系。

人类心灵的盲目令人不可思议，心理分析家弗洛伊德认为人类潜意识中存在着“心理盲点”，其盲目的程度令人感到恐惧。从中可以看出，科学虽然能发现一些人类潜意识的奥秘，但还远远不能揭示它。

所有人都承认感觉器官对心理发展的重要性。聋人、盲人或聋盲儿童的心理发展很困难，对此观点人们没有异议，因为眼睛和耳朵是心灵的窗户，它们被认为是“智慧的媒介”。聋人和盲人的智力比正常人的智力低一些，这一观点也被人们所认同。聋或盲或又盲又聋是一种不利条件，但它不影响身体健康。但是，如果人为地剥夺儿童的视觉或听觉，还认为儿童会更好地获得高水平的文化知识和社会道德，就太荒谬可笑了。

尽管这样，要人们接受身体运动对人的道德和智力发展具有重要性这一观点，也是很困难的。一个正在发育的儿童会因为不运用运动器官而使发育受阻，与没有视力或听力的人相比，他的“智力媒介”更匮乏。

一个“肉体不自由的人”遭受的痛苦比聋人或盲人更严重。聋人或盲人没有办法与某些环境接触，但经过一个适应的过程后，他们已失去的感官功能可以用其他感官的敏锐部分弥补。但是身体运动是无法用其他东西替代的，一个不运动的人不仅会伤害自己，而且也远离了生活。

人们谈到“肌肉”时，通常会把它们想象成某个身体的器官。这种概念与我们关于精神的概念似乎是不一致的，精神脱离物质，就像脱离所有机制僵死了一样。通过运动或身体活动获得的心理和智力发展，比通过听觉和视觉获得的智力发展更有价值。这种看法对一些流行的观念构成了挑战。

我们的眼睛和耳朵的活动也遵循物理学的规律。眼睛是结构奇妙无比的“逼真的照相机”，耳朵是拥有会振动的弦和键的“爵士乐队”。

当我们提到这些智力发展所需的“优良装备”时，并不机械化地看待它们，而是将它们当作思考自我的媒介。自我与世界的联系通过这些奇妙而有活力的“装备”建立起来，我们还运用这些媒介来满足我们的心理需要。朝晖夕阳、山水风光、优美的歌声都是自然之美，这些多种多样且持续的感官印象，给我们的心理世界带来源泉和养料。

真正的力量在于自我，唯一的主宰和感觉的媒介是自我。如果自我感受不到各种各样的自然美，那么这些感官还有什么价值呢？视觉或听觉本身并不重要，但通过看和听形成和发展一个人的自我，这种更高的目的是最重要的。

我们也可以类推自我和运动之间的关系，各种各样的器官无疑是运动所需要的，即使这些器官的高度专门化程度不像耳朵的鼓膜或眼球的晶体那样。这就产生了人类生活和教育的基本问题，也就是我们应该如何激励和引导儿童运用自身的运动器官，使他们的行动比本能的感知具有更高的指导性。

如果自我的发展无法获得这种必要条件，儿童的自我将遭到整体性破坏，自我的本能会游离于不断成长的身体之外，变得难以捉摸。

每个孩子都有自己的节奏

成人如果不把儿童手的运动看作他们工作本能的第一次展现，不去理解儿童在活动中运用手的重要性，就会给儿童的工作制造障碍。这并不只是成人的防御心理作怪，还有其他的原因，其中之一是，成人注意的是自己行为的外在目的，并根据想法制定行动方案。这就是成人的自然法则，即“效益至上法则”。

成人往往运用最直接的方法，在尽可能短的时间内实现他的最大利益。如果儿童正在努力做某些看似没有成效和幼稚的事情而被成人看到，或者成人一瞬间就可以做完这些事情而且做得更好，这时他就为儿童感到痛苦，想去帮忙。

儿童对于琐碎或毫无用处的东西特别有热情，成人认为这是可笑的，甚至是不可理解的。当一个儿童发现桌布放得不端正时，就会分析桌布应该怎样铺，尝试用自己记忆中的方法把它铺好。

虽然他做得很慢，却投入了全部精力和热情。因为儿童心理的主要任务是记忆。把一些东西整理好，对于这个发展阶段的儿童来说是一种很有成就感的活动。即使没有成人的帮助，儿童通过自己的努力也能把事情做好。如果一个儿童想自己梳头，成人又不支持这种可贵的想法，那么儿童就会有挫败感，感到不高兴。儿童不可能很好地达到成人的标准，很快地梳好头，成人却能把儿童的头发梳得既快又好——这就是成人的想法。这个儿童正在进行一种令人欣喜并且有益的活动，如果他看到成人走过来拿起梳子，说必须由成人来梳头，他就会觉得成人是一个强大而无法与之抗争的巨人。同样的情况在成人看到儿童尝试穿衣服或系鞋带时也会发生。成人对儿童所有的想法都会阻拦，甚至变得恼怒起来，因为他们认为儿童在试图进行一种没有必要的活动。

节奏不是可以随意改变的！成人应该能够理解这一点。每个人的活动都会有一种独特的节奏，就像每个人的体形不同一样。我们对他人有着与我们相近的活动节奏感到高兴，但是，如果我们被迫去适应他人的节奏，就会感到非常痛苦。比如，当我们跟一个局部残疾的人一起走路时，如果是被迫这样做，就会感到痛苦；如果一个中风病人缓慢地举杯到唇边，他缓慢的动作与我们灵活的动作所产生的强烈反差，也会使我们感到痛苦。我们想用自己的节奏代替他的节奏帮助他，因为这能使我们摆脱痛苦。

成人对儿童的做法与此类似。成人在潜意识里会阻止儿童做那些缓慢和看似笨拙、没有效率的活动，正像他不得不驱赶烦人的苍蝇一样。

不过，成人却能容忍儿童活动节奏的强烈和迅速。充满朝气的儿童在他的环境中所造成的无序和混乱能被成人接受，成人会耐心地“坐视不管”，因为成人注意到事情是清晰和可以理解的，儿童有意识的行为是可以被成人控制的。

但是成人感到有时候必须进行干预，比如当儿童的动作缓慢时，他们就自己代替儿童来行动。但是成人这样做时，并不能满足儿童最基本的心理需要。成人成为儿童自然发展的最大阻碍，因为他阻止儿童自由地行动。想独立而不愿其他人帮忙洗澡、穿衣或梳头的“不听话”的儿童绝望的哭叫，显示了儿童决定以自己的努力求得发展的决心。

成人向儿童提供他们不需要的帮助，是儿童受到的所有制约中的一种，谁会想到这种制约会对儿童以后的生活产生最不利的影响呢？

日本人的潜意识里对儿童有着一种根深蒂固的观念，即死去的儿童是痛苦的。父母会在夭折的儿童墓前放置一些小石块一类的东西作为对死者的祭礼。他们在坟墓前所放的小石块，可以使儿童免遭另一个世界的恶魔攻击。恶魔将毁坏儿童正在建造的东西，但是带着父母真诚关爱的那些小石块能帮助儿童进行重建。死去的儿童会遭受痛苦，这是最令人难忘的一种观念，表明我们在用潜意识解释死亡之后的事情。

多让孩子进行“安静”的听觉练习

有一天，我让一个婴孩的母亲站在院子里，我抱着她那只有 4 个月大的女婴走进教室。这个婴儿整个身体被襁褓紧裹着。她的脸胖乎乎、红扑扑的，表情也很安静。这种“安静”给我留下很深刻的印象，我要和孩子们分享这种体验。

我对孩子们说：“看她多么安静啊！”然后我调皮地说：“看她站得多么稳当啊，你们谁也做不到她这么好。”（我告诉他们婴儿的脚包在襁褓里）这时，我看到所有孩子都把他们的脚并拢在一起一动不动，都带着奇怪的表情盯着我，好像在专心听我讲话，努力领会我的意思。真让人惊讶。“请你们留心她，”我继续说，“听，她的呼吸多么安静，你们哪一个都不会像她这样安静地呼吸。”孩子们开始像婴儿一样屏住呼吸，那一刻奇特的安静令人难忘，甚至能听到平时难以听见的挂钟的嘀嗒声。

这个女婴给教室里带来前所未有的安静的气息。每个孩子都没有做任何可能发出声音的动作，他们专心致志地体验着这种安静，并反复回味。这项活动吸引了所有的孩子来参加。这自然不是一种热情推动的结果，因为它主要源自一种内心的愿望，而不是受激情和冲动等来自外在的东西的影响。

那个时刻，所有的孩子都控制自己的呼吸，安安静静地坐着，脸上流露出正在沉思的表情，像那些宁静而专注的思想者。这种安静令人感动，此刻我们能听到极其轻微的声音，就像远处的滴水声和鸟鸣声。从此，我们就开始了“安静”的练习。

有一天，我想可以以这种“安静”为标准，检验孩子们的听觉灵敏度。于是，我像医学检查中的医生一样，在不远处低声叫他们的名字。谁听到了自己的名字，就要求他不发出任何响声地走到我面前来。通过这一练习，可以锻炼儿童的耐心。有 40 个儿童参加了这次练习。对那些达到要求的儿童，我奖励他们一些糖果。但他们拒绝拿这些糖果，好像在说：“别破坏我们美好的体验好吗？我们心里充满欣喜，一直都是这样，请不要分散我们的注意力好吗？”我终于认识到，尽管安静环境中几乎很难听到什么声音，但是儿童拥有对安静和对呼唤他们的声音的敏感性。他们会蹑手蹑脚地走过来，努力做到不碰撞任何东西。

后来，我清楚地认识到，每一项练习都能起到纠正错误的效果，例如以安静制止喧闹。这些练习对完善儿童的能力来讲是有益的。仅仅通过口头教育是很难获得效果的，而不断进行这种练习能训练儿童行为的完美。儿童绕过各种东西而不碰撞它们，轻快地走路而不发出响声，他们都是通过学习才变得敏捷和机灵的。儿童们愉快地完成这些动作，因为自己做得很完美，他们发现了自己的潜力，并欢欣鼓舞地反复参加练习，获得持久的生命力。

我花了很长时间使自己相信下面的结论，那是关于儿童拒绝拿糖果的内在原因。糖果往往作为一种奖品提供给儿童，不是必要的和规定的食物。儿童喜欢吃糖果是众所周知的，所以他们拒绝接受糖果的行为太令人难以捉摸了，我希望用进一步的试验来探究其中的原因。我到学校去的时候在身上装了一些糖果，给儿童的时候他们拒绝接受，有的儿童只把它放在罩衫的口袋里而不吃。我以为是他们的家庭都很贫穷的缘故，可能他们想把这些糖果带回家去。我对他们说："我给你们的这些糖果你们可以吃，你们可以带其他糖果回家。"他们接受了这些糖果，但还是放进口袋里，并不吃它。后来，当他们的教师去看望其中一个生病的儿童时，才发现儿童对这种礼物的珍惜十分感人。这些存放在小盒子里的诱人的糖果放了好几个星期，这个儿童一直没舍得吃掉它。小男孩首先非常感谢教师的来访，并从一个小盒子里取出一块糖果给教师吃，那是他在学校里得到的。

在这些儿童中，这种现象极为普遍。许多参观者在阅读后得知了这一现象，然后到我们学校来证实这种现象。在儿童的世界里，这是一种自发和自然的表现。没有人想要教他们伪善地放弃糖果，也没有人会对他荒诞地说："儿童不能玩耍，也不能吃糖果。"当儿童的境界升华到一定程度时，他们完全自愿地拒绝这些表面的奖赏。

有一次，有人烤制小甜饼给孩子们吃，甜饼烤制成几何形状。这些儿童不仅没有吃，还认真地看着它们说："这是圆饼！这是长方饼！"有一个关于穷孩子的有趣故事，讲的是一个小孩注视着母亲，他的母亲在厨房里忙着烹调。母亲拿起一块黄油时，这个小孩说："这是长方形的！"母亲切去一角，这小孩就说："现在是三角形的。"接着说，"剩下的像四边形。"但他一直没有说"给我一些面包和黄油"。这出乎人们的意料。

理解孩子做出的那些令人难以理解的行为

成人明确地以一种合乎逻辑的方式行动，儿童在此之前已经开始为自己的目的而行动了。通常发生在一岁半到 3 岁儿童身上的情况是这样的，对成人来说，儿童常常以成人难以理解的方式使用一些物品。

我看到过一个一岁半的儿童，他发现了一叠餐巾，餐巾刚刚被烫平，整齐地堆在一起。小家伙极小心地拿起一块餐巾，用一只手压在上面，使整齐的餐巾不会散开，他穿过房间，走到斜对面，把餐巾放在那个角落里的地板上说："一块。"然后，他按来时的路线又返回去。这表明某种特殊的敏感性信号在指导他。他穿过房间，用同样的动作拿起第二块餐巾，捧着它小心地沿着同样的路线走过去，把它放在第一块餐巾上，又说："一块。"他重复地把所有餐巾都拿到斜对面的角落。后来，他把这个过程反过来完成，又把所有餐巾依次放回原来的地方。虽然这堆餐巾堆放得有点倾斜，不像最初放置的那样完美，但仍然折叠得整整齐齐的。

在这漫长的搬运过程中，幸运的是家中一个人也没有。儿童经常听到成人在他们身后呵斥："停下！放下手里的东西。"成人为了教训儿童不要碰那些东西，不知打了他们细嫩的小手多少次啊！

另一项使儿童着迷的基本工作是拧下瓶盖，再把它盖上。当这种盖子是一种可反射出五彩光芒的雕刻玻璃瓶上的盖子时，儿童着迷的程度就更严重。取下瓶盖，盖上瓶盖，似乎是一项孩子们乐此不疲的工作。

把墨水瓶或盒子的盖子拿起来又盖上，或者打开和关上橱门，又是儿童喜欢的另一项工作。

儿童和成人经常为了一些东西发生冲突，这完全可以理解，因为这些东西首先是父母桌子上的东西，或者是房间里家具的一部分，所以父母禁止儿童碰它们，可是它们对儿童有一种天然的吸引力。儿童被认为“不听话”，常常是这种冲突发生的结果。其实儿童并不真想要这样一个瓶子或水瓶，只要给他们一些替代品，允许他们进行同样的活动，他们就会很满意。

诸如此类的儿童基本活动，可以被看作是人生命最初阶段的活动，它们没有逻辑性和目的性。我们为这个时期的孩子设计了一些直观的教具，例如，一系列大大小小的圆柱体，正好可以塞入木板上大小不等的洞中。由于这些直观的教具能够满足儿童早期生活的需要，因此，教具的使用获得了很好的效果。

其实，这个让儿童获得自由的主张是很容易被理解的，但在成人那里这个主张却很难实现，其原因是成人心里存在极深的矛盾。因而一个成人，即使表面上同意儿童自由触摸和搬运东西的要求，他也会发现自己无法化解内心想禁止这个儿童自由活动的冲动。

一位很熟悉这个主张的年轻纽约妇女，渴望在她两岁半的儿子身上实现这个主张。有一天，她的儿子把装满水的一只水罐从卧室拿到客厅去。她注意到孩子高度紧张，尽力慢慢地穿过房间，并不停地提醒自己：“当心点，当心！”孩子的母亲看到水罐很重，感到有帮助他的必要。于是她帮忙拎起水罐拿到他想拿到的地方。但是，这个孩子感觉受到了伤害，他很伤心。这位母亲承认造成孩子痛苦的原因在于自己，但又觉得自己的行为是正确的。她说，她心里很矛盾，一方面，她认识到她孩子正在做的事情是对的，另一方面，她又觉得把孩子搞得很疲惫，浪费很多时间，也不适当，而她只要出一点力就可以完成这件事情。

这位妇女询问我的意见时，真诚地对我说："我知道自己做得不好。我反思自己的行为，我是出于成人保护财产的本能才不让孩子自己去做的。"我问她："你有漂亮的瓷器吗？比如杯子？给你的孩子一件轻巧的瓷杯，看看到底会发生什么。"这位妇女听从了我的建议。

后来她告诉我，她的孩子拿着杯子小心地走着，走一步，停一停，最后把杯子安全地送到了目的地。孩子的母亲在整个过程中交织着两种心情：一方面她为儿子的工作感到高兴；另一方面是为她的杯子担心。由于两种心情都很强烈，她拿不定主意，最后还是让儿子完成了这项工作。这是一项孩子如此渴望的，对他的心理发展极为重要的工作。

还有一次，我把一块抹布交给一个才 14 个月大的小女孩，允许她做些清洁工作。她坐下来用抹布把许多东西擦亮了，她对自己的工作很满意。但是她的母亲却反对这么做，认为如此幼小的儿童不需要按所谓的卫生习惯用抹布去做家务。

对儿童工作本能的重要性不理解的成人，往往在儿童第一次展现工作本能时会感到奇怪。成人应该认识到自己必须做出巨大的牺牲，即尊重这些与自己的日常生活极不相容的行为，而且必须克制自己的习惯。成人认为儿童不是环境之内的人，但是要把儿童完全放在这个环境之外，就如同不许他学习说话那样，会阻碍他健康地成长。

为了解决这个冲突，使儿童可以更好地发展自己，我们要为他提供适宜的环境。当儿童说第一句话时，并不需要为他准备什么东西，因为他的牙牙学语在家人听来是一种欢乐的声音。但是，儿童的小手会要求获得一种“工作的器具”，一种与他的工作目的相适应的工具。

我们常常发现儿童在活动中所付出的努力远远超出我们的估计。我有一张照片，照片上一个英国小女孩拿着一个她的双手无法承受的大面包，面包如此之大，她不得不把它紧贴在身体上。她不能去看自己的双脚该往哪里踩，因为她被迫挺着肚子走路。在这张照片上，还有一只狗在她的视线范围内跟随着她。小女孩的后面是一群都在注视她的成人。他们必须做出很大的努力克制自己要冲过去帮助孩子拿面包的冲动。

有时候，年幼的孩子在一个适宜的工作环境中展现出一种熟练的技能，使我们赞叹不已。如果成人专门为儿童营造这样一个环境，那么儿童世界将产生复杂的社会作用。一个两岁的小男孩曾经给我留下很深的印象。这个小男孩很有号召力，为了接待其他同龄的儿童，他做了摆放桌子、打扫房间之类的活儿。他一直处在明亮的烛光的照耀下，做这些有意义的工作。在母亲为他准备生日蛋糕的时候，他把一些事情的本意混淆了，他走来走去，得意地对人说：“我两岁了，所以我有两根蜡烛。”

关注孩子的早期阅读和写字

有一天，有两三位母亲找到我，请我教她们的小孩读书和写字。这些妇女都没有文化，她们一再恳求我。当时我反对这样做，理由是这样的要求超过了原先的设想。

接着发生的一些事情令人惊讶。为便于教这些四五岁的儿童学习一些字母，我让一位教师用硬纸板做成这些字母的教具。有些字母是用特殊纸板做成，这样可以帮助儿童用手指在上面顺着字形写字母，同时又能使儿童记住它们的形状。把形状相似的字母归类，并放在一起，当儿童触摸这些字母时，他们的小手就会揣摩字形，进行相似的描摹动作。这位教师喜欢这样，就这样安排了，他并没有对这些儿童提供更多的帮助。

这些儿童如此激动。他们把这些字母高举起来，像旗帜一样举着，并列队绕圈行走，高兴地呼喊着。这是为什么呢？有一天，我看到一个小男孩一个人在路上走着，他口中重复着："拼'sofia'，记住有一个'S'，有一个'O'，有一个'F'，有一个'I'，还有一个'A'。"他重复说着这些字母拼成的这个词，令我极为惊讶。他实际上是在研究和分析自己头脑中的一个词，寻找组成这个词的语音。仅仅因为对探究的兴趣，就使这个儿童认识到这些语音中的每一个音都有一个字母相对应。

很多字的拼音事实上就是语音和符号之间的对应。口头语言本身就是要讲出来的，书面语言不过是把一个个语音变成可见的符号。两者的同时发展促进了书写的进步。书面语言是相应的口头语言衍生的文字表达。书写有助于掌握字词和音节。

这时，手几乎无意间掌握了与说话同样重要的技能，并且创造出精确地反映口头语言的书面语言，这是人们发现的一个真正的秘密。因此，书写使脑和手都受益。一种新的学习动力由手的书写引发了。由语音组成的词句逐渐形成了书面语言的格式。

书写的出现是文字发展的一种合乎自然逻辑的结果。双手因此具备了描摹的能力。这些字母仅仅代表特定的语音，所以它们的符号一般是很容易描摹的。但是，在这之前我没有想到的是，“儿童之家”里所发生的一切事情都令人惊讶，完全出乎我的意料。

有一天，一个儿童自动开始学习书写。他惊奇地大声喊叫着：“我会写字了，我会写字了！”其他儿童围上去，极有兴趣地看着他用粉笔写在地板上的字。“我也会，我也会写字！”他们也呼喊着，跑去找写字的地方。有些孩子拥挤在黑板的周围，有些孩子趴在地板上练习。他们都开始练习书写。这种不倦的练习像决堤的洪水一样不可遏止。在家里，他们到处练习，在门上、在墙上，甚至在面包上练。这些只有 4 岁左右的儿童，他们显露出的书写才能，完全超出我们的预料。我们感到好像发生了重大奇迹。

我们曾经把收到的一些插图精美的书籍发给儿童，他们的反应很冷淡。虽然这些书中有精美的图片，但这些东西只会让他们分心，使他们不能全神贯注地书写，这可是一项新的有吸引力的工作啊。他们这时的目的是要写字而不是看图片。很久以来我们一直试图激起他们对书籍的兴趣，尽管这些儿童以前也许从未见到过书。然而，我们不可能让他们理解“阅读”的意义，因此，在合适的时机到来之前，我们得拿开这些书。儿童不大喜欢阅读别人所写的东西，也许由于他们还不能读出这些字。当我把他们所写的字大声念出来时，大多数儿童呆呆地转过脸来看着我，仿佛在问：“你怎么知道的？”

大约过了 6 个月，儿童对所读到的字的含义开始理解了。阅读和书写结合起来是他们取得进步的原因。他们都注视着我在一张纸上描字时的手，并认识到文字可以像说话一样表达思想。认识到这一点后，他们拿起我写过字的那张纸，走到角落里，试图阅读这些字。他们并没发出声音，只是默读。他们的小脸由于努力思考而皱起来，有时候突然露出笑容，并且高兴地欢蹦乱跳，仿佛他们体内压紧的弹簧突然放松了。

这个情景告诉我，他们已经读懂我写的那些字了。我所写的每一个句子都是一个祈使句，比如以前我用口头语言表达过的“打开窗”“走到我面前来”等。儿童的阅读就这样开始了。他们没用多长时间就能阅读复杂的祈使句。但是，这些儿童似乎只是把书面语言理解成表达自己思想的另一种方式，就像人与人之间进行直接交往使用的口头语一样。

当参观者来访时，许多儿童改变了以前用口头致辞表示欢迎的方式，他们现在保持着安静。有的儿童首先站起来，在黑板上工整地写着“请坐，谢谢，欢迎光临”等。

有一天，我们正在谈论西西里岛发生的那场彻底毁灭了墨西拿城的可怕的地震，灾难造成数千人死亡。这时候，一个大约 5 岁的儿童站起来并走到黑板前，写下了：“我感到很遗憾！”大家都盯着他，推测他将对这件事情表示口头哀悼。但他接下来写道：“我是一个小孩，我为此感到遗憾。”这看起来好像是一种以自我为中心的奇怪的反应。但这小孩接下来写了一句惊人的话：“我是大人就好啦，因为我会去帮助他们。”这个儿童通过自己写出的小文章表达了他内心的爱，而这个小孩的母亲是一位在街上靠卖草药来维持生计的妇女。

后来，我们学校还发生了一些更令人惊讶的事情。我们为了方便儿童温习识字课本，就为他们准备了一些相关的材料。于是孩子们开始阅读在学校中能见到的印刷体字母，但日历上的字母很难辨认，因为日历上的字母是用哥特体印刷的。这些儿童的父母还告诉我们，他们的小孩在街上走走停停，仔细辨认商店招牌上的字母，因此不宜和孩子一起上街。这些儿童显然对认识这些字母感兴趣，而不光是为了读这些句子。

他们希望在知道字的含义时，去学习另一种书写方式。这就像成人辨认刻在岩石上的史前文字一样艰难，这是一个凭直觉探究的过程，成人依据正确辨认出来的标志猜出那些符号的含义，儿童对任何印刷体字母随机和强烈的兴趣与之相似。如果我们对他们解释这些印刷符号，而且过于匆忙，就会使他们探究的兴趣被扼杀。过早强求儿童通过书本来识字，对他们毫无裨益。做这些次要的事情，也会使他们充满活力的内心活动遭到削弱。于是，很长一段时间里，这些书一直收藏在柜子里，直到后来，儿童才接触这些书，那是以一种很有趣的方式开始的。

一天，一个儿童兴高采烈地走进学校，手里捏着一张已揉皱的纸，那是从一堆废纸中捡来的。他悄悄地对一位同伴说："你猜这张纸上有什么东西？""什么也没有，只有一张纸。""不，这张纸藏着一个好故事。""上面有一个故事吗？"一群好奇的儿童立刻被吸引过来。这个儿童拿着书的残页，开始读那个故事。最后，书本的重要性被儿童理解了，于是书本对他们来说成了迫切需要的东西。然而，有些儿童看书时发现哪个故事有趣，就会把那几页撕下来带走。那些书太可怜了！儿童们刚发现它们的价值，就发生了人为的破坏。往常良好的学校秩序，因此会发生混乱。

我们必须管住这些喜爱阅读的小手，否则它们就会变得极具破坏性，而教育工作应该在他们学会阅读书本和尊重书本之前就开始。我们为儿童们提供帮助，以便他们正确地拼读和书写，有些儿童甚至能达到初中三年级学生的水平。

家教延伸阅读

儿童阅读兴趣的培养

一些专家认为，要根据不同年龄段、不同个性的孩子，采取不同的方式，来培养孩子的阅读兴趣。培养孩子的阅读兴趣，大致可分为以下几个阶段：

三个月至六个月

当宝宝还躺在摇篮里时，就可以把儿童专用的布书吊在宝宝的眼前，让他感受图形和色彩的冲击。布书是一种用棉布缝制的书，棉布上印有色彩鲜艳、内容简单的图画，能激发宝宝识别图形、色彩的能力，是一种可以让宝宝主动伸手去感知、探知的书。不过布书的价格比较高，在婴儿时期，家长也可以经常给宝宝念一些朗朗上口、韵律优美的儿歌或童谣，使宝宝得到语感的积累和沉淀。

六个月至一岁半

当宝宝六个月时已经学会坐了，由于这个时期的宝宝对色彩非常敏感，家长应该给宝宝多翻看一些以图案为主的书籍、画片。与宝宝阅读时，家长可以把孩子抱在怀里，或与他并排坐着，一边一页一页地翻书，一边根据书本的内容与宝宝对话。

一岁半至二三岁

一岁半是宝宝语言学习的第一敏感期，这时的宝宝大多已能听懂简单的语言，也可以说出完整的句子。家长可以试着讲一些故事，并辅以适当的肢体动作和眼神交流。安排固定的时间阅读也很重要，一般以半个小时为宜。这样可以让孩子知道，读书是日常生活的一部分，有利于宝宝养成每日读书的好习惯。

二三岁至五六岁

这么大的宝宝已经可以自己看书，并从图画中猜出文字的意思，所以应该让孩子阅读一些图多字少的书籍。除了孩子自己阅读之外，父母也要与孩子进行亲子阅读。在这种亲子阅读中，家长用儿童的语言和腔调对图书中的信息进行淋漓尽致地演绎，不仅能让孩子扩大知识面，还能进行美好的情感交流。当聪明的孩子在家长念书的时候偶尔发问，家长一定要抓住时机耐心地回答，并对孩子的表现给予肯定和奖励。

与此同时，二三岁的孩子已经具有了自己做决定的愿望，家长千万别错过这个引导和锻炼孩子独立思考的好机会。很多家长在为孩子挑选图书时，凭的是成人自己的读书品味，而没有考虑孩子的年龄特点和个性，所以造成一些家长误以为自己的孩子不喜欢阅读。这就要求家长把自主权交给孩子，让孩子自己选购图书。

当然，孩子在挑选图书的过程中，也少不了家长们的引导。“这本书的字太小了，对你的眼睛不好，你看换这一本怎么样？”这样的建议孩子一般是可以接受的，即使不接受，也应该尽量满足孩子的阅读兴趣。为了一本书而让孩子产生读书的抵触情绪，那就得不偿失了。

五六岁以后

这时的孩子已经认识了一些字，因此可以让他阅读图少字多的书籍。但很多家长为了让孩子认识更多的字，会采取“点读式”来指导孩子阅读：一边用手指着书上的字一边念给孩子听。这种强硬做法对孩子阅读习惯的养成是不利的，因为这种阅读方式会分散孩子的注意力，也破坏了孩子的阅读节奏，容易使孩子无法从整体上把握故事的脉络。

专家向家长推荐的方法是“指字听读法”，即家长读到哪，孩子的小手就指到哪。采用这种方法，家长在读书时保持原有的感情和节奏，不会受到强硬让孩子认字的干扰；孩子在听家长读书时，小手指着书上的字，既能接受语言的听觉刺激，又能受到视觉刺激，有助于孩子在潜移默化中提高认字的能力。

蒙台梭利的早期教育

MONTESSORI'S EDUCATION

008

成长的秘密

对儿童来说，

生活就是自身的延伸，

他们自由自在地生活着，

身体日益强壮起来，

而且逐渐变得聪明，

这些力量和智慧来自游戏和工作。

孩子不应该受到成人的压制

以“蒙台梭利”命名的教学法，是与人们新近开发的现代教育方式大致相同的，它旨在从孩子身上发现一些以前从未被家长观察到的精神特质，强调要充分发掘孩子的潜能。

由于有以上认识，也为了进一步了解孩子，并采取措施保护他们的权利，我们应立即采取直接的教育行动拯救他们。我们要大声疾呼——保护儿童的权益，因为孩子是父母强权统治下的弱势群体，他们得不到尊重，就连一点点的心理需求也常常得不到认可。事实证明，孩子们的处境实在不容乐观。

蒙台梭利学校是一个能够让孩子安心成长的地方。在这里，孩子被压抑的心灵可以得到充分的释放，他们可以畅所欲言地表达自己的心声，他们表现出来的学习态度和行为方式，也与当今流行的儿童教育理念有所不同，它促使我们反思过去在教育上的严重错误，并将教育的重心转移到敏感儿童身上。

孩子向我们展示的是他们尚未被探究过的心智，他们的一些行为倾向也是许多心理学家和教育家从未研究过的。像玩具之类的东西，我们认为孩子们都应该非常喜欢，可有的孩子就是不感兴趣，甚至连童话故事也无法吸引他们。相反，他们一直想摆脱大人的控制，每一件事都想自己动手。除非真的感到无能为力，否则孩子们绝不让大人插手。孩子们在工作的时候是那样安静和专注，那种专心致志的神情真是令人叹服！

孩子们自然而然流露出的这种神情和能力，过去因为大人的居高临下以及不适当的参与和干扰，长期受到压制。大人自以为所做的事一定都比小孩完美，于是就把自己的那套规则和模式强加在孩子身上，总想控制孩子的行动，迫使他们屈服，放弃自己的愿望。

成人喜欢自以为是地解释孩子的一切行为，认为自己对待孩子的方法都是正确的，这就使学校教育出现了偏差，甚至误导了整个教育体制。这些教育方法上的错误，引发了我们新的反思。长期以来，儿童和家长之间的关系，一直处于一种相互对立的矛盾状态中，这种对立关系现在面临着社会的考验。要改变这种对立关系，我们必须采取行动对教育方法进行改革，这一行动不仅是针对教育工作者，更应该引起所有成人，特别是准父母们的重视。

蒙台梭利教学法在世界上不同文化习俗的国家都引起了极大反响。现在，世界各地都建立了蒙台梭利学校。蒙台梭利教学法在各个国家都受到了重视，这就证明儿童和成人之间的冲突和矛盾是一个遍及全球的现象。

孩子从出生那天起，就开始受到成人的压制，可怕的是，许多人竟对这种现象毫无察觉。在这个所谓的文明社会里，孩子的自我发展受到了极大的限制，其原因就是社会为孩子制定了太多的繁文缛节，以及大人对孩子的行为采取了过多的强制性约束。

一个在大人控制下成长的孩子，他的许多需求是得不到满足的。这里所说的需求不单单是身体上的，更重要的还是心理上的。孩子的心理需求能否得到满足，是影响他们今后智力和道德发展的重要因素。孩子被家长强大的力量压制着，不但不能按照自己的意愿行事，还必须去适应一个自己讨厌的环境，这一切都是因为大人们天真地认为这样做是在帮助孩子学会在社会上立足。

几乎每一种教育行为都不约而同地采取了命令的方式，甚至可以说是粗鲁的方法，以此来强迫孩子适应大人的生活准则。这种方法的基本特征是要求孩子必须无条件地服从大人的指令。这就等于否定孩子作为一个独立个体的存在，这对孩子来说非常不公平，他们因此而受到的身心伤害是成人都难以忍受的。

大人对孩子的权威心理根植于每个家庭中，即使那些备受宠爱的孩子也摆脱不了家长权威的压制。类似于这种家庭中的强权教育，在学校里更是有过之而无不及。学校有组织的强权行为使孩子们提早适应了成人的社会，这种教育的目的无非也是为了让孩子早点配合大人的生活。事实上，学校里严格的课业标准和强制性的规定，是与孩子无忧无虑的童年生活格格不入的。

来自学校的压力，使得他们的日常生活充满了紧张和焦虑。学校和家长们这种如出一辙的权威式教育法，对缺乏抵抗力的孩子而言，无疑是一种强大的压力，在这种情况下，他们发出了胆怯不安的求救声，却从未引起任何人的关注。孩子们期待有人能够听听他们的意见，但是他们一再碰壁，弱小的心灵受到了严重的伤害。久而久之，他们不但变得不愿意听话，更有可能变得不尊重自己，任由自己做出各种不合情理的

父母一定要知道的孩子成长的秘密

儿童不喜欢受压制，压制对他的成长不利。

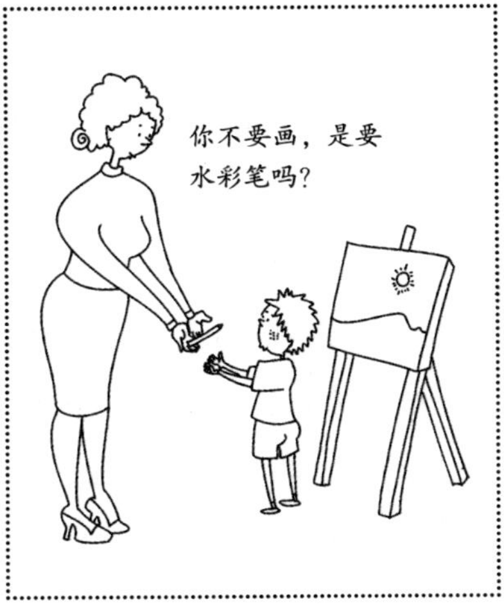

孩子在学习语言时有一个表达障碍阶段，父母要用心体会孩子的意图。

孩子会把学到的东西拿来和实物对照。

孩子遇到不能解决的困难时，需要父母的保护和呵护。

行为。

如果我们以孩子的幸福为目的，就应该采取合理和人道的做法，为他们创造一个良好的学习环境。这个环境应当能够让孩子们在其中自由发展，任何一项教育制度的推行，必须以不再压制孩子为标准。这个环境还应该使孩子们免受成人世界的干扰，它应该像孩子们的避风港，或是沙漠中的绿洲，成为孩子心灵的寄托，时时刻刻保证孩子们健康成长。

孩子受到成人的压制，是一个存在于全世界的社会问题。历史上受到强权压制的人，有奴隶、仆人和工人，他们都属于弱势群体，他们翻身的唯一办法就是依靠社会的改革，而社会的改革通常发生在统治者和被统治者间的较量之后。比如，美国南北战争的目的是废除黑奴制度；法国大革命则是为了推翻统治阶级，建立新制度。

和孩子们息息相关的社会问题，就不是单纯的阶级、种族或国家问题了。一个只会在大人身边扮演附庸角色的孩子，不可能在社会环境中独立生存，大人们不顾孩子权益的做法破坏了一个社会的整体性。被当成大人附属品的孩子手无缚鸡之力，更无法为自己争取权益。所有关心儿童的人已达成共识：孩子是无辜的受害者，他们需要得到全社会的同情。

人们常常拿不幸的孩子和幸福的孩子作比较，拿出身贫寒的孩子和有钱人家的孩子作比较，拿被遗弃的孩子和被宠爱的孩子作比较。这些比较的结果都表明，人的个性差异在童年时期就已经形成，而且童年时期的经历对其成年之后的生活确实有着深远的意义和重大的影响。

孩子是什么？是成人制造出来的物品吗？是成人的一件私有财产

吗？任何一个奴隶主对奴隶的拥有都不可能像父母拥有孩子这样完全，也没有一个仆人必须像孩子那样永远听从指令。从来没有任何成人的权益像儿童的权益那样不被重视；更没有任何一个员工必须像孩子那样盲目地遵从规定，至少员工还有下班的时候，还有自由时间可以支配。

我想，没有一个人愿意处在孩子的地位，他们被大人用严格的规定约束着，什么时间必须做功课，什么时间才可以玩，都要遵从大人的规定。这个社会从来不曾将孩子看作一个独立的人。在一个家庭里，妈妈负责洗衣做饭，爸爸外出工作赚钱，他们只要捎带着照顾孩子就行了。人们始终认为，这样的安排就是能够为儿童提供的最好照顾。

从古至今，一切的道德思想和哲学理论差不多都以大人为主导，和孩子有关的社会问题被忽略，没有人想过孩子是一个与成人完全不同的独立个体，也没有人思考过孩子们也有着各不相同的性情，更没有人想过那些日后取得非凡成就的孩子，他们的个别需求是什么。大人们仅仅把孩子看成是不会思考的弱小者，他们认为孩子应该按照自己的指令来做事。遗憾的是，没有人真正了解孩子忍受了多少磨难。在人类历史上，有关孩子工作和生活的记载仍是一页空白，我们希望能够将这一页填满。

让孩子学会选择

世界上的一切事物既有它的特性又有其局限性，人的心理感觉机能是建立在选择基础上的。在思维形成的过程中，第一步是感官对各种信息进行选择，然后思维再对感官所做出的选择进行下一步的限制，在以上选择活动的基础上，便形成了某个具体的选择。这样，一个人的注意力才能集中在某个特定的事物上，然后经过个人意志的控制，就能从众多可能的行动中选择必须完成的行动。

高级智力活动正是按照上面所描述的方式进行的，智力通过人自身的注意力和内在意志，提炼出事物的主要特征，并通过对意象的联想，使之形成意识。

在这一过程中，人的智力活动会抛弃大量导致事物前后关系混乱的因素。每一个健全的大脑都能去粗取精，舍弃那些多余的东西，将独特、清晰、敏感和重要的东西留存下来，尤其会保留那些对创造有用的东西。如果没有这项独特的功能，智力就不能称为智力。如果一个人的注意力始终处于漂浮不定的状态，他的意志在确定某一行动时，就会迟疑不决；如果一个人的注意力是分散的，他就会浮光掠影，对任何事情都不能进行深入钻研。

在生活中，如果我们不能对所接收的信息加以限制，就无法认识事物，每一个生物都有其特定的形式和范围，这正是世界上最神秘的法则。我们的内在活动只是使这种限定更明确、更集中，也正因为如此，我们的内在活动才得以摆脱原始的混沌状态，并得到不断的雕琢和改造。

选择是人对一个事物及其概念进行判断和推理的基础。例如，在观察了圆柱体的许多特征后，我们就能得出结论：圆柱体是一个支撑物。这一结论是建立在对它的各种特征进行选择的基础上，也就是从圆柱体的许多特征，如它是坚硬的、酸钙组合而成的等中提取出一个特征。

只有具备了这样的选择能力，我们才能够进行推理。正如我们在前面讨论过的，培养意志力就是要通过训练，使一个人的内在冲动和抑制力达到平衡，直到形成习惯。同样，对于智力的训练，也必须在外力的引导和帮助下进行联想和选择，直到他能够对各种观点及选择加以限定，以培养出自己独具特色的智力习惯。通过这种内心活动，形成了个人的倾向性。

毫无疑问，理解别人的推理与自己进行推理有着本质的区别。就像艺术家通过对颜色的兴趣、艺术的表现形式来研究他对外部世界的看法，与我们从某一方面观察外部世界，并在此基础上进行艺术创造有着本质的区别。

一个人如果一味地学习和模仿别人，他的头脑中只能储藏诸如阿基米德难题的答案、拉斐尔的艺术作品、历史和地理知识等内容，他的大脑就像小商贩篮子里摆放的旧衣服一样混乱不堪，没有轻重主次之分。反之，如果同样的事物不是被放在一个狭小的篮子里，而是摆放在一间井井有条、宽敞明亮的屋子里，就不会显得那样杂乱无章。一个条理清晰的大脑肯定比一个将知识当作垃圾一样堆放的大脑能获取更多的东西，这样的大脑就像一间井然有序的屋子一样，各种知识分门别类并且用途分明。同样，当别人想把他对一件事的解释强加于我们时，与我们主动去理解完全不同。

一个能够主动去理解的人会感到自己的意识得到了解放，而且感到自己身体里有某种东西在闪闪发光。对于这类人来说，理解事物就是认识事物的开始，这会使我们的生活出现崭新的变化。可以说，在人的全部情感中，也许再没有比智力情感更为丰富的了。一个在世界上有所发现的人，一定能享受到人类的最大乐趣。退一步说，一个能对世界有所理解的人，他能比别人获得更多的享受，能够以此战胜人间的痛苦和悲伤。确实如此，如果一个不幸的人能够冷静地弄清自己饱受磨难的原因，他就能实现自救和自助，就能在一片混沌不清的黑暗中，找到一线使自己获得安慰的智慧之光。

比如一条狗，就有可能在主人的坟前悲伤而死，而一位母亲则能够在儿子死后坚强地活下去，这中间的差别就在于后者有理智的自助。与人相比，狗就没有理智，它之所以会死去，是因为智慧之光没有照射到那个黑暗的心灵世界里，以消除它的悲伤。

正是智力活动使我们与这个世界建立起联系，使一颗受到创伤的心趋于平静。我们的这种感受不可能从一位教授枯燥无味的讲授中领悟，也不可能从背诵某位专家的理论中获得，因为他们对我们的困难并不关心，我们只能从崇高的智力活动中获取。当我们说“理智一些”或“力量来自信仰”时，说的就是要让智力永远处于探索中，让它自由地完成塑造和拯救灵魂的任务！如果我们真的能通过智力将自己从死亡边缘拯救出来，那将给我们带来多大的安慰呀！

当我们说一个人的头脑灵活时，是从他富有创造力的角度去理解的。头脑开窍的过程也伴随着他对情感的更积极的理解，这属于精神活动的范畴。

我认识一个幼年丧母的女孩，她对教师在课堂上枯燥无味的讲解充满厌烦，几乎到了想辍学的程度。于是，她的父亲带她到乡下，让她在那儿过了一两年自由自在的生活，然后又把她带回镇上，请了几位教授做家庭教师。然而，经过这样的努力，这个女孩还是处于被动倦怠的状态。她的父亲感到万分焦急，经常问她：“你怎么啦？”女孩总是一脸茫然地回答：“我也不知道。”一个偶然的机会，孩子的父亲把这个女孩托付给我，由我单独看护。当时我还是医学院的学生，便用我的教学方法对她进行试验。

有一天，我们正在学习有机化学，她突然盯住我，两眼闪闪发光，情不自禁地喊道："我明白了！"接着，她站起来，边跑边喊："爸爸，爸爸，我开窍了！"她拉着父亲的手说："现在，我可以告诉你这是什么意思了，我的脑子已经开窍了。"我感到非常惊讶，因为我并不知道这个女孩的历史。实际上，正是这种缺乏母爱的生活加深了她大脑的疲劳感。那位父亲和他女儿当时欢欣鼓舞的情景令我扼腕叹息：由于智力受到了压抑，我们的生活丧失了多少乐趣啊！

实际上，孩子智力上的每一个进步都能给他带来快乐。孩子们一旦享受到这种快乐，就不会再去喜欢蜜饯和玩具，连虚荣心也会随之消失。

正是有了这种变化，才使他们在别人眼里显得了不起。而且与我们所见到的那种歇斯底里的傻笑相比，它是一种高层次的、有别于动物的快乐，一种可以将我们从悲伤与黑暗的孤寂中拯救出来的快乐。

如果有人对这种提高孩子快乐层次的方法加以指责，那么受到伤害的将是这些孩子，丝毫不会有损于方法本身。成人之所以会有这样的指责，关键在于他们并不把孩子当人来看待。在他们心目中，孩子也就只满足于贪嘴、玩耍甚至其他更低层次的事情。而事实上，这些快乐都不可能使孩子坚持多久。只有当他感受到作为人的快乐时，才会像前面那位向父亲宣布她已经从多年毫无活力的阴暗生活中走出来的女孩一样，感到自己的生活是多么愉快。

我们从孩子身上看到的这种转折，正是他们智力上的天才表现，也正是他们发现真理之时！难道这不是代表了一种自然的心智转变？难道这种天才的表现不是充满了激情的人生表现吗？只有这样，一个人才能通过自己独特的个性，揭示出人类的真正共性。

我们观察到，孩子们积极塑造自己个性的道路与天才所走过的道路是相同的，他们所付出努力的强度及坚持的时间与精神活动的发展是一致的，正像天才们的努力一样。他们的持之以恒也不会没有结果，他们是那么专心致志，全力以赴，这使他们免遭外界环境的干扰。这种转折是智力升华的源泉，是思维能力拓展的源泉，同时也是外部表现张力勃发的源泉。

所以，在我们看来，天才就是将束缚自己手脚的镣铐挣脱，使自己享受自由的人，是在众人面前坚持他所认定的人性标准的人。

为了培养这种专注的精神，一个人还必须学会沉思。不断地重复背一首诗，直到将它牢牢地印在脑中，这不是沉思。大量的、连续不断地读书反而会削弱我们的思考能力。

背诵但丁的诗歌与思考赞美诗中的内涵完全是两码事。背诵但丁的诗歌可以给人的头脑以装饰，最多是在脑子里留下一点儿印象，而对诗歌主题的沉思则可以起到改造和启迪一个人的作用。深入品味能使你的体魄更加健硕，心灵更加剔透，思维也更加活跃。

看来，培养孩子的天性没有更好的办法，除了沉思。沉思能使他如此持久地专心致志，并且有利于内心逐渐成熟。每一个树立了目标的孩子，都有一种强烈的内在活动需要，会努力培养和发展这种内在活动能力，使其成为习惯。孩子们就是在这种追求中不断成长，使自己的智力得到协调发展。因此，当他们学会沉思时，就走上了充满光明的进步之路。

正是经过了沉思的锻炼，孩子们才会乐于安静地练习。他们会努力做到在行动时不发出声音，尽量举止优雅，使自己陶醉于精神集中后所出现的愉悦状态中。

这类练习也巩固和加强了孩子们的个性，他们会越来越习惯于用这种正确的方法去认识外部世界，并能自发地运用这种方法去观察、推理和判断，用它来修正意识中的错误。从此以后，他们能够自发地活动，主动选择并继续自己的工作，从周围环境中获得专注的能力。他们将按照自己内在的需求去活动而不受外界干扰，包括教师以及比他们年龄大的同伴的影响，即便有人恫吓这些刚被引入正途而仍然幼稚无知的孩子，他们也不会因此而害怕。

儿童到底想发展什么

上一章讨论了儿童的一个发展阶段，这个阶段的发展持续到 3 岁。这种情况和儿童在子宫里的情况很相似，当婴儿出生之后，在子宫经历的事情他都不记得了，好像大自然在那里画了一条分界线，分界线那边发生的事情被遗忘，这边发生的事情都留在儿童的记忆中。我们把忘记的部分称为“精神胚胎”阶段，这是为了与“生理胚胎”阶段区别开。

在精神胚胎阶段，婴儿的各种能力独立发展，如语言、手的运动、腿的平衡运动等能力，同时也在形成感觉能力、心理的各种控制能力。出生前的阶段也与精神胚胎阶段相仿，只是各自独立发展的不是精神能力，而是生理器官。这个阶段发生了如此众多的事情，我们却完全没有记忆。因为只有各类器官发育完全之后，才能形成完整的人格，才能有记忆。

与出生相仿，儿童在3岁以后生命仿佛又重新开始了，因为意识在这个时期出现，并开始发挥作用，儿童的心理出现了一个很明显的界限，分为无意识和有意识两个阶段。无意识阶段被忘记，成为过去。3岁前是儿童各种功能的建立时期，3岁后是各种功能的发展时期，在这两个阶段之间存在一条遗忘河。一个普遍的心理现象是人们大都记不起3岁前的事情。心理分析专家一直在努力，试图唤起人们3岁前的记忆，但他们的努力落空了，没有人能想起这个时期发生的事情。这是一件多么富有戏剧性的事情！人经历了一个从无到有的创造过程，却对此完全没有记忆。

3岁前的儿童，可以称为处于无意识状态的创造者，几乎被人类从记忆中完全抹去。儿童到3岁以后，似乎变成了另一个孩子，他们与成人之间的天然纽带突然间断了，他们开始属于他自己。因此，成人应该反思对3岁前儿童所做的事情，因为这个时期的儿童没有任何自我保护能力，完全依赖成人。除非我们对自然规律有足够的认识，而且自觉地遵循这个规律，否则成人的行为就可能具有破坏性。

儿童在3岁之后，开始具备保护自我的能力。只要他感觉受到约束，就会用语言抗议，或者搞恶作剧。儿童反抗的真实目的并不是保护自己，而是想要获得自由，以便更多地了解周围环境，促进自身的发展。

那么，儿童想发展什么呢？儿童所争取发展的，就是前一阶段形成的各种能力。从3岁到6岁，儿童将有意识地介入周围的环境，对它们进行研究，进入一个真正具有建设性的阶段。他们身上的各种潜在能力逐渐展现出来，这些都离不开意识取得的经验，这些经验不再是玩耍或盲目的行为，必须从环境中获得。儿童那双灵巧的手开始从事人类特有的活动。如果说在第一阶段，儿童只能被动地观望世界，只能默默地打好心理基础，那么在第二阶段，他就能实现自己的意愿了。于是，儿童那双智慧的手忙开了，他将自己动手改造这个世界。

这时，儿童身上出现了一个新的发展阶段，开始了一个对各种能力进行完善的时期。最明显的例子就是语言，虽然两岁半的儿童已经学会说话，而且语言能力的发展将持续到 5 岁，但语言能力是儿童 3 岁后得到完善的，这时儿童不仅能说单词，而且能说一些语句了。同时，儿童特殊的语言感觉能力并没有消失，这种能力将加强儿童对声音的记忆，丰富儿童的语言表达能力。

此时，儿童将同时进行两方面的工作：一是在与周围环境的互动中，增强对自己行为的意识；二是完善已经形成的各种能力。可以说，3~6 岁儿童的发展特征是通过行为对自身进行“建设性的完善”。

在出生到 3 岁这个阶段，儿童的大脑依靠感觉能力感知周围环境，如今这种吸收和学习的能力还在，当然已经脱离了无意识状态，而是在主动经验的帮助下发挥作用，因此 3 岁以后的活动内容更加丰富了。儿童不仅感知环境，而且亲自参与其中，手的使用完善了大脑的功能。以前，儿童只能在成人的带领下接触周围环境。

现在，他们能够介入周围环境，并对事物进行鉴别。所以，这个年龄的儿童总是非常忙碌，他们兴奋不已，不停地忙碌着。此时，儿童的智力发展已经走出发生阶段，迈上了形成阶段。由于儿童对认识世界的强烈需求，这一阶段还将获得进一步的心理发展。

3~6 岁通常被人们称为“玩耍的年龄”。这表明，人们过去对此已有所了解，但正式的科学研究最近才开始。

在西方世界，现代文明使人类和自然之间出现了一条鸿沟。父母总是给儿童购买大量的玩具，希望以此满足孩子的需要，但是儿童最需要的并不是这些。尽管 3~6 岁的儿童需要接触各种东西，可是他们却很难触摸到真实的东西，并且父母还禁止孩子随意触摸东西。一般来说，父母允许儿童随意触摸的东西只有一种，那就是沙子。大人有时候也允许儿童玩水，但不许他们玩得过度，要不衣服会被弄湿；如果泥沙和水搅和在一块，弄得一团糟，成人可没多大兴趣为他们收拾残局。

在那些相对落后或者玩具业不发达的国家，儿童们却有较好的成长环境，他们能够保持与外界事物的接触，并从中得到快乐。在那里，儿童与成人做着大致相同的事情，当母亲洗衣服或做糕点的时候，孩子也动手去做，尽管他们只是在模仿，但是其中有自己的选择，体现了他们的聪明才智。从教育的角度看，通过这些模仿性行为，儿童为参与周围活动做着准备，不仅满足了眼前的需要，而且满足了他们发展的需要。西方有些学校为儿童提供各种各样的玩具，这些东西都模仿周围的事物，而且依据儿童的特点制造，大小、轻重都适合儿童，游艺室也是专门为孩子设计的，孩子们在里面可以不受约束，自由玩耍。

在现在的西方人看来，上面这些观点是不言而喻的，但在我开始提倡这些观点时，人们却用奇怪的眼神打量我。我和助手特意为 3~6 岁的儿童准备了一个游艺室，这是一件很平常的事情，周围的人竟然感到不可思议。游艺室的小桌子、小椅子、小碟子、小碗都是根据儿童的特点制作的，这在当时引起过争议，人们认为这是一种过于新奇的教育改革。

儿童真正感兴趣的，是他们将要融入的生活环境，那里有无穷的灵感之源。对儿童而言，这些模仿生活的东西比玩具更有意义。

约翰·杜威教授是美国著名的教育学家，他和我持同样的观点，而且为此特地做了一次私人调查，希望在纽约的商店能够找到小扫帚、小凳子、小盘子之类的东西。但结果令人失望，他一无所获，人们根本没有想到为儿童制作这些东西。杜威教授惊叹地说："美国人把儿童忘记了！"

人们不只是在这方面把儿童忘记了，他们甚至忘记了儿童的权利。在儿童眼里，这个世界空荡荡的，他们得不到精神上的满足，所以只能打碎自己的玩具，搞一些恶作剧。

在蒙台梭利学校，不存在这种界限。我向儿童提供他们真正需要的东西，希望他们能够从中得到快乐，结果得到了出乎意料的收获——儿童的性格发生了很大改变，他们的独立意识增强了，仿佛在说："不用你的帮助，我自己能做这件事情。"

突然间，这些一向离不开母亲的小家伙独立了，变成了一个不需要大人帮助，能够独自进行工作的人，大人成为旁观者，这一变化太出人意料了。在这个模拟生活的小环境里，儿童得到了足够的快乐，也得到了很大收获，他们的性格更加独立，能够逐步适应社会生活。

我相信大家都会同意这种方式比只提供给儿童玩具更有意义。儿童不仅需要快乐，同时也需要生活知识。一个人必须在人格和能力上获得独立，才能实现自己的生活，这就是儿童成长给我们的启示。

孩子语言发展的障碍

在语言方面，婴儿从出生到两岁所做的努力是这样的：他们最初发出比较模糊的声音，包括呼叫、叹词等，接下来他们发出由两个声音组成的音节，再后来是由三个声音组成的一个句子。

在词汇方面，这个阶段的儿童最初使用的是一些常用名词，其后是由两个单词组成的短语，之后的一个时期他们的词汇量激增，这是一个词汇爆发阶段，儿童能够吸收大量新词汇。并且在这个时期，儿童的词汇组合无序地排列着。

儿童两岁后不久，开始了语言能力发展的第二阶段，词汇组合呈现有序的排列，这一阶段儿童使用句子的频率大幅度增加，可以说这是一个语句爆发期。如果说儿童的第一阶段是词汇的爆发，那么第二阶段是思想的爆发。

无论是词汇爆发还是思想爆发，儿童的语言能力发展肯定有一个准备过程，这是我们无法用肉眼看到的，不必对此妄加猜测，因为我们从外部已经看到儿童所做的努力。这个时期，由于大人听不懂儿童的话，儿童就会发怒。儿童发怒是因为他做了各种努力，大人还是不能理解他的意思。这是人之常情，聋人也喜欢与人争吵，其原因与儿童一样，他们的语言别人听不懂。儿童体内潜伏着很大的能量，需要找到发泄的途径，为此儿童要做很大努力。

因此，这一阶段也是儿童语言能力发展的困难时期，因为他必须克服许多障碍，克服来自环境和自身的限制。这是人在环境的适应中遇到的第二个困难时期，第一个困难时期是刚出生的时候，此时婴儿刚刚脱离母体，必须启动自身的运行机制。我们前面已经对此进行过探讨，这一过程对于儿童极为重要，如果他们没有得到适当的照顾，就会形成心理创伤，导致出现成长衰退现象。儿童的语言学习是逐步走向独立的过程，如果遇到障碍，也可能出现衰退。

这一创造阶段还有一个特征，那就是儿童大脑将受到两种不同的影响，这种影响对儿童心理的作用将永远留在大脑中，也影响到儿童对发音和语法的掌握，因为儿童不仅记住了他们需要的东西，同时也记住了障碍引发的不良影响。儿童语言能力发展的每个阶段都存在这两方面的影响，这些不良影响可能危害儿童个性的形成，导致不正常的发展。

正是在这一时期，儿童形成了行走和说话的能力，这个发展过程持续到儿童两岁半，其后发展速度开始减慢。出于同样的原因，这些能力在继续发展的过程中，也会遇到各种障碍。这种情况与心理分析学说的发现一致，这个学说的一个重要结论是：成人的心理障碍来自幼年时期。

这些发展的困难属于“压抑”的范畴。“压抑”是一个心理学概念，却更多地用在精神分析上。我认同精神分析的观点，即“压抑”形成于婴儿时期。从我的研究来看，语言能力的发展可以为这个观点提供大量例证。

儿童对语言的吸收发展到“爆发”期，就必须开始使用语言，因为随后他要用语句来表达自己的思想。今天，西方的教育开始重视孩子的自由表述，这将促使他们的语言机制尽快发挥作用，对他们个性的发展也有好处。有些孩子到了相应年龄，却没有出现语言爆发期。比如，有些3岁左右的孩子语言器官发育正常，却只能说出低龄儿童所用的词汇，人们称之为“心理失语症”，因为这种症状是一种心理病态，完全是由心理原因引起的。

还有一些3~4岁的儿童从来没说过话，就连两岁儿童那种“咿咿呀呀”式的话也没说过。不过经过专家的启发和激励，他们会突然说起话来。这是什么原因呢？这些儿童的心理曾经受到过挫折，造成了阻碍，致使他们无法进行正常的语言表达。

心理分析学对心理障碍的研究发现，上述症状有时会奇迹般地消失，孩子突然之间开始说话了，并且词语使用恰当，意思表达清楚。这种情况表明，儿童体内对此已经做了充分准备，只是在表达过程中受到了一些阻碍。

同样，有些成人也感到说话很困难，为了清楚表达自己的想法，需要花费很大的力气。成人的语言障碍有以下几种类型：不敢说话；不会安排句子；感觉使用句子很困难；说话慢，不连贯。

这些都是心理自卑现象，目前仍然没有找到很好的治疗方法。

影响语言表述的心理障碍还有其他一些，比如口吃、发音不准等。这种障碍不是源自心理原因，而是源自在语言机制形成时出现的偏差。可见，在语言学习的每个阶段，都会出现不同形态的衰退现象。

第一阶段：词汇机制形成阶段。相关衰退：发音不准、口吃。

第二阶段：语句机制形成阶段。相关衰退：组成句子较慢。

儿童的感知敏锐，富于创造力，善于吸取对自己有益的东西，这些衰退现象是对他们创造力的阻碍，其结果会伴随他们的一生。因此，成人应该时刻关注儿童的感觉，帮助他们走上正常的发展道路。

不幸的是，经常妨碍儿童的恰恰是成人。对待儿童必须动作轻柔，可是我们的动作常常很粗鲁，而且我们还意识不到这一点。我们必须注意自己的行为，教育孩子之前要先教育自己。因为这个理由，我认为，对教师进行培训远比理论研究更重要，而且这种培训要注重教师个性的培训。

儿童的感觉非常敏锐，因此很容易受到伤害。比如，他们对成人冷冰冰的表情很敏感。有的母亲动辄呵斥孩子："别忘了妈妈告诉你的话！"用这种冷冰冰的命令口气对孩子说话，会给孩子造成不良影响，导致他们说话胆怯、犹豫，甚至口吃。

我对孩子曾经很严厉，在《童年的秘密》一书中我提到过，而且还举过一个例子：我看见一个孩子把脏了的鞋放在床单上，就坚决要他把鞋拿走，然后我使劲掸床单，表示那儿不是放鞋的地方。事情过后的2~3个月，这个孩子只要看到鞋，马上就把它放到别的地方，然后用眼睛盯着床单。我终于明白，这个孩子的反常行为是对我的抗议。

换句话说，当我们伤害了孩子，他们不会说："不要那样对我，我高兴把鞋放在哪儿，就让我放在哪儿好了！"对于成人的错误行为，儿童一般不会做出反抗性的反应，如果儿童对此发怒也许更好些，这表明他们在有意识地保护自己，维护自己的正常发展。相反，如果他们以改变性格的方式做出回应，很可能形成一些心理创伤。成人通常意识不到这一点，他们往往认为，只要孩子不哭不闹、不发脾气，就可以放心了。

成人还有一种心理异常现象，就是无缘无故地感到恐惧，医学上把它称为“恐惧症”。有这种情况的人在幼年时期大多遭遇过暴力事件，比如受到动物的惊吓、曾经被锁在黑暗的屋子里……恐惧症有多种类型，其中有一些类型很普遍，比如“幽闭恐惧症”，就是害怕一个人待在房间里。

可以证明儿童时期受到心理创伤的例子很多，我提到的这些，只是想证明这个年龄的儿童心理类型，同时提醒家长注意自己对儿童的影响，因为我们的行为不仅会影响儿童的现在，而且会影响他们的未来。

我们应该观察儿童的行为，以此了解他们的思想，要像心理学家研究人的潜意识那样研究儿童。当然，这不容易做到，因为我们听不懂他们的语言，难以明白他们的意思。我们必须对儿童有一个基本的了解，起码也要对刚发生的事情有所了解，这样才能帮助他们解决困难。我们和儿童之间多么需要一个翻译呀！我一直在为此努力，希望自己能够理解儿童所表达的意思。我感到惊讶的是，每当我和儿童接近，试图了解他们的时候，他们就向我求助，似乎我真的能够帮助他们。

有些人只知道爱抚孩子，另一些人则在努力理解他们的言行。我发现，孩子们对后者更有兴趣。儿童渴望了解世界，渴望和成人交流，他们把希望寄托在理解他们语言的成人身上。对儿童而言，帮助是比爱抚更好的礼物。

我习惯早晨工作。一天清晨，一个 1 岁左右的男孩走进我的房间，我问他想吃什么东西，孩子的回答令我吃惊，因为我听到的是“小虫”，孩子看出我没有听懂，接着说了一个词“蛋”。我寻思，这孩子并不想吃什么东西，可是他到底想要什么呢？这时孩子说“妮娜，蛋，小虫”，我一下子明白了。

昨天，他的姐姐妮娜用水彩笔画了一个蛋形的圈，他当时很想要那支水彩笔，妮娜就是不给，还把他赶了出去。现在我知道小男孩的想法了，姐姐拒绝了他，他不想与姐姐对抗，而是耐心地等待，找机会实现自己的愿望。于是，我给了他一支水彩笔，孩子高兴极了。小男孩不能用平滑的线条画圆圈，就用波浪形的线画，结果画出了一些小虫子。想想这个孩子，为了实现自己的愿望，一直等到大家都睡了。只有等能够听懂他话的人没有睡时，才能去向他求助。

我认为，这个阶段孩子的特征之一就是有耐心。成人一般会认为他们在这个阶段性情急躁，很容易发怒，其实他们会耐心等待，只有当他们做了各种努力还是无法实现自己的愿望时，他们才会发怒。这个例子还表明，孩子们在努力模仿，如果一个 3 岁孩子在做一件事，另一个一岁半的孩子也会去模仿。

我的邻居有个一岁半的小男孩，他总想跟着 3 岁的姐姐学跳舞。舞蹈教师对我说："这么小的孩子，我怎么能教他跳舞呢？"我对她说，不管孩子能学到多少，只要尽力教就行了，教师勉强同意了。

在我们的要求下，教师摆出一个舞姿，可嘴里还在不停地念叨，这么小的孩子不可能学什么舞蹈。这时候，那个孩子突然显得很生气，站在那里不动，教师说她早就料到会这样，但我知道孩子并没有注意教师的舞姿，他之所以生气，是因为教师把帽子放在了沙发上。孩子还不会说"帽子"和"教师"这两个词，却一直气呼呼地重复"大厅""柱子"，他要表达的意思是："帽子不应该放在这儿，应该挂在大厅的柱子上。"这使孩子失去了跳舞的兴趣，他急切要求改变眼前这种无序的状态。当我把帽子挂在柱子上后，孩子立刻平静下来，并且开始跳起舞来。这件事表明，孩子对秩序的要求很强烈，超过对其他方面的要求。

我们研究了儿童的感觉方式，以及他们对词汇的使用，从中发现了儿童内心深处的许多东西，这些是心理学家无法发现的。

上面两个例子中有两点能够引起我们的兴趣，一个是有关儿童的耐心，另一个是有关儿童的秩序感。还有一个同样有趣的例子，我在这里就不详述了，这个例子可以归结为“孩子不同意说话者的结论”。

我认为，应该公开发表对儿童心理的研究成果，这项工作当然不容易，但是能够促进儿童对环境的适应，因此对人类也有重要意义。对儿童早期发展提供帮助是一件不容忽视的事情，对未来的科学工作者来说，这将是一项开创性的工作，它将解开人类心理发展和性格形成之谜。为了实现这个目标，我们必须记住以下几点：

1. 儿童最初两年的发展将影响他的一生；

2. 儿童具备很大的心理潜能，但是一直没有受到足够的重视；

3. 儿童极为敏感，一点点粗鲁行为都会在他们心里留下伤痕，进而影响他们的一生。

六岁前儿童对文化知识等具有天生的强烈兴趣

儿童的天性使他们能够不断从环境中吸取必要的知识，因此，儿童对手的运用不仅具有实践意义，而且能从中获得知识。如果把儿童放在上一节所说的环境中，肯定会发生出乎意料的变化。儿童快乐地工作着，不知疲倦，他们的大脑会更加活跃，对获得知识的要求也更加强烈。

这些变化将出现在“书写爆发期”之后，“书写爆发期”将给儿童带来更多的乐趣。“书写爆发期”并没有爆发什么东西，它只是一种表征，犹如“火中的一缕轻烟”，真正的爆发是潜在的，只能在人的内在品质上体现。这就像一座活的火山，表面上看没什么动静，可是地壳下面却熔岩沸腾，总有一天会猛烈喷发，专家可以根据喷发出来的岩浆研究地球内部的变化。

我们蒙台梭利学校特意制作了许多小物件，这些物件非常适合儿童，这样就能使儿童进入与实际相似的生活中。这种教育方式的结果完全出乎我们的意料。正规的教育方式不曾取得如此显著的成果，这些教育实验为我们提供了指导，我们应该努力实施这种教育。

我们不应该为儿童的发展设置各种障碍，而应尽可能地为儿童提供符合自然的条件，让儿童自由选择行为方式，这就是儿童心理研究给我们的启示。著名的北极探险家派利称我们的工作是对“人类心灵的发现”，他说，这不仅是在推行一种教育方法，而且是在找回人类的天性。

我们的研究发现了两个事实。一个是儿童对文化的吸收比我们想象的要早，这种学习方式与运动相关。这个年龄的儿童接受能力非常强，他们只能通过行为来学习，必须通过做一些事来发展自己。第二个发现是关于儿童的性格发展，留待以后讨论。现在就第一个发现进行讨论。

我们发现，儿童对曾经玩过的东西很有兴趣，他们很容易把注意力集中在这些事物上。比如，上文提到的“书写爆发期”，它的出现就与儿童特殊的语言感觉能力有关，这种感觉能力到 6 岁左右就消失了。因此，在 6 岁之前儿童对书写练习会很热情，超过这一年龄就失去了天性的帮助，必须做有意识的努力。

当然，儿童的书写能力不仅得益于以前的经历，更取决于以前的练习，因为儿童在开始专门的书写练习之前，需要进行锻炼感觉区分能力的手工练习。为此，我在这里提出一个“间接准备”原则。

大自然有它的工作原则，不会随便创造一种东西而不使其发挥作用。第一阶段形成的能力，将在第二阶段发挥出来。因此，我们可以通过了解第一阶段，来把握第二阶段的发展。比如语言的学习，儿童在第一个发展时期经历了许多小阶段，这一系列发展的顺序类似学校的语法教科书。

儿童先要学会发音，然后练习说出音节，其后分别是学习名词、动词、形容词、副词、介词、连词等。了解了这一顺序，就可以对儿童第二阶段的发展提供帮助，这就是要先教儿童语法！先教孩子语法？在他们还没有学会读、写之前就教他们语法？许多人都觉得不可思议。

我们先来思考一下，什么是语言表达的基础呢？那就是语法。所有人说话都必须合乎语法，4 岁儿童要扩大词汇量 ，完善自己的语言机制。因此，如果这时教儿童一些语法，能够促使他们更熟练地使用口语，对语言学习会大有帮助。实验表明，这一时期儿童对语法很有兴趣，是学习语法的最好时机。0~3 岁儿童在无意识地学习语法，到了 3~6 岁就有意识地完善它。此外，这个年龄的儿童对词汇有一种特殊的感知力，将会学到许多新词汇。实验也表明，此时儿童的词汇量在大幅度增加。在这个时期，儿童好像患上了词汇饥渴症，非常渴望学习新词汇，因此我们应该及时提供帮助，系统地教他们学习词汇。

3~6 岁儿童对词汇的学习兴致盎然，学习起来不知疲倦，可是到了下一个发展阶段，情况就不一样了，他们的发展方向转向其他能力，学习词汇变得困难起来。我们发现，儿童在3~6岁学会的词汇不容易忘记，在以后的岁月里，儿童能够很流利地使用这些词汇。所以，儿童学习语言的最佳时期是3~6岁。

当然，我们不能对儿童强行灌输词汇，而要进行户外活动，让他们对词汇的学习与实际经验保持同步，把词汇与实物结合起来。比如，向孩子们展示花草昆虫的标本，让他们看到实物，或者给孩子们地球仪，与此同时讲述一些地理知识。只要对照实物、图片和图表，儿童学习起来就不会太困难，而且很容易记住单词。

我曾经遇到一个14岁的男孩，他不清楚学校花坛里花的名称是什么。这时，一个3岁左右的孩子跑过来，指着一朵花告诉他“这是雌蕊”，然后就跑开了。

还有一件有趣的事。一次，我在墙上挂了一些图片，向学生讲解植物根茎的分类，一个小家伙跑了进来，问我图上画的是什么，我就给他讲解了一番。下课后不久，我发现花园里所有的植物都被拔了起来，看来，小家伙对植物的根着了迷，就把根拔出来想看个究竟。事情往往是这样，如果我建议使用图形或实物教儿童学习词汇，可能会引起家长的不满。父母怎么会愿意看到自家花园的花草都被孩子拔出来呢?

儿童的心理和见到的事物保持吻合吗？不完全吻合。儿童对事物的认识不仅来自直观感受，还包括丰富的想象力。我们都知道儿童有丰富的想象力，但究竟有多么丰富却无法知道。为了给出答案，我们对6岁儿童进行实验。我们给儿童讲解地理知识，不是从河流、海湾、海岛开始讲起，而是给孩子一个地球仪，告诉他们：“这是地球。”

儿童所具备的知识还不足以使他们想象出世界的样子，如果他们能够形成世界的概念，只能凭借想象力来完成。在我们展示的地图上，青蓝色表示海洋，发光的碎末表示陆地，此外没有其他任何标示，但儿童一看见地图就说：

“这是陆地。”

“这是海洋。”

“这里是美洲。”

“这里是印度。”

地图很受孩子们的欢迎，大多数孩子都在房间里挂上了地图。3~6岁的儿童不仅能区分事物，还能想象出他们没有见过的东西。在儿童的心理活动中，想象力占有重要的地位。世界上的成人都喜欢给儿童讲神话故事，好像在有意培养他们的想象力，可是，既然我们都认为儿童喜欢想象，为什么只给他们讲神话故事呢？既然儿童能够通过想象理解神话，为什么就不能想象美洲呢？与语言交流不同，观察地图可以给儿童一个直观印象。思想不是被动的，它永远需要灵感的火花。

一次，我看见一群 6 岁儿童站在地图前讨论着什么，这时一个 3 岁儿童挤过来说：“让我看看，世界就是这样的吗？”

“这就是世界。”一个 6 岁儿童回答，3 岁儿童听了接着说：“啊，现在我知道了。我叔叔曾经三次环游世界呢！”这表明儿童知道这只是一个地球图示，真实世界比地图要大得多，他一定听说过地球。

我上课的时候，一个 4 岁男孩也跑来看地图。他站在地图前仔细观察了一会儿，忽然问旁边的学生：“纽约在哪儿？”学生们没有料到他会问这个问题，都吃了一惊，随后给他指明纽约的位置。不料小男孩接着问：“荷兰在哪儿？”周围的人更加惊讶了，小孩知道了荷兰的位置后，说："我爸爸每年都要到美国去两次，住在纽约，他一走，妈妈就说'爸爸现在在海上'；过了几天，妈妈就说'爸爸到纽约了'；再过一些天，妈妈又说'爸爸又到海上了'。当妈妈说'爸爸已经回到荷兰，我们到阿姆斯特丹去接他'的时候，我就非常高兴了。"

这个小孩已经多次听说过美国，当他听到有人在地图前谈论美国时，就走过去看，那样子仿佛在说："我已经看见美国了。"

如同看地图那样，儿童要将这些符号形象化需要一个过程。就像儿童以前认识物质世界一样，在这个过程中，儿童把抽象的词汇与真实的东西联系起来。

人们相信，儿童在这个年龄的主要事情是玩砖头和听故事。他们认为，儿童通过玩砖头使思想与环境建立起联系，这样能够加快儿童成长，帮助他们了解世界。听故事被认为能够丰富儿童的想象力，然后，儿童通过游戏把想象力释放出来。人们还相信，儿童动手做事能够锻炼体力，而且促使大脑与外部世界发生联系，这对儿童也有很大帮助。

另外，这个年龄段的孩子对什么都充满好奇，他们总是不停地问这问那，要求大人给他解释，这些问题接连不断，像空中投下的炸弹，常常把大人轰得晕头转向。只要大人不表示厌烦，一一给出答复，孩子们就会非常高兴。不过有一点要记住：孩子不喜欢长篇大论，而成人却偏偏喜欢唠叨。

有个小孩问："爸爸，叶子为什么是绿的？"这位父亲觉得这个问题很高深，于是告诉孩子什么是叶绿素，植物怎样利用太阳光进行光合作用。父亲兴致勃勃地讲着，孩子却不耐烦地说道："我只想知道叶子为什么是绿的，不想知道什么叶绿素、光合作用。"

我们都知道，好玩、富于想象力、爱问问题是这个年龄孩子的主要特征。孩子们确实有很多不明白的事情，他们的问题也不是那么容易回答的。

孩子可能会问："妈妈，我是从哪里来的呀？"一个聪明的母亲就会这样回答："你是我的孩子呀，当然是我生的啦。"

这个母亲的回答很简练，却又满足了儿童的愿望。也许过了一年，她会对孩子说"我要生另一个孩子了"，出了产房之后，她让孩子来看弟弟，并对他说："你看，他是你的弟弟，他和你都是妈妈生出来的。"

如果这是一个 6 岁的儿童，这样的话可能引起他的强烈不满："哼，我到底是怎么生出来的呢？你还在哄我，妈妈，我已经够大了。你刚说要给我生一个弟弟的时候，我就注意观察你要做什么，可是你什么也没做呀！"

尽管满足儿童的好奇心并不容易，但是教师和父母都要有足够的耐心和才智，使儿童的渴望得到满足。这需要进行必要的训练，因为儿童的问题很难用通常的方式回答，成人必须放弃所有自以为是的做法，使用一些适合 3~6 岁孩子心理的技巧，而这恰恰是我们所缺乏的。幸运的是，儿童自己从环境中学到的东西，远远多于从成人这里学到的东西。

到目前为止，我们对很多问题的回答并不能满足儿童的要求，这表明我们对儿童心理存在着许多误解。如果还是用自以为是的方式去指导儿童，这种做法往往行不通。成人必须放弃先入为主的做法，寻找了解儿童的途径。方法其实很简单，只有儿童自己才能教我们如何了解他们，那就是通过观察他们的行为方式。

通过观察发现，儿童不仅渴望了解有趣的事情，而且也想知道怎样去做这些事情。由此可以推断，在儿童的广泛兴趣中存在下意识的目的，这就是协调自己的运动，使之处于自己的控制下。

儿童一旦受到某件事情的吸引，就会反复做这件事情。我们只要留心，就会发现他们常常反复模仿生活中的一些事情。比如，儿童会全神贯注地打磨一件铜器，直到把它磨得闪闪发光，他们如此投入，如此执着。看来表面的目的仅仅是一个刺激点，这些行为存在一种下意识的需要，儿童的成长正是来自这些下意识目的的实现，这些不断重复的运动将促成肌肉之间的和谐，而这种和谐来自于后天的训练。

成人也是一样，我们需要通过各种游戏、运动来锻炼自己，我们打网球、踢足球，目的不只是从中得到乐趣或者提高球艺，而是通过这项运动提高我们的运动能力。

儿童的很多活动我们称为游戏，这些游戏对儿童的意义和运动对成人的意义相同，是为了从中获得所需要的能力。

适应生活环境的需求是生命的本能，这对所有生物都一样。处于发育期的儿童必须培养自身的能力，以便适应周围的环境。儿童时期是培养生存能力的最好时期，正是由于这个原因，我们说儿童的模仿能力是他们完成自我建设的前提条件。

儿童天生具有完善自身的能力。周围人的行为可以激发儿童的兴趣，他们会通过模仿这些行为培养自己各方面的能力。那么，儿童到底培养了哪些能力呢？以语言能力为例，这一能力就像纺织机上的经线，这些经线并不是要织的布，而是织布的基础。

形象一点说，这些经线上布满了具有韵律感的词汇的声音，这些声音如同语法规律一样有序地排列着，经过一系列生活经验的带动，这些经线奠定了某一民族语言的基础，整匹布是在3~6岁织完的。所以，6岁以前的儿童阶段非常重要。这段时间培养形成的各种能力将会伴随人的一生。人的行走方式、做事方式都是在此期间形成的，并且成为个性的一部分，决定人是属于社会底层还是上层。不同阶层的人其差别不仅体现在社会方面，而且还体现在个性方面。

所以，一个来自底层社会的人要想进入上层社会，首先要改变自己的生活环境，否则就很难摆脱底层环境带给他们的影响。同样，一个贵族要想扮成工人也不好做到，因为生活习惯和办事方式会暴露他的真实身份。

这个时期对语言能力的发展也很关键，因为口音是在这个时候定型的，而且终生难改，即使习惯于使用专业词汇的大学教授也改变不了自己的口音。高等教育可以大大丰富人的思想，却无法抹掉人在婴儿时期形成的东西。因此，这个年龄的经历对社会教育也非常重要。假如儿童在第一个阶段遇到了一些障碍，导致人格出现偏离，在他们在3~6岁还来得及补救，因为这个时期处于儿童心理发展的收尾阶段。

另外，如果使用科学方法，可以对这个时期的儿童进行教育，缩小不同国家和民族之间的差别，这样能使人类更加和睦地相处。换句话说，人类创造的文明可以改变人类自己，就像人类能够改变创造自己的自然环境一样。

同样，儿童的个性也将指引他的发展，这种作用会通过儿童的行为表现出来，我们也能在儿童的各种活动中发现它。

那么，应当怎样培养儿童的感觉能力呢？

感觉是人与自然连接的纽带，凭借感觉提供的经验，人会变得心灵手巧。如同一个优秀的钢琴师，能在一架普通钢琴上弹奏出优美的旋律；如同一个技艺高超的织工，一摸布匹就知道纺线的纹路；如同一个原始部落的土著，在喧嚣的夏夜能够听到蛇在草丛中发出的细微声音。人与生俱来的各种能力，都受到日常生活的影响。如果缺乏智力和运动的促进，我们对感觉能力的培养就无法进行。

正是这些内在因素导致了孩子具有不同兴趣，不同兴趣带来的感觉经验形成了个体差别。也就是说，人生来就有某种兴趣倾向，它会根据自然规律促成个体的发展，形成不同的个性。

在类似我们学校的环境下成长的孩子，不仅会获得很强的动手能力，而且对外部世界的感知能力也非常敏锐。相对而言，这些儿童的内心世界也就更为丰富，因为他们能够感觉到事物的细微差别，而那些感觉能力没有得到完全发展的孩子，可能对这种差别视而不见。为了锻炼儿童的感觉能力，我们提供了一些能提高他们观察能力的东西，借助这些东西可以区分各种特性，如颜色、声音、气味、大小等。当然，这些东西也是文化的一种形式，因为它们都能引起人们对自身和环境的关注。相比而言，说话和书写这两种文化形式更为重要，因为儿童的个性会因此得到完善，能力也会得到提高。

感觉器官是人获得知识的通道，人对世界的认识离不开它。为了锻炼儿童的感觉能力，我们专门为他们制作了一些小物件，以便他们能够了解更多事物的细节。

西方学校有一门被称为“物体课”的课程，在上这门课时，教师要求每个儿童说出某个物体的特性，比如物体的颜色、形状、大小等。虽然世界上的事物无穷无尽，但每一个事物只能具备某种特性。这和词语的情况很相似，单词很多，而组成单词的字母却很有限。

如果我们提供给儿童许多物体，而每一个物体具备不同的特性，这就像给了他们一个认识世界的字母表，一把打开知识宝库大门的钥匙。因为，儿童不仅能够掌握这些东西的特性，而且还会从中发现事物的规律，为他们了解世界奠定基础。

可以说，我们专门制作的小物件，是认识这个物质世界的“字母表”，其价值不言而喻。正如前面已经说过的，文化不仅是知识信息的积累，同时也是人类个性发展的表征。比如从事儿童教育事业的人，教一个受过感觉训练的儿童是一回事，教一个没有受过感觉训练的儿童又是另外一回事，两者之间的差别很明显。

受过训练的儿童对一个物体、一种想法都会产生极大的兴趣，因为他们对事物的感觉很敏锐，能够区分细微的差别，如叶子的形状、花的颜色、昆虫的器官等。儿童的发展前景取决于他们所接触的事物，以及由事物引发的兴趣。对儿童来说，一个有准备的头脑就是一位优秀的教师，这比其他任何东西都重要。

由于我们制作的每个物件都有不同的特性，这对儿童大脑的条理化也会有帮助。

尽管程度上存在差异，但随着年龄的增长，儿童都能够对事物进行区分，并且掌握事物的不同特性，这是自然发展的结果。一个正常人不需要经过特殊训练，就能区分不同的颜色、不同的形状及不同物体的特性，这种能力与人的思维有关。人的大脑蕴含着无穷的潜能，不仅具有想象力、思考能力，同时还能对各种信息进行整理和储存。大脑可以从感官传递的各种信息中抽象出“特征的字母表”，这需要对所有的信息进行排列、组合、分析、归纳，也就是抽象思维的过程。

事实上，字母表的发明也经过了类似的过程，因为全部单词都是由字母表里的那些字母组成的，单词是口语的主要表现形式，但组成单词的字母却是一个抽象系统。可见，如果一个人不能同时运用想象力和逻辑思维能力，他就不可能变得聪明起来，这种人的头脑也只和其他高等动物差不多。如果一个人被束缚在固定的模式中，必将对他的发展产生不利影响。

尽管在日常生活中我们很少运用抽象思维，但我们会接触各种各样的事物。要把握这些事物的特征及彼此间的联系是离不开抽象思维能力的。而且抽象思维越准确，对事物的认识也越深刻。实际上，人类的思想来源于抽象思维活动。

想象力和抽象思维能力是大脑的两种主要能力，它们不仅能提供事物的本质特征，而且对人的心理发展起着重要作用。首先，语言学习离不开想象力和抽象能力，如果要丰富词汇或者提高语言的实用性，就需要不断运用新词汇，这样的新词汇是无穷无尽的，它们只能依照字母表和语法规则衍生出来。其实，语言构建的规律也是大脑构建的一部分。

在日常生活中，我们也许会听到这样的评价："这个人很聪明，但是思维缺乏条理。"这话的意思就是说，被评价的人脑子里有许多想法，却不能对这些想法进行区分和整理。也许你还会听到类似这样的评价："他的头脑如同一张地图，既精细又准确，他对事物的判断同样准确无误。"

对人类思维条理性的要求，使得我们给大脑起了个名字——精确的大脑。第一个这样命名人类大脑的人是法国物理学家、数学家、哲学家帕斯卡尔。在帕斯卡尔看来，人的大脑天生就是精确的，人类的知识来源于细致的观察和准确的分析。前面提过人大脑的构建和语言的构建相吻合。就像语言的基础是语音和语法规则，大脑的活动也存在一定的规律。人们对一些著名的发明进行过研究，发现在发明的开始阶段，发明家的思想存在一定的规律。这并不奇怪，诗歌和音乐创作主要靠艺术家的想象力，可是这个领域也存在一定的规律，因为诗歌和音乐要遵循一定的韵律和节奏。

因此，儿童的教育必须同时训练大脑的这两种能力。虽然对某种性格来说，这两种能力的作用并不平衡，往往是一个大于另外一个。但是，可以确定的是，它们同时存在，并共同发挥作用。如果我们在教育中仅发掘儿童的想象力，就会造成两者之间的不平衡，影响儿童的个性发展，给他们的现实生活造成障碍。

3~6 岁的儿童都有追求准确的倾向，这种倾向会以很多方式表现出来。其实，只要我们告诉儿童怎样准确地做一件事情，单是这种准确性就会引起他们的极大兴趣，促进他们的发展。儿童在学校的学习，主要是为了训练行为的秩序和准确。

儿童在 3~4 岁年龄段对物体最感兴趣，我们制作的小物件就是为他们准备的，这些东西能够帮助他们了解生活环境，培养大脑的精确性。

儿童大脑的条理化和精确性呈现得很早，这不仅表现在他们对行为精确性的要求上，而且也表现在儿童对秩序、规则的要求上。儿童对秩序有很高的要求，他们对物件的摆放是否有规律、位置是否恰当很敏感。这一现象表明，儿童在通过自己的行为认知周围环境时，留在大脑记忆中的是具有一定规律的东西，否则，他们就无法把注意力集中起来。

通过这样的探讨，我们发现了儿童心理发展的基本形态。精神是一个有机发展的整体，它的形成依据一种预定的潜在模式，否则，心理不可能只凭借思维能力和意志力来发展，因为这些能力都是后来获取的，而且是在心理潜能发挥作用的基础上形成的。

就像人无法利用思想创造自己的身体，人的心理类型也不是由意识创造的。我在这里使用的“创造”一词，指的是原本不存在的东西突然出现了，而且按照一定的规律发展。当然，所谓“突然”是针对人的知觉而言的，任何事物都不会无中生有，都有一个起始和形成的过程。

实际上，一切生命都是由胚胎细胞发育而成的。同样，人类的思想观念也有其形成和发展的基础，而且是一个具备创造力的基础。从婴儿开始的第一个发展阶段，人的精神潜能通过对环境的认识和适应逐步发挥作用，在大脑里形成一个思想的基础，个体的继续发展就基于这个基础，最后，个体成为所属群体的一个成员。种群是一个心理和文化的集合体，具有一定的连续性，一代一代地传承下去，最终形成了人类文明的历史。

以上探讨表明，只有新生个体具备创造能力时，才能发展人格所包含的后天能力。这些能力如同社会模式一样是逐渐发展的，整个发展过程一直依赖人对周围环境的适应。这就是儿童的生物功能，人类的发展也离不开这种人格条件。每个人都要经历这样一个创造性的过程，而成人却可以对此施加影响。所以，我们有必要更新自己的教育观念。

重新发现孩子

今天，生物学研究正在发生改变。过去，生物学的研究对象，不论是动物还是植物，科学家通常选取成年个体作样本。对人类的研究也是如此，无论是伦理学研究还是社会学研究，科学家都把成人作为研究的主要对象。在对人类的研究中，学者们经常讨论死亡问题，没有人对此感到奇怪，因为所有人都在迈向死亡。

至于道德伦理的研究，则集中在法律和社会利益关系上。这种状况现在发生了改变，甚至可以说转向了相反的方向。如今，对包括人在内的全部生命形态的研究，重点都放在幼年个体，甚至更早的阶段，这个转变最先出现在对生物胚胎的研究以及对细胞生命的研究上。

正是因为对低级形态生命的研究，哲学也发生了很大变化，一门新兴的哲学正在兴起，尽管它还笼罩着一层神秘的面纱。这种哲学不再局限于理性思维，不再由思想家得出抽象的结论，而更具有科学性。

胚胎学把对成年个体的研究带回到了生命的起点。人们发现，生命的早期阶段与成年阶段存在很大差异。这些研究表明了过去思想家对生命的无知，也为儿童性格的研究带来了曙光。

幼体与成熟体之间的不同可以用一句话概括：成熟体在走向死亡，幼体却在走向生命的巅峰。人也不例外，幼儿要做的是把自己塑造成一个完善的人，所有儿童期的生命是向完善的方向发展的。一旦完成这个过程，儿童长大成人，就不再是原来那个孩子了。

由于以上这些理由，我们可以断言，孩子们都很乐意做一些使自己得到完善的事情，而且生命的这一过程充满了快乐。与此相反，成人的生活却充满了压抑和苦恼。

对儿童来说，生活就是自身的延伸，他们就这样自由自在地生活着，身体日益强壮起来，而且逐渐变得聪明，这些力量和智慧来自游戏和工作。当然，年龄的增长也带来了不利的一面，他再不能像幼儿那样完善自己了，也不再有人能像过去那样帮助他了。

儿童成长的结果不仅与成人息息相关，而且儿童成长的条件也离不开成人。婴儿出生之前，要在母亲的子宫里生活 10 个月，再往前追溯，则是来自父母两个细胞的结合。可以说，生命的儿童期连接着两代人的成熟，起始是一代成熟的人，结束是另一代人的成熟；一端是创造者，另一端是被创造者，这就是儿童要走过的道路。

孩子来自于爱情，也离不开爱情，爱情是他们的源泉。生命的自然规律要求成人照料自己的孩子。孩子一生下来，就受到父母的精心照料，父母是孩子的第一道防线。父母对孩子的爱是无私的、伟大的，这是生命的一种本能。正是由于这种与生俱来的爱，所有父母都会全心全意地为孩子服务，不惜抛弃自己的生命来保护孩子。父母在做这种奉献的时候，并没有牺牲感，反而会体验到一种本能的快感。这是生命的天性，所有生物都是一样的。

孩子所能唤起的美好情感，在社会关系中是找不到的。一个商人绝对不会对交易伙伴说："我放弃这些利益，都归你吧。"可是，一旦出现食物短缺，他会毫不犹豫地把唯一的一片面包留给自己的孩子。

成人有两种完全不同的处世态度，一种是作为父母的态度，另一种是作为社会成员的态度。前一种态度，也就是作为父母的人生态度，表现了人类美好的一面。

这种情况也发生在动物身上。在动物界，即使最凶残的猛兽对待幼崽也非常温和，像狮子、老虎就是这样，它们在幼崽面前流露出来的温情，大大超乎我们的想象。而那些十分温顺的动物，比如母鹿，在小鹿受到威胁时，却表现得异常凶猛。动物和人一样，普遍存在这种保护幼崽的天性，身上有一种身为父母的特殊本能。

动物都有保护自我的本能，在幼崽受到威胁的时候，它们会奋不顾身地冲上去搏斗。鸟类也一样，面临危险，它们会本能地飞走，但如果它们正在孵小鸟，就不会轻易离开鸟巢，而是一动不动地待在窝里，伸开双翅保护鸟蛋。有些鸟儿则可能冲出草丛，把靠近巢穴的猎狗引开，尽管它们很可能被咬死。

科学家们通过研究发现，动物和人一样具有两种本能，一是自我保护，二是保护幼崽。法国人法布尔是世界上最伟大的生物学家，他在结束自己的巨著《昆虫记》时说，一切生物都应该感谢伟大的母爱，如果不是母亲保护它们，几乎所有幼小的生命都无法存活下来，因为它们还不具备生存所需的技能。老虎刚生下来没有牙齿，无法捕食；鸟儿出壳时没有羽毛，无法飞行。如果物种生存只依赖自身的强壮，那么物种早就消失了。所以，父母对幼崽的保护，是物种延续不可缺少的条件。

在对自然的研究中，我们发现最为神奇的是生物的生存智慧。自然是那么奇妙，任何生物都有自己的生存智慧，即使是最为温和的动物，这种生存智慧也不难观察到。

我们知道，即使最低级的生物，也被赋予了自我防卫的本能。但是自然科学家们发现，生物的生存智慧用在自我保护行为上的相对较少，而主要集中在对幼体的保护上，而且在保护幼体上所表现出的智慧程度更高。法布尔对昆虫的护幼行为做过仔细观察，在《昆虫记》第十六章有详尽的描述。

科学家通过对各种生命类型的研究，揭示出生物界普遍存在两种本能和两种不同的生活方式。如果人类是动物进化的结果，就应该承认两种本能的必要性。如果把这一发现运用到人类身上，就有必要对儿童进行研究，因为成人消除不了其儿童时期受到的影响。可以这样说，人类对自身的研究必须从儿童时期开始。

家教延伸阅读

巧妙应对婴儿的15种异常

宝宝从出生那一刻起，就成了家庭的重点呵护对象，其实，有些新生宝宝的异常，并不是病理性的，家长不用过分惊慌，重在处理得当。

1. 脱皮

几乎所有的新生儿都会有脱皮的现象，不论是轻微的皮屑，或是像蛇一样的脱皮，只要宝宝饮食、睡眠都没问题就是正常现象。脱皮是因为新生儿皮肤最上层的角质层发育不完全，容易脱落。此外，新生儿连表皮和真皮的基底膜并不发达，使表皮和真皮的连接不够紧密，造成表皮脱落的机会增多。这种脱皮的现象全身部位都有可能会出现，但以四肢、耳后较为明显，只要于洗澡时使其自然脱落即可，无须特别采取保护措施或强行将脱皮撕下。若脱皮合并红肿或水泡等其他症状，则可能为病征，需要就诊。

2. 打喷嚏

新生儿偶尔打喷嚏并不是感冒的现象，因为新生儿鼻腔血液的运行较旺盛，鼻腔小且短，若有外界的微小物质如棉絮、绒毛或尘埃等进入便会刺激鼻黏膜引起打喷嚏，这也可以说是宝宝代替用手自行清理鼻腔的一种方式。突然遇到冷空气也会打喷嚏。除非宝宝已经流鼻水了，否则家长可以不用担心，也不要动辄让宝宝服用感冒药。

3. 生理性黄疸

主要是由于胎儿在宫内所处的低氧环境刺激红细胞生成过多，使新生儿早期胆红素的来源较成人多，加之新生儿肝细胞对胆红素的摄取、结合及排泄功能差，故可引起生理性黄疸现象。一般于生后 2~3 天出现，7~14 天消退。一般情况良好，具有自限性，不需治疗，愈后良好。

4. 新生儿红斑

有的新生儿出生后第一天内会出现皮肤普遍发红，并伴有指尖大小的红点。这可能是由于冷而干燥的外界环境及毒素的影响引起的。持续 1~2 天后逐渐消退，出现脱屑，以足底、足心及皱褶处多见，脱屑完毕后，皮肤呈粉红色。

5. 粟粒疹

新生儿的鼻尖、鼻翼及颊部等处常有针尖大小的黄白色点，由皮脂腺堆积所致，称为粟粒疹，而非脓疱，蜕皮后会自然消失。

6. 体重减轻

由于出生后最初几天进食较少，同时有不显性失水和大小便排出，故在生后的 2~4 天内体重有所下降，较刚出生时减轻体重约 6%~9%，称之为生理性体重下降。随着奶量的增大，进食增加，约在生后 10 天左右恢复正常，进入快速生长阶段。

7. 短暂的窒息

新生儿呼吸的唯一通道是鼻子，虽然较高位置的喉头保证了吸奶时不会意外呛着，但也造成了他无法用嘴呼吸的生理特点。此外，由于宝宝的肺部还没有发育成熟，有时会有10秒钟左右的“窒息”。不过，6个月后就会正常起来。

8. 乳腺肿大

由于母亲妊娠后期雌激素对胎儿的影响，在新生儿出生1周内，不论男孩、女孩都可出现乳腺肿大，可有蚕豆样大小，还可见乳晕颜色增深及泌乳。乳房肿大要在出生后第2~3周才自行消退。有些老人认为女宝宝应该挤出乳汁，使肿大的乳腺恢复正常，同时保证以后妊娠哺乳时有乳汁分泌。这样的做法是错误的，并可能引起感染。

9. 眼睛斜视

刚出生的宝宝，由于在产道中受过挤压，所以眼睑会有些浮肿，一般2~3天就会消失。一般而言，新生儿早期眼球尚未固定，看起来有点斗鸡眼，而且眼部的肌肉调节不良，常有短暂性的斜视，属于正常生理现象。如果3个月后，宝宝仍旧斜视，应及时带他去医院就诊。

10. 脱水热

新生儿皮下脂肪薄，体表面积相对较大，容易散热。室温过高时通过皮肤散热增加，如果此时体内水分不足，血液浓缩，易使新生儿发生脱水热。脱水热的热度一般不超过38℃，如能及时发现，补液后可很快降至正常。

11. 频繁打嗝

宝宝出生后的几个月内，一直都有较频繁的打嗝，这是由于横膈膜还未发育成熟。此外，有时打嗝是由于宝宝过于兴奋，有时则是由于刚喂过奶。到了3~4个月的时候，宝宝打嗝就会减少了。若家中的宝宝持续地打嗝一段时间，可以喂宝宝喝一些温开水，以止住打嗝。

12. 惊跳

新生儿常在入睡之后有局部的肌肉抽动现象，尤其手指或脚趾会轻轻地颤动。或是受到轻微的刺激如强光、声音或震动等，会表现出双手向上张开，很快又收回，有时还会伴随啼哭、惊跳反应。这是由于新生儿神经系统发育不成熟所致。此时，只要妈妈用手轻轻按住宝宝身体的任何一个部位，就可以使他安静下来。

13. 内八脚和罗圈腿

由于子宫中空间有限，胎儿是以双腿交叉蜷曲，臀部和膝盖拉伸的姿势生长的。因此他的腿、脚向内弯曲。出生后，随着宝宝经常的运动，臀部和腿部的肌肉力量加强。宝宝的身体和脚就会慢慢变直。

14. 扁平足

事实上，新生儿足底扁而平是正常的。相反，如果婴儿在头几个月里就有很高的足弓反而是一种不良的信号，因为它预示着宝宝会有神经或肌肉方面的问题。宝宝到了 4~6 岁的时候足弓才会发育好。

15. 红色尿

新生儿出生后 2~5 天，由于小便较少，加之白细胞分解较多，使尿酸盐排泄增加，可使尿液呈红色，并在排尿时出现啼哭，多在尿液染红尿布后被发现。此时可加大哺乳量或多喂温开水以增加尿量，防止结晶和栓塞。

蒙台梭利的早期教育

MONTESSORI'S EDUCATION

009

让孩子走向独立

儿童的心理生活是非常易变的，

很容易被其他东西所取代。

我们必须创造一个

能促进儿童天赋正常发展的环境。

解放孩子

一个最重要的现实摆在我们面前：人们尚未注意到儿童拥有一种微妙的心理生活，所以，它的发展太容易遭到成人无意识的破坏。

成人生活的环境对儿童来说并不适宜，并且对儿童发展有很大的阻碍。这些阻碍是出于对儿童的防御而引起的，它使儿童的性格变得古怪，容易被成人的暗示所摆布。

儿童心理学是儿童教育的基础依据，但它不是从儿童的特性进行研究，而一直是从成人的角度进行研究的。因此，从根本上重新审视其结论是非常必要的。我们常常发现，儿童每一个不寻常的反应，都可以作为一个有待解决的问题来研究；儿童每一次的愤怒都是内心冲突的外在表现，把它简单地说成是对不相容的环境的一种防御机制是解释不通的，我们应该得出他们寻求展示更高品质的结论。发脾气就像一场暴风雨，当儿童的心灵受到阻碍，他的秘密曝光了，愤怒就会显露出来。

显然，儿童真实的心灵被这些伪装隐藏了起来。儿童不能展示他的真正个性，自我实现的努力被发脾气、反抗等反常行为掩盖了。他的个性是由许多特性构成的，个性藏在这些互相矛盾的外在表现背后，他是从一个精确的心理发展模式发展起来的个体精神胚胎。毫无疑问，一个尚未被认识的儿童，一个充满活力却被隐藏在这些表面现象背后的人，他必须获得自由。自由意味着能去发现未知的东西，自由意味着一个人知道自己可以做什么就大胆地去做。教育所面临的最紧迫任务，就是深入了解儿童，把儿童从全部的障碍中解放出来。

目前已有的心理分析和我们尚未认识到的儿童心理之间存在根本区别。成人的秘密是由自我约束的隐藏在潜意识中的某种东西，而儿童的秘密几乎暴露在他的环境中。所以，帮助一个成人就像帮助他解开在漫长的时期中形成的一团心理乱麻，而帮助一个儿童就必须给他提供一个自由发展的环境。我们应该完全为儿童的创造和发展敞开大门。

儿童正在创造自我，正处于从不存在到存在、从潜在性到实际性的过程中。在这个过程中儿童的能力日益增强，不需要艰难地展现自我。在一个自由的环境中，儿童的心灵会把秘密自动揭开。脱离这条原则，所有的教育都会陷入一种无休止的混乱中。

发现和解放儿童是新式儿童教育的首要任务，其次是改善儿童的生活方式，再次是给日趋成熟的儿童提供必不可少的帮助。这意味着在儿童的发展过程中，必须创造有利于他们成长的环境，必须把障碍物减到最少，必须为那些有助于儿童能力自由发展的活动提供空间和设施。成人也包括在儿童的环境中，并且，应该主动适应儿童的需要。成人要防止变成儿童独立活动的障碍，那些儿童成长所必需的独立活动不需要由成人代劳。

不要代替孩子行动

成人不仅仅在行为方式上试图代替儿童行动，而且把自己的意志微妙地强加于儿童。这种情况意味着不是儿童在行动，而是成人替代儿童在行动。

夏洛特设立了一所著名的精神病医院，他进行的实验引起了轰动，即通过催眠可以实现替换癔病患者人格。他的实验改变了之前认为人是自己行为的主人的观念。夏洛特的实验证明，某些暗示可能使被试验者失去自己的人格，接受催眠者的人格。这些数量很少而且仅在诊所里进行的实验开辟了一个新的研究领域，即我们从这种现象中发现了双重人格。

童年期的儿童处于一种创造性特别容易受到暗示的状态，因为他开始意识到自我时正处于个性形成的阶段。成人的人格能够在这个时期悄悄潜入儿童心理中，用自己的意志激发儿童的意志，并使其发生变化。

我们发现，如果我们在学校里用过分热情、夸张的动作向儿童示范如何做某些事情，就压抑了儿童根据他自己的人格进行判断和行动的能力。儿童自身分离后由另一个自我来替代，这个新的自我更强有力，但它并不属于儿童。儿童尚未成熟的人格被这个外来的自我剥夺了。成人通常这样做是无意的，他并不希望或未意识到能够通过所谓催眠的暗示来支配儿童，甚至对这种影响的存在也一无所知。

我就碰到一些有趣的例子。有一天，我看到一个大约两岁的儿童，他正把一双鞋子放在干净的白床单上，我冲过去拎起鞋子放在房间角落里，没有多加思考就说："它们太脏了。"然后，我又把床单上放过鞋子的地方用手拍了拍。从此以后，无论任何时候，这个小家伙看到鞋子就会奔过去拎起来说："它们太脏了。"虽然并没有把鞋子放在床上，但他仍走到床边并把手按在床上，似乎想把它拍干净。

还有一个例子。一位年轻妇女收到一个装着礼物的包裹。她打开盒子后，立即把里面的一块丝绸手帕给了她的小女儿，顺便还给了女儿一只喇叭并放到嘴上吹了起来。小女孩高兴地叫起来："好听的音乐！"一段时间过后，这个小女孩只要拿到一块手帕，就会兴奋地说："好听的音乐！"

在激起儿童的反应时，禁令并不起作用，不过成人的禁令特别容易约束儿童的行动。在有教养的和能自我约束的成人及文雅的保姆中常常发生这种现象。有一个例子很有趣，一个大约 4 岁的小女孩与她的外祖母住在一起。小女孩为了看到喷水，想打开花园里的人造喷泉龙头，但正当她要这样做的时候却突然把手缩了回来。外祖母鼓励她继续，小女孩却说："我不做，因为保姆不许打开水龙头。"外祖母对她说我允许你这样做，这是在我们自己家里啊。小女孩笑了起来。这表明她很希望看到喷泉，所以她伸出了手，但是又把手缩了回来。显然，外祖母的鼓励比那个不在场的保姆的禁令，效力小多了。

另一个类似的例子发生在年龄稍大一些的儿童身上，他是个大约 7 岁的男孩。当他坐在一个地方，看到远处某个吸引他的东西，准备朝那个东西走去的时候，却退了回来，又老老实实地坐了下来。他似乎感到痛苦，因为他无法克服意志的动摇。谁在阻止他自由行动呢？没有人知道，这在儿童的记忆中已消失了。

儿童对暗示很敏感，这是由于他们的内在敏感性的扩张，有益于他们心理的发展。内在敏感性的这一特点可以称为“环境依赖性”。儿童首先总是渴望去观察事物，容易被它们吸引，但他们更容易关注成人的行动并模仿它们。成人在这方面有一种使命感：激励儿童大胆行动，指导儿童的行动，教会他们学会如何正确行动。但是，成人必须始终平静地和慢慢地行动，使正在注视他的儿童能清楚地看到他的行动细节。如果成人采用他所习惯的急速有力的步伐，就可能把他自己的人格强加给儿童，通过暗示替代儿童，而不是激励和教导儿童。

如果一些直观的事物对感官很有吸引力，就能产生一种暗示的力量，正如磁铁吸引住许多铁块一样。一部影片记录了莱文教授有趣的心理学实验，很能说明这个问题。他的实验目的是识别我们学校一些身心有缺陷儿童和正常儿童对同一事物的不同反应。这两组儿童年龄相同，生活的环境也相同。

这部影片中的第一个情景，首先出现一张放着许多不同物体的长桌子（包括我们设计的一些直观教具）。走进教室的一组儿童，很快被眼前的各种物体吸引，他们露出了充满活力的微笑，处于那么多不同物体之间，他们感到非常开心。这时，每一个儿童都开始工作，拿起一件东西摆弄起来，过一会儿把它放在一边，又拿起别的东西，就这样从一项工作到另一项工作，重复不已。

另一个情景出现在影片的下半部分。第二组儿童慢慢地走进教室，他们不时停下来看看四周。而他们只是在桌子周围懒散地站着，很少有人拿起桌子上的物体玩耍。

猜猜哪一组是身心有缺陷的儿童，哪一组是正常儿童呢？答案出乎意料，有缺陷的儿童富有活力地从一件物体转到另一件物体，他们急匆匆地一边走动，一边玩耍。对，看这部影片的人似乎认为这些儿童是聪明的，每个人都习惯于把活泼快乐的儿童看作是聪明的孩子。

然而，正常儿童恰恰相反，他们长时间站着一动不动，注视着一件物体沉思。影片以惊人的方式证明，正常儿童的标志是有分寸的行动和考虑周到的安排。

莱文教授的实验结果与一般流行的观念是冲突的，聪明的儿童在通常环境中的行动，会像影片中有缺陷的儿童一样。我们可以发现，正常儿童虽然是缓慢和沉思的，但也充满好奇，可他们的行动被自我意识和理性所指导和控制。有价值的活动是自我控制和有节制的。这种儿童被一些外界物体调动起来，能自由地运用外界物体。

所以，对于儿童来说，重要的不仅仅是用某一种方式到处乱走，去感知任何东西，更应该控制自己的运动器官并运用它们。他有自我指引运动的能力，而不仅仅是由外界事物所支配。我们要引导儿童把他源于内部的注意力集中在一个物体上。

对个人来说，用一种深思熟虑的方式行动，实际上是正常的。它可以被概括成我们称为“内在秩序”的一种东西。内在秩序表现为一种有条不紊的外部行动。

如果个人缺乏这种内在秩序，就失去了控制自己行动的能力，同时会受他人的意志支配，就像没有航向的船，成为外界环境影响的牺牲品。我们很难依靠他人的意志产生有条不紊的行动，因为外在的影响并不是这种行动的决定性因素。一旦发生这种情况，一个人的人格被分裂了。儿童应该具有自己的本性，如果这种情况发生在儿童身上，他就失去了发展的机会。

可以这样比喻这种儿童，他被气球托着降落在沙漠中，突然间气球被风刮走了，他一个人孤立无援地处于沙漠中，发现周围没有一样东西能替代失去的气球。当儿童陷于这种情景时，会导致他与成人争吵。儿童隐藏着的心理尚未得到发展，表现的方法也是无序的。可以说，是成人的环境造就了这样的牺牲品。

注意力的神奇力量

生活中总是存在许多偏见和误解。比如，不少人看到儿童性格缺陷的一些表面特征，不但不认为这是件坏事，反而对这些缺陷给予高度评价。他们认为那些消极被动、缺少活力的儿童是好孩子；那些吵闹不停、胡思乱想的孩子则是天分过人，大有前途。

社会观念往往这样给孩子分类：

1. 那些不正常的儿童需要进行教育，使其回归正常；

2. 那些遵守规矩的孩子才是好孩子，他们是其他孩子学习的榜样；

3. 那些性格异常的孩子与众不同，比一般孩子要强。

后面两种观念非常普遍，这两种类型的孩子总能得到父母的夸奖。虽然除此之外，再没有人喜欢他们，尤其是最后一种类型的儿童。

我已经多次指明这种偏见，并且要求大家注意：这种错误认识已经延续了几百年。可是，在我所办的第一所学校以及以后的学校里，当孩子们被某项工作吸引的时候，他们原有的这些性格特征都消失了。也就是说，这些儿童身上所有与众不同的东西都消失了，不论这些东西被认为是好的还是坏的。

这个现象说明什么呢？它说明我们对儿童的性格发展存在习惯性的偏见。上面说了，这种情况由来已久，不禁使我想起一句宗教格言：“真理只掌握在上帝的手中，我们看到的都是虚幻。”通过教学实践，我们发现儿童很想自己动手。成人以前完全忽视了这一点，认为儿童只会玩耍，他们没有注意到儿童会和自己一样，会有选择地做一些事情。其实，儿童在心理需求的支配下，总在忙于做事，因为他们能够从中获得快乐。

成人还忽视了一件重要的事情，这些忙碌的儿童身上不知不觉地形成了一定的纪律性。怎样培养孩子的纪律性而又不伤害他们的创造力，一直是一个难以解决的问题。现在，孩子们自己给出了答案：只要我们给予儿童自由，他们就能培养起必要的纪律性。那些能够进行自由选择的儿童，都会集中精力做自己喜欢的事情，纪律性就在这个过程中养成了。

事实表明，只要儿童生活在一个可以进行有序活动的环境里，就会形成一定的纪律性。西方国家40年来对儿童教育的研究，已经证明这一点。老实说，我相信这种情况在世界任何地方都一样。我们以前忽视了这个问题，是因为受到习惯的影响，对儿童的性格发展缺乏应有的关心。

另外，孩子们身上的这些变化不是逐渐出现的，而是很自然地形成的。对某个孩子来说，这里不存在什么群体意识，他只是在专心致志地做自己的事情。不过，以上这种情况并不意味着，我们可以强制懒惰的孩子动手做事情，我们只需把这样的孩子放在相应的环境中，让他们可以按照自己的心理需求做事就足够了。

只要他们专心做一件事情，性格方面的缺陷就会随之消失，这些都是我们进行说教不可能达到的。这时儿童身上会发生很大变化，仿佛突然出现了一些东西，并且被外界活动深深吸引，他们把全部精力投入这些活动中，不知疲倦地重复某件事情。

无论从哪方面看，人都是一个整体，这个整体需要在生活中积极吸取外在经验，是在自然规律的作用下逐渐形成和完善的。从出生到 3 岁，人的各个器官都是在独立发展，到了下一个发展阶段，也就是 3~6 岁的时候，手才能够接受来自大脑的指令，开始进行工作。也就是在这个时期，各个器官会合为一个整体，共同发挥作用，完成个体的工作要求。

假如在这个发展过程中，某种外在因素影响了这种和谐状态的形成，这种阻碍的力量就会在体内生长，破坏人体器官的平衡发展，导致人的性格缺陷和功能障碍。如果这样，手就不能做有目的的运动，大脑的活动也会出现问题，语言失去了实际意义，变成一种自我娱乐活动，身体也懒得活动了。所有这些不良后果，都是因为各个器官独立发展，无法结合成一个整体，不能实现人体的正常功能，导致人格发生异常，成为绝望的根源。

要解决这些问题，只有使各种功能协调一致，共同为整体服务才行。正如我们学校出现的情景那样，儿童只要有一个合适的环境，这个环境能够吸引他们，激发他们的创造性活动，使他们专心致志投入某项工作，所有能力就能被结合在一起，性格的偏离也会得到矫正。不过，需要说明的是，这并非外在教育的结果，而是儿童个性发展的结果。通过提供这样的环境，我们只是让儿童的个性获得了正常发展。

下图中显示了儿童的不同特性，右面向外辐射的线表示儿童的负面特征，垂直线表示儿童能够集中注意力做事，这条线代表正常。一旦儿童的注意力集中起来，右面的线就会自动消失，只剩下左面的线。这些缺陷的消失应该归功于儿童自身，与教育无关——是儿童的人格进行了自我调整，从而获得了正常的发展。

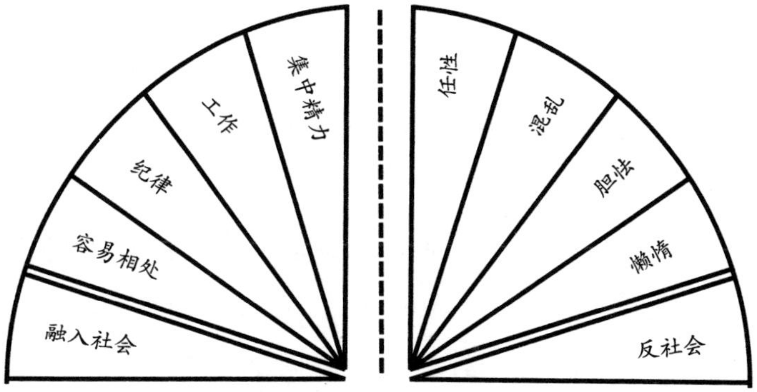

儿童的正常与不正常特征

这种个性的自我矫正现象，我在所有的学校都看到过，无论这些孩子来自什么阶层、什么种族，属于什么文明。这就是我们的研究所获得的最重要的结论。

这种转变要求儿童把注意力集中在某件事上，并且亲自动手来完成。其实，心理分析学早已用这种方法来治疗成人，而且对这种心理现象有一个专业术语——正常化。

多少年过去了，经过了无数次实验，这方面的发现终于被接受了。《儿童门诊指南》一书就应用了这一理论，这是一本探讨“问题儿童”

治疗方法的书，书中要求人们给儿童提供一个可以自由活动的环境，使儿童根据自己的喜好选择想做的事情，他们的选择是自由的，不受教师或其他人的左右。

这种治疗方法被称为"游戏疗法"。这种方法可以使儿童在模仿游戏中进行自由选择，这比他们在家庭中的选择范围要广。

今天，对"问题儿童"的家庭治疗已经很普遍，这得益于上述理论和其他一些理论的发展。这些方法同样可以促进正常儿童的性格发展。

当然，这种方法对于矫正来说还不够，因为这只是一种治疗方法。对于"工作（有意识地做事）和自由能够治疗成长中的缺陷"这一观点还需要进行深入探讨，因为工作和自由这两个要素是儿童发展的必要条件，但远不是充分条件。

实际上，儿童的性格缺陷会反复出现。由于他们的生活环境缺少正常发展的动力和机会，很多治愈好的"问题儿童"回家后不久，又出现了性格偏离特征。另外，尽管很多学校认同我们的观念，努力创造一种自由气氛，但是他们对自由的理解却与我们不一致。

比如，他们对自由的理解非常落后。在这些人看来，自由就是摆脱束缚，不受权威的约束等，这可不是自由的观念，只能说是对压迫的反抗。假如学校按此付诸实施，儿童只会做出这样的反应：毫无节制地发泄情绪。因为他们以前受成人的控制太多，本能地有一种反抗的趋势。虽然原则是"让儿童做自己喜欢的事情"，但如果他们缺乏自我控制的能力，就无法获得真正的自由。

许多事情不能仅仅从表面上看。有人说儿童做事没有规律，事实是许多人随意强制儿童有规律地做事；有人说儿童很懒惰，事实是这些人总在强制儿童做一些事情；有人说儿童都不听话，可能这些儿童一直被强制和教训。

自由是发展的前提，也是发展的结果，儿童要获得这种能力，需要一个潜移默化的教育过程。人格的发展具有自身的主动性，离不开儿童自身的努力和对经验的获取，这是一个漫长的过程。人能对弱者进行压迫，使他们屈服，遏制他们成长，却不能强制他们发展。

另外，假如自由被认为是让儿童做任何他们想做的事情，那么，他们已经发生偏离的性格就得不到矫正，而会继续向不良的方向发展。

我们的观点是，儿童的正常发展需要把精力集中在某个工作上。既然这些东西能够左右儿童的发展，我们就应该有目的地为他们做准备，使这些东西适合儿童的年龄和心理特征，保证儿童使用起来很方便。因此，我们在向儿童提供工具和环境时，必须有选择、有目的，既能够引起他们的兴趣，又能够吸引他们的注意力。

这样，儿童在运用这些东西的时候，运动协调能力就会得到提高。儿童一旦集中注意力做某件事情，就能够促进他们的心理发展，提高他们的运动协调能力，并且矫正他们的性格缺陷。这里，我们强调的是“集中注意力”，而不是“做某件事情”。如果儿童毫无目的地做一件事情，不仅无法改掉性格的缺陷，反而会引起更多的缺陷。

我们要想办法激发儿童的兴趣，才能改善他们的个性。对“问题儿童”的治疗也有一个过程，并不是一踏进我们的学校就能把缺陷治疗好。在这段时间，他们接受新环境的影响，充分获得行为的自由，个性才能得到发展。只有在环境的作用下，儿童的天赋才能充分展示出来——自发的纪律性、愉快地工作、社会良知、对他人的怜悯等。当这些能力得到正常发挥的时候，自由选择自己的行为，也就成了儿童生活的一种方式。

我们的原则很简单，就是让儿童做他们自己选择的、有趣的事情。这些事情能集中他们的注意力，使他们感觉不到疲惫。这些工作能够提高儿童的各种能力，完善他们的心理发展。

成人要想为儿童提供帮助，就不能随意给他们提供东西，而应该根据儿童的性格和兴趣去有目的地选择。同样，我们也需要根据儿童心理发展的规律选择教育方法。

在我们学校学习的儿童不仅性格得到完善，而且求知欲也更加强烈。对此，人们可能会说，儿童在进行一种精神锻炼，他们在寻求一条通向自我完善和心灵净化的道路。阿拉伯经典作品《吉塔》中提到了儿童的发展——“让儿童做他们该做的事情极为重要。因为大脑不能停止不动，它需要不停地工作，只有专注地做一些事情，才能发展人的精神。懒惰的大脑容易接受不好的东西，因而懒汉不可能是健康的人。”

这与我们的观点一致。正如纪伯伦所说，“工作是爱的表现”。

孩子的自动自发

尽管儿童看起来行为自由，但他们给人的印象总是充满纪律性。每一个儿童都安静地、全神贯注地做自己的工作。他们取出或归还教具时，走路的声音很轻。他们离开教室时，在院子里张望一下就回来，从不久留。他们对教师的要求执行迅速。

这位教师告诉我："儿童这样听话，使我开始注意自己所说的每一句话，为每一句话负责。"教师要求儿童安静地进行练习，在她提出要求之后，儿童们就会主动执行。这种对纪律的服从不仅没有阻止儿童的独立行动，更没有给他们按自己喜好安排每天的活动造成障碍。他们各取自己工作所需要的教具，并保持整洁。如果教师来迟了，或只有孩子们留在教室里，一切都照常进行。他们把秩序和自发的纪律结合在一起，这是最吸引参观者的表现。

他们十分安静，同时也表现出极好的纪律性，在教师提出要求之前就表现出服从的倾向。原因是什么呢？儿童工作时，教室里非常安静。没有人试图破坏这种安静的气氛，也没有人能通过虚假的形式获得这种安静。

可能是这些儿童找到了适合他们生命发展的道路吧，就像星星在运行中不停地闪烁一样。这种自然规律已经和环境无关，并成为宇宙规律的一部分。人们应该具备这种观念，自然界的规律肯定为一切形式诸如社会生活的规律提供了基础。实际上，能激起儿童最大的兴趣，并能为教育理论提供内涵的事情，就是阐明自由只能诞生在秩序和纪律的基础上。

有一天，意大利总理的女儿陪同阿根廷共和国大使来"儿童之家"参观访问。这位大使要求不预先通知，她觉得耳听为虚，眼见为实，所以要更确切地证实一下。但当他们到了学校时，才知道那天是假日，学校不开门。院子中的一些儿童马上走过来，其中一个儿童和他们解释说："没有关系，今天虽然是假日，但我们都在这幢大楼里，可以到门卫那里取钥匙。"于是，这些儿童跑到各处把他们的小伙伴集合起来。他们打开教室的门后，自动工作起来，向客人们证实了他们令人惊讶的自发性行为。

包括意大利国王、王后以及一些名人都来了，访问者到院子里看望这些孩子，使住在公寓大楼里的家庭成员感到惊讶，因为这种场面他们以前从未见过。孩子们的母亲经常会跑到我这儿，高兴地讲述她们家里所发生的事，并且悄悄地告诉我："如果不是我们的小孩，这些三四岁的小孩所说的话会令我们生气的。比如，他们会说：'该洗洗你脏巴巴的手了。'或者会说：'你是不是该把衣服上的脏东西擦掉。'听到他们说这种话时，我们不仅不恼火，而且觉得像在梦中一样。"如今，儿童们使这些贫困的家庭变得更清洁，更整齐。孩子们把破碎的瓦罐从家里的窗台上清理掉了，把窗户玻璃擦得很干净，在阳光下闪闪发光，他们把院子花坛中的天竺葵也侍弄得枝繁叶茂。一些妇女经常把天竺葵放在学校的窗台和地板上，并做一些好吃的饭菜送到教室，以表达她们的感激之情，而且还不让教师知道是谁干的。

儿童自发表现的外部条件

通过什么方法才能获得这样的结果呢？我将通过对某些事情和印象的简要描述来阐明这个方法的问题。下面我将谈谈我对这个问题的观点。

人们所看到的常常只是儿童，而不是方法。可以看到，那些没有障碍物约束的儿童，他们的心理是在依照本性而活动。我们前面所列举的那些童年期特征全是属于儿童的，它们根本不是任何教育方法的产物，就如鸟的羽毛、花朵的芳香一样。

然而，儿童的自然特性显然会受到教育的影响，因为教育所要做的正是采用一种能够帮助儿童自然发展的方式去保护和培育他们。这有点类似于培育新品种的花朵，园艺学家通过精心的照管和一定的工艺，可以改良花朵的色彩、香味和一些其他自然特征，但却不会改变花朵会开花的基本特征。

“儿童之家”的种种现象表明儿童具有某些天赋的心理特征，这些心理特征不像植物的生理特征那样明显。儿童的心理生活是非常易变的，以致它的特征若处在一种不适宜的环境中就会完全消失，并被其他东西所取代。所以，在讨论教育发展之前，我们必须创造一个能促进儿童天赋正常发挥的环境。为了实现这一目的，首先要做的就是消除障碍物。这是教育的基础和出发点。我们要做的不仅仅是发展儿童的现有特征，而且应当去发现儿童的本性。只有如此，才能促进儿童的正常发展。

如果仔细考察那些能偶然引起儿童正常发展的条件，就可以发现某些条件特别重要。其中之一是把儿童安置在一个他们不会感到压抑的愉快环境里。那些来自贫困家庭的儿童一定会发现他们的新环境非常舒适——整齐洁白的教室，特意为他们制作的新的小桌子、小凳子和小扶手椅，以及院子里阳光照耀下的小草坪。

第二个重要条件是成人的积极作用。尽管儿童的父母没有什么文化，他们的教师却没有通常学校教师的那种傲慢和偏见，这就产生了一种内心的沉静。人们早就认识到教师内心必须保持沉静，但是这种沉静常常被视为一种性格和神经质。

然而，那种更深沉的沉静是指一种没有杂念、安静和畅通无阻的状态，它是内心清澈与思考自由的源泉。组成这种沉静的是人心灵的谦虚和理智的纯洁，它是理解儿童所不可或缺的条件。因此，教师准备活动的最重要部分就是获得这种沉静。

另一个重要条件是给儿童提供用来进行感官训练，合适的、能够吸引他们的、科学的感官材料。儿童能被这些可以完善感知能力的材料所吸引，并对运动能力进行训练和改进。这些材料还能教他们学会如何集中注意力——仅仅通过教师说服是做不到这一点的，因为“说服”是一种外部的力量。

现在我们知道，儿童的正常发展需要适宜的环境、谦虚的教师和科学的材料——这就是我们的教育方法的三个外部特征。

现在让我们尝试去发现儿童的种种表现方式。连续的活动几乎能像魔杖一样叩开儿童天赋的正常发展之门，这一点是最令人惊讶的。这种活动要求受大脑支配的手的运动专注于一项简单的工作上。儿童心理特征的发展显然来自某种内在的冲动，像“重复练习”和“自由选择”这样的活动是儿童乐于进行的。

一个儿童会不知疲倦地从事他的工作，因为他的活动就如一种心理的新陈代谢，而这种新陈代谢与他的生命息息相关，儿童自己的心理需求将成为他的指导原则。他热情地对诸如安静一类的练习做出反应，他喜欢那些能导向荣誉与正义的课程，他急切地想学会使用那些能发展他的心灵的工具。然而，他厌恶诸如奖品、玩具和糖果之类的东西。向我们表现出秩序和纪律也是他需要的。但是他仍然是一个真正的儿童，充满活力、真诚、欢乐、可爱；高兴时会叫喊着，拍着手到处奔跑；喜欢大声迎接客人，反复表示感谢，以呼唤和追随来表示激动；他友好，喜欢看到的东西，并使一切适应自己。

我们可以列出一张表，把儿童自己选择的东西和他自发的表现方式列举出来。同时，还可以加上他所抵制的那些在他看来浪费时间的东西。

儿童喜欢的东西	重复练习
	自由选择　控制错误
	运动分析　肃静练习
	社会交往中的良好行为规范
	环境中的秩序　个人整洁
	感官训练　书写和阅读
	复述　自由活动
儿童抵制的东西	奖励和惩罚
	拼字课本
	玩具和糖果
	教师的讲台

我们能从这张表中发现一种教育方法的大致轮廓。儿童本身已经为构建一种教育方法提供了实际、明确，甚至是已验证的原则。儿童自己做出选择是这种教育方法的最大指导原则，他们的自然本性能够阻止错误的发生。

认识到这一点，即这些原则在一种正确的教育方法的构建过程中始终起着作用，是令人惊讶的。长期的经验也证明了这一点。它使我们想到了脊椎动物的胚胎。

在这种胚胎中，我们能看到一条将来会变成脊椎柱的模糊的线。在这条线的内部有一些点，它们会慢慢地发展成互不相连的椎骨。我们可以进一步比较：这种胚胎分成了头部、胸部和腹部三个部分。同样，我们教育方法的基本轮廓也是一个排列成线状的整体，它具有一些如椎骨一样渐变的特征。这个整体也包括三个基本要素，即环境、教师和各种教具。

对这种基本轮廓的演变一步一步地进行追踪是很有趣味的。人类社会最初的工作是受儿童指导的，这表明这些原则起初表现为一些人们从未察觉到的新发现。这种特殊教育方法的不断发展应该被看成是一种演变，因为其中的新东西来自生命本身，而生命的发展是依靠它的环境。儿童成长的环境就成了某种特殊的东西，虽然它是由成人提供的，但在本质上却是一种与儿童生命发展息息相关的积极互动。

这种新的教育方法，很快就被应用于其他种族和各种社会条件下儿童教育的学校，这给我们提供了丰富的实验素材，并使我们能够发现共同的特征和普遍的趋势。因此，可以说，自然规律应该是构成教育的首要基础。

有趣的是，仿效第一所“儿童之家”建立的那些学校采取了同样的原则——首先期待儿童的自发表现，然后才考虑从外部提供具体的方法。

“儿童之家”的教育方法

我们的教育方法主要强调外部环境，其次强调的是教师的作用。教师成为儿童活动障碍的原因是缺乏主动精神，过分注重自己的意识和权威。有些具有主动精神的教师在看到儿童独立活动并取得进步时，会感到很高兴，并给予儿童真诚的赞美。我们的方法最后强调的是尊重儿童的人格，其尊重的程度在其他任何教育方法中没有先例。

以“儿童之家”闻名的教育机构充分展现了这三条基本原则。我们希望“儿童之家”这个名称带有家庭的亲和力。

就像关注新教育运动的人所了解到的，新教育方法受到广泛的讨论和关注。这种教育方法对儿童和成人的角色进行重新定位。教师并不是教学的主体，儿童被当作活动的中心，教学中可以让他们独立学习，随意走动和选择自己喜欢做的事情。人们把这看作是一种乌托邦，这种说法是夸大其词的。

下面我们谈谈关于环境设施的想法。这个环境中为适合儿童身体发展而建造的全部设施，常常被人们认同和接受。装饰着花朵、窗户低矮的教室干净明亮，有仿制的现代家庭中的家具，比如各种小桌子、小扶手椅、好看的窗帘，儿童可以自由开合的矮橱柜，橱柜里摆满了儿童可以随意使用的教具。总之，这一切看来都是有助于儿童发展的一种真正实质性的改进。我相信，便利的外部条件会被更多的“儿童之家”保持，这种令儿童喜悦的改进是“儿童之家”的一个显著特征。

经过长期的实验研究，我们感到有必要再次反思“儿童之家”的理念，重新阐释儿童教育方法的起源。

有人认为，我们通过对儿童的观察得出一个惊人的结论，即认为儿童具有一种神秘的本性，基于这个结论我们才提出建立一种特殊的学校，创立特殊的教育方法。这种想法是非常错误的。

一个人不可能通过一种模糊的直觉去观察某种未知的东西，凭空想象儿童具有某种本性，企图用实验把它们展现出来更是不可能的。新生事物具备发展壮大的力量，当它有机会初步展现时，接触它的人可能会持怀疑的态度，就像世上很多人拒绝新生事物一样。虽然某些东西迄今仍未被认识，但它肯定会不断地展现自己，直至被人们看见、承认并心悦诚服地接受。

人们最终会被新东西震惊，接受它，并坚定地欢迎它，甚至为它奉献自己的生命。我们常常认为，发现新东西是困难的，要让自己相信一些新生事物更困难，因为我们感官的大门在新生事物面前总是关闭的。但一旦有机会发现并承认它，我们就变成了《圣经》中那个寻找珠宝的商人，为了能找到一颗价值连城的珠宝竟然卖掉全部的家产。

我们的心灵就像一间不对陌生人开放的贵族画室。陌生人必须经由另一个已熟悉它的人介绍才能进去。一个没有人介绍的人可能会砸坏紧闭的门，或在门虚掩时偷偷溜进去。他最终进入这间画室，这样就成为一个神奇的人物。伏特（A. Volta）在注视着被剥皮后四肢抽动的青蛙时，表情肯定有些难以置信。注意到这个事实后，他仍坚持实验，从而发现了静电的作用。一个新纪元、新领域有时候就是以一件细小的事情为开端的。从本质上说，做一个探索者只有通过对无数毫无意义的细节进行深入研究，才可能前进到一个新领域。

物理学和医学对新发现有着严格的认定标准。在这些领域中一个新发现可能就是初步发现以前尚未被认识的事实，这个尚未被认识的事实很可能一直被人们怀疑。也就是说，它们好像并不存在。这种事实并不依赖于个人的直觉，它是客观存在的。

有两个步骤来认定新的事实：首先必须把它分离出来，并研究在不同条件下的状况；其次，必须使新的发现在这个研究环境中得到确认，

如何让孩子独立成长

孩子有很强的条件反射能力，生活中少对属于孩子天性的行为下禁令。

父母要尊重孩子的睡眠生物钟，不要人为地破坏。

多散步更有利于孩子独立。

儿童有很强的维护公共秩序的纪律性。

其真实存在并可以再现。

新的发现必须先经过这样的认定，然后才能开始研究，并在新的起点发现新的东西，才能为世界带来真正的发现成果。当然，很明显，没有人愿意研究一些自己无法证实的东西。探索者很可能只能得到一种幻象而非真相。一种研究方法总是与一种发现的再现、保存和控制有关，因此它不仅不会像幻象一样消失，反而有一种真正的更高的价值。

自尊自重：儿童的个人尊严感十分强烈

我想起一件有意思的怪事。那天，我想给儿童上一堂如何擤鼻涕的搞笑课。我示范运用手帕的多种方法后，还指导他们如何尽可能地悄悄擤鼻涕。于是，我以一种不被别人注意的方式把手帕拿出来并轻轻地擤着鼻涕。儿童认真地注视着我，没有一个人笑出来。

但是，我刚刚示范完毕，他们就发出只有在剧场中才能听到的长久、热烈的掌声。这使我吃惊得不得了。这样小的手竟能拍出这么响的声音，我从来没听到过，也没想到这些儿童会那么热烈地鼓掌。随后我意识到，他们极其有限的社交生活中的敏感点被我触及了。

儿童往往认为擤鼻子是件很困难的事情。在这件事上，他们经常被成人责备，所以对擤鼻子十分敏感。大人的叫嚷和辱骂伤害了他们的感情，使他们很难受。为防止儿童丢失手帕，成人还强迫他们在学校里把手帕滑稽地别在围兜上。

这是成人在这件事情上对儿童的进一步伤害。但对于应该如何擤鼻涕这件事情，还没有人真正地教过他们。我们应该和儿童换位思考，要知道儿童对成人的嘲讽很敏感，很容易感到丢脸。因此，我这样做使他们感受到了公正的对待。这样的教育不仅洗刷了他们过去受到的羞辱，还使他们获得了在社会生活中的全新的地位。不管怎么说，我有长期的经验做证，对这件事情的解释是正确的。

渐渐地，我认识到，儿童的个人尊严感十分强烈。他们的心理很容易受到伤害并感到压抑，成人却从未意识到。那天，我正要离开学校，儿童们开始大喊起来：“我们谢谢你，谢谢你上的这一课！”我走出大楼时，出现了很壮观的场面，孩子们静悄悄地跟在我的身后，一直跟我走到街上，在人行道上排成一支整齐的队伍。最后我回头对他们说：“回去吧，孩子们，走路要小心，不要撞到墙上。”这时，他们转身飞快地走到大楼门背后，全都消失了。我真真切切地感受到穷孩子的人格尊严。

来到“儿童之家”的参观者发现，我们的儿童行为表现得自尊自重。他们热情地接待来访者，然后，给这些来访者示范他们是怎样进行工作的。有一天，一个人提前通知我们，将有大人物要跟这些儿童单独在一起，以便更多地了解孩子们。我对那位教师只说了一句话：“顺其自然！”

然后，我对所有的儿童说：“明天你们将见到一位客人，我希望你们被他看成是世界上最棒的孩子。”后来，那位教师向我反映这次访问的成果。她说：“我们获得了很大的成功。有些儿童请这位客人坐下，非常礼貌地说：‘您请坐！’其他儿童会说‘早安’。他们在这位客人要离开时把头探出窗口，一齐喊道：‘谢谢来访，再见。’”我责备这位教师：“我对你说过不要做什么准备工作，一切顺其自然，你为什么要教他们这样做呢？”她回答说：“我一开始并没有跟孩子们讲什么，他们自觉这样做的。”她又补充说：“我几乎不敢相信自己的眼睛，我对自己说，这肯定是天使制造的奇迹。”后来她说，儿童比平时工作得更勤奋，把所有的工作做得很出色，来访者都被震惊了。

有很长一段时间我对那位教师所说的话难以置信。我再次向她问起这件事，因为我担心她强迫这些儿童做准备工作或排练。但是我最后才意识到，他们已经是有了自己尊严的儿童，他们知道去工作，能够真诚友好地接待来访者，他们以为尊敬的客人做自己能做的工作而感到自豪。我只是对他们说：“我希望你们被看成是世界上最棒的孩子。”但肯定不是我的话才使他们这样做的。只要我对他们说“将有一位客人来拜访你们”，就相当于说客人到了我们学校的会客室。这些自尊自信的儿童，非常乐于去做接待客人的事情。

我这才懂得了有些事情虽然很简单，但又神奇无比。这些儿童过去的那种羞怯一去不复返了，他们的心灵与周围环境之间不存在任何隔阂。他们的生命力像鲜花般绽放，在阳光的哺育下茁壮生长，自然展现，散发出浓郁的芬芳。更为重要的是，儿童们发现，他们的发展道路畅通无阻，自己无须隐藏什么，无须畏惧什么，无须逃避什么。事情简单得不得了。我们的结论是：他们现在能迅速适应环境。

儿童们表现得既机灵活泼，又镇定自若，随时擦出精神的火花，使与他们接触的成人心情振奋。他们欢迎所有给他们带来关爱的人。那些重要的人士在访问“儿童之家”时获得了一种生机勃勃的印象。我们的孩子们自然也成为社会生活的关注点。一些普通来访者的兴奋心情难以掩饰，总是令人感到有趣。例如，一些衣着华丽、珠光宝气的女士，表现得像出席招待会一样，但是当她们见到这些活泼、天真、谦虚的儿童时，十分欣喜，大加赞美。当年幼的儿童向来访的客人致欢迎词时，她们高兴极了。这些儿童玩着女士们漂亮的衣角，拉住她们美丽的手。

有一次，一位沮丧的女士被一个小男孩感动了，小男孩走到她面前，用他的小脑袋紧紧靠着她，然后把女士的一只手放在自己的双手上，抚慰她的悲伤。后来，这位女士非常激动地说："这个孩子给了我从未有过的安慰。"

不应该总赶着孩子上床睡觉

成人常常会很专制地说："小孩子不要乱跑，不要动大人的东西，不要大喊大叫，要多吃，要多睡。"还对儿童说，最好到户外去玩耍，哪怕与陌生人在一起也没关系。那些懒惰的父母，就会找最轻松、最简便的办法——打发孩子上床睡觉。

谁说儿童不需要睡觉呢？虽然有些儿童很快地服从了，但是他根本就不是一个喜欢睡大觉的人。他需要正常的睡眠，而且也应该得到正常的睡眠。但是我们必须知道适度的睡眠和人为制定的时间表的区别。我们知道一个强者不用说什么就可以把自己的意志强加于弱者。一个强迫儿童服从和遵守他制定的睡眠时间表的成人，就是在通过暗示，把自己的意志不动声色地强加给儿童。

那些没有受过教育的母亲会直接要求孩子去睡觉，乡下农民知道准备一种枕头延长孩子的睡眠时间。但一些成人，无论他们是博学的还是没受过教育的，是无知的父母还是婴儿的保姆，一般都有一个错误的共识，就是让这个生机勃勃的孩子去睡大觉。在那些富裕家庭里，几个月大的婴儿，乃至两岁、3 岁、4 岁的儿童都被要求过度的睡眠。然而，在一些贫困家庭，成人并不哄孩子去睡觉，穷孩子整天到处奔跑，因为他们的父母喜欢他们，希望他们自由自在。这些贫家子弟往往比富家子弟更安静。人们认为“长时间睡眠”就像吃饭和呼吸新鲜空气一样，对儿童的健康来说非常重要。

这在某种程度上造成儿童的“类植物生活”。有一个 7 岁的男孩曾对我吐露，因为父母总是一入夜就让他去睡觉，他从来没有看见过星星。他说：“我盼望在一个晚上爬到山顶，躺在那里的草地上看星星。”许多父母说他们的孩子一到黄昏就去睡觉，这种习惯太好了，其实，这是为成人可以自由地外出找到的借口。

那些可以移动的儿童床是专为孩子们做的。把装有围栏的柔软、美丽的儿童小床和成人宽敞的大床相比，儿童的小床像一个监禁的场所，而成人睡的大床更加舒适。成人根本没有考虑儿童的心理需要，他们没想过儿童躺在小床上，就像一个被监禁的小囚犯。这是成人建造的，对自己有好处的监牢。对成人而言，儿童受到的限制越多，成人的自由也就越多。可是，这样的儿童在过着一种缺乏温暖、被监禁、被束缚的生活。

成人给儿童做的小床就像在高处筑一只鸟笼，这样，他们照管孩子就不必低头弯腰，离开时也不必担心孩子掉下来。儿童的哭声不会使大人难受。儿童的房间被窗帘遮住，没有阳光，清晨的阳光也从不打扰他的睡眠。儿童必须在傍晚睡觉，以便给父母晚上外出的机会和自由；早晨他又应该醒得很晚，以免打扰睡懒觉的父母。

给儿童一张他需要的床，给他舒适的睡眠，睡眠的时间不要过长，这是能够帮助儿童心理正常发展的方法之一。儿童应该享有这样的权利：他想睡觉就去睡觉，不想睡觉就不睡觉，他想起床就起来玩耍。许多家庭应该像我们建议的那样，废除儿童小床，应该给儿童一张贴在地板上的矮床。这样儿童就可以随心所欲地自由玩耍。

许多看起来似乎很难解决的困难被这一简单的改进克服了。贴近地板的小床经济实用，这种改进完全有利于儿童的心理成长。儿童需要一些简单的东西，而不是用复杂的东西来阻碍他的发展，那对他毫无促进作用。许多家庭开始这样做：把一张小床垫放在地板上，盖上一条又大又柔软的毯子，以改善儿童的睡眠。这样的效果是，一到晚上，儿童与成人高兴地道晚安后，就独自去睡觉，早晨起床后也不打扰家人睡眠。

这些例子证明，我们现行的教育方式是多么大的一个错误啊！成人们把自己的意志强加给儿童，在照管子女时把自己也弄得精疲力竭。由于这种自私心态的影响，成人往往违背儿童的天性。我们要克服这种防御性的心理。

综上所述，成人应该努力了解儿童的心理需要，给儿童提供一个能让他得到满足的适宜环境。只有这样，才能开创一个新的教育局面，为儿童的生活提供真正的帮助。成人绝对不能再把小一些的儿童当成一件小东西随手提拎，把大一些的儿童当作服从成人的应声虫。

成人必须认识到自己在儿童发展中只能起次要作用。但是，成人想支持和帮助儿童发展，就必须努力理解儿童。这是儿童的母亲和所有教师的目的和愿望。要发展儿童的个性，成人必须控制自己对儿童施加的影响，因为儿童比成人弱小，所以成人要努力领会儿童的意思。成人应该把自己能够理解和指导儿童当作是一件重要和光荣的事情。

放慢脚步陪孩子走路

成人应该放弃自己的优势，让自己的行为同成长中的儿童的需要相协调。这是成人必须遵循的行为方式。

本能是成年动物适应幼崽需要的前提。当母象带一头小象进入成年象群时，庞大的长辈们就把自己的步伐减慢，和小象的步伐一致。当小象疲劳停下来时，它们也都会停下来。这是极为有趣的事情。

我们可以在各个国家发现对待儿童类似的照顾。有一天，我看到一个日本父亲正带着幼小的儿子散步。我跟在他们后面，突然发现这个大约一岁半的小孩用手臂抱住他父亲的腿。这位父亲在那里站着不动，让这个小孩围着他的腿转圈，并把这当作儿童的游戏。

小孩做完游戏后，两人又开始缓缓地散步。过一会儿，小孩坐在路边，父亲站在他身边不动。这位父亲的表情一直是严肃而自然的。父亲带着儿子散步，虽然没有做任何不寻常的事，但是感觉很奇妙。

儿童外出散步的好处是帮助他们学习协调许多不同的动作，从而使他们获得平衡感。儿童学走路需要这种协调的动作，这是我们必须认识到的。

人的肢体和动物肢体的区别在于，人必须用两条腿走路，而不是用四肢行走。猴子的手臂很长，可以辅助它们在地上行走。人是唯一一种完全依靠平衡两条腿来走路的动物。四足动物走路稳重，它们行走时抬起斜对的两条腿，让另外两条腿着地，交替轮换着行走。但人走路时必须先用一条腿支撑自己，然后换另一条腿支撑。大自然已经有了解决这个行走运动难题的办法。动物通过本能学会行走，但人要通过个人的主观努力才能学会走路。

儿童是通过走路获得行走能力的，但并不是傻等着这种能力的出现。父母看到孩子迈出的第一步，欣喜不已。这是儿童征服自然的第一步，标志着他们从一岁进入了两岁。学会走路对儿童来说就是他的第二次诞生，他从一个无法自己行动的人变成了一个有行动能力的人。这种功能的出现在心理学中被认为是儿童正常发展的一个重要标志。但是，这仅仅是第一步，之后他仍然需要经常练习。优美从容的步伐是个人持续努力的结果。

儿童开始走路的时候有一种不可抑制的冲动，他表现得勇敢无畏，甚至有点莽撞，就像一个勇敢的士兵，不管遇到什么困难都向前冲锋。因此，成人用许多障碍物做防护设施把他们围起来。儿童的腿已经强有力了，他们却仍然把儿童关在保护设施里练习走路；即使能够走路了，成人带儿童外出时仍把他放在手推车里推来推去。这些做法都是不可取的。

由于儿童没有耐力走长路，他的腿比成人短很多，因此他必须主动适应那些不会减慢步伐的成人。即使是一位带儿童外出的保姆，也不会适应儿童的步伐。也就是说，保姆推着载小孩的手推车，就像推着去市场买蔬菜的小推车，她只按自己的步行速度直接走到室外活动的目的地。她不让小孩走出手推车，除非到了公园。她坐下来后，才允许儿童在她两眼的注视下去草坪上走动。她所做的这一切仅仅是为了避免“植物似的”儿童的身体发生危险。在这个过程中，她没有考虑儿童心理发展的基本需要。

一岁半到两岁的儿童可以进行爬斜坡、爬梯子等有难度的动作，甚至可以走好几英里路。但是，这与成人的行走有着截然不同的目的。成人行走的目的是要到达某个目的地，直接走到那里就可以。幼儿的行走是为了完善自己，发展自己征服自然的能力。儿童虽然有自己的步伐，但几乎是被机械、盲目地领着前进。幼儿的步伐是缓慢的，既没有节奏也没有目的，其实他的行走是被周围物体吸引的结果。如果成人要帮助儿童走路，就必须放慢自己的步伐，放弃自己的目的。

我在意大利那不勒斯曾经目睹过一对年轻夫妇和他们一岁半孩子的故事。夏天，他们去海边时必须经过一条陡峭、差不多有一英里长的下坡路，任何运输工具都无法通过这条路。年轻的父母发现，把小孩抱在怀里太累人了。后来，孩子自己解决了这个问题，他能走完这段路。在下坡过程中，他一会儿停下来看花，一会儿坐在草坪上，一会儿站着看动物。有一次，他凝视着一头驴，呆呆地站了将近 15 分钟。所以，这个儿童可以每天不知疲倦地往返于这条漫长艰难的道路。

在西班牙，我认识两个能够行走一英里多路程的儿童，他们的年龄在 2~3 岁。还有许多儿童能够在窄而陡的梯子上，连续一个多小时地上上下下。

我想起有些母亲说到爬梯子，就担心自己孩子的“不听话”。有一位母亲告诉我，她的小女儿几天前才开始学走路，不管任何时候，这个小女孩只要一看到梯子，就高声尖叫，如果有人抱她上下楼梯，她就激动得简直要发疯。这位母亲不知道孩子为什么会激动。她认为这不过是一种巧合罢了。但这件事情清楚地表明楼梯的台阶对小孩有吸引力，她只想在楼梯上爬上爬下，或者把手搁在台阶上，或者坐在台阶上。在旷野上行走时，小孩的双脚掩在草丛里，没有地方放手。允许孩子行走的只有这些地方，而且成人还要牵住他们的手，或者把他们囚禁在童车里。

儿童喜欢行走和奔跑，喜欢玩滑梯，他们总是在滑梯上挤得满满的，爬上、滑下、坐下、站起来。穷孩子在街上跑来跑去，很容易地就能避开车辆，甚至能毫不费力地在汽车和卡车的车门边找到座位。这虽然危险，但他们不会像富裕家庭的孩子一样，因羞怯而变得迟钝，以至变得懒散。这两类儿童各自的发展都没有得到正确的指导。街上危险的环境使穷孩子不安全，而太多东西的包围使富裕家庭的孩子处于被过度保护的状态，这些东西使他远离了危险的环境，但也产生了副作用。

处于成长、壮大、成熟的过程中，并将使人类得以延续的孩子们，就像弥赛亚（Messiah）所说的那样，“无处容身”啊！

第一所“儿童之家”

当一种教具吸引儿童时，他会以一种惊人的聚精会神的态度连续工作，对这个教具集中全部注意力，心无旁骛，完成工作后他显得满意、轻松。这种心情，从那些安宁的小脸蛋和为完成任务而满意的眼神中可以看出来。

1907年1月6日，我们创立了第一所“儿童之家”。当时招收3~6岁的正常儿童入学。那时，专门的教育方法还没有形成。但是，我很快就在儿童之家中推行了我的教育方法。起初的“儿童之家”里除了50多名衣裳破烂、内心羞涩的穷孩子之外，一无所有。那些几乎都是文盲的家长把孩子委托给我照管。

我们的初步计划是把那些幼小的儿童集中在一起，这样，他们就不会在楼梯上玩耍，把公寓的墙壁弄脏或引起令人烦扰的混乱。

我受邀来负责这个教育机构后，有一种奇妙的感觉，在这种感觉的鼓励下，开始办“儿童之家”。我认为总有一天整个世界会说，这是一项崇高的事业，于是满怀信心地宣布了我的豪言壮语。

主显节那天，我在教堂里读到《圣经》上那段对我来说像是预言的话：“看到地球被黑暗所笼罩……但是，太阳将在东方升起，它的光辉将成为人们的指南。”出席儿童之家开幕式的所有人都惊讶地问我：为什么要为穷孩子建立一个这么好的教育机构呢？

开始工作的时候，我的心情就像一个农夫，拒绝用好的玉米种子，找到沃土就随意撒种。和农夫的结果相反，我在土地上挖到的不是粮食，而是金子，宝贝就隐藏在泥土下面。我并不认为我自己就是那个农夫。我更像愚蠢的阿拉丁，手里拿着一把宝库的钥匙，但打不开隐藏珍宝的宝库大门。

对这些正常儿童进行教育的时候，我不断地感到惊讶。有必要说说这些奇迹般的故事。

教育正常儿童，在一般人看来，采用在教育有心智缺陷的儿童时大获成功的那些方法就可以。我在治疗弱智儿童的心理和改变其思维方式上运用过那些方法，并取得了成功；如果对正常儿童应用其中一些方法，他们也会发展得更快、更好。但这也不是突如其来的成功，因为已有实际和科学的教育理论做基础，这些理论认为人的心理有个均衡发展和深思熟虑的过程。使我感到惊讶并产生怀疑的是：这些理论一直无济于事，在开始的时候没有取得预期的效果。

作为激起兴趣的一种手段，这些教具应用在那些智力差的儿童身上是有用的。而用于正常儿童和心智有缺陷的儿童身上，效果是不同的。因为这些教具能使心智有缺陷的儿童改善心理健康，并学到一些东西。所以，我竭尽全力劝说这些儿童运用教具。

但是，这不适用于正常儿童。当一种教具吸引儿童时，他会以一种惊人的聚精会神的态度连续工作，对这个教具集中全部注意力，心无旁骛，完成工作后他显得满意、轻松。这种心情，从那些安宁的小脸蛋和为完成任务而满意的眼神中可以看出来。我给儿童提供的教具，就像钟表商人提供的开启钟表发条的钥匙。钟自身在发条上紧后就不停地运转；儿童不仅能持续地使用教具，而且他们的心理变得比以前更健康，更有活力。

经过长时间的观察，一次次的实验、一次次的证实，我才相信这不是一种幻觉。这时，我自言自语地说：“这次我还是不相信，下一次我才能相信。”我感到十分震惊，但在相当长的一段时间里，我仍然不敢相信这个结果。我并不责备教师一次次地告诉我，儿童自己正在做什么。我严肃地说：“这很震撼人心。”我还能想起这位教师流着眼泪回答我的话，他说：“你是完全正确的。每次我看到这样的情况，我就想，正在激励这些儿童的肯定是他们的守护神。”

我怀着极大的敬意和慈爱看着这些儿童，把手按在胸口上，充满深情地问道："你们是谁？你们难道不就是耶稣怀抱里的婴儿吗？"

我坚信不疑：我手里举着的是真理的火炬，它照耀着我走自己的路。

我还记得，在见到"儿童之家"第一批儿童时，他们惊恐不安、胆怯，以致无法说话；他们表情呆滞，眼神迷茫，似乎生活早无乐趣可言。现实中，他们生活贫困，没有被很好地照管；他们从小居住的小屋光线黑暗，一片破败；他们内心苦涩，缺乏关爱；他们营养不良，缺乏新鲜的空气和阳光。他们注定是不能开花结果的嫩芽。

这种新颖的环境使这些儿童产生了如此巨大的变化，的确令人感到惊讶，因为这些儿童拥有了新的心灵，这种发自内心的光辉将照亮整个世界。

促使儿童心灵解放最好的方法，就是扫除他们发展过程中的那些障碍物。但是谁能够说出这些障碍物的真实表现呢？或者，什么样的环境才能促使这些儿童的心灵发芽和开花呢？现实中的很多环境与我们所期待的目标南辕北辙。

说说这些儿童的家庭情况吧。他们的家庭处于社会的最底层，他们的父母工作不稳定，每天必须出去找工作，怎么会有时间、办法很好地照管他们呢？更何况这些儿童的父母大部分都是文盲。

说实话，很难对这样的儿童进行教育，也很难为他们寻找到一个受过训练的教师。后来，我们聘请了一位受过良好教育的年轻妇女。不过她刚开始的时候既没有做教师的理想，也没有做好真正的教师所必需的准备工作。这是由一个建筑协会创办的非慈善性教育机构，他们只是为了避免公寓大楼的墙壁遭到损坏，减少维修房屋的费用，才把儿童聚集在一起。

所以，它不是一项社会福利事业，当然从来没有想到过为儿童提供免费的午餐，不会为办成一所带有教育目的的学校准备什么，为办公室添置必要的家具和辅助设备是唯一允许的开支。所以，刚开始我们没有购置学校应该有的桌椅，只准备了自己的家具。

第一所“儿童之家”像一只归零的测量表，而并不是一所真正的学校。因为我们的资金极为有限，儿童和教师都没有桌子，没有办公室，没有基本的住宿条件。但与此同时，我拥有一些通常学校没有的为心智有缺陷的儿童准备的特殊设备，这是不幸中的万幸。

我们今天所看到的“儿童之家”是那么明亮和令人愉快，但第一所“儿童之家”的环境并不像现在这样。给人印象最深的家具是一张供教师用的牢固的桌子，还有一个用来储存所有教具的大柜子。这个柜子的门很结实，平时是上锁的，由教师保管钥匙。儿童用的桌子既结实又耐用，3 个儿童并排用一张桌子。桌子一张挨着一张排列，像一般的学校一样。

每个儿童除了拥有长凳外，还拥有一把朴素的小扶手椅。院子里生长着栽种的植物，只有一小片草坪和树木。这就成为我们学校后来的特征之一。在这样的环境里，即使进行重要的实验也没有什么诱惑力，但是，为了了解正常儿童与心智有缺陷的儿童在反应上的差异，我对进行系统的感官教育满怀信心。

我对了解年龄小的正常儿童和年龄较大有心智缺陷的儿童之间的差异特别感兴趣。我没有轻视这样的研究工作。我们的教师不受约束，也没有人强加什么特别的任务。仅仅是教儿童使用一些感官材料，我就先培训那位女教师。这样，那位教师可以很有兴趣、很容易地做事情。我一直在鼓励她发挥自己的创造精神。

不久后，我就发现那位教师的工作开始有了起色，她为孩子们制作了一些其他的教具，比如很精致的十字架。她做这些饰物的原材料是纸张，她把它们作为奖品，奖励给表现最好的儿童。一些孩子佩戴这些饰物后，表现得很高兴。她很巧妙地教儿童如何敬礼，尽管大多数儿童是5岁以下的小女孩，但她们都很喜欢这些动作，这使儿童感到快乐。于是，平静的、默默无闻的生活开始了。我们在很长一段时间里，所做的事情鲜为人知。

家教延伸阅读

最伤孩子自尊心的鼓励话

现在的大多数父母都十分注意保护孩子的自尊心，但不知道爸爸妈妈们是否意识到，鼓励性的言语说得不恰当也可能破坏孩子的自信心。这里我们列举了几种听起来很对，但实际上对孩子成长不利的鼓励之词，希望能引起爸爸妈妈们足够的重视。

“你是最棒的”

如果父母总是用“最漂亮的”、“最可爱的”、“最能干的”这样的话鼓励孩子，会在不知不觉中给孩子太多的压力，会令孩子对自己期望过高，以致不能承受。而且，孩子同小伙伴一比较，发现“玲玲跑得比我快”、“露露唱歌比我好”，她渐渐发觉她并不是样样都比别人好。心理学家做过一项调查，发现盲目夸大地表扬孩子会导致孩子的自我怀疑，令孩子不自信。只有恰当、符合事实的表扬和鼓励才会真正对孩子有益。

正确的做法：不要再不切实际地表扬孩子。“今天真漂亮”比“你是最漂亮的”合适得多。“这个故事真有趣”比“你讲故事是全班最棒的”更合理。

“妈妈完全了解你的感觉”

孩子会和你抱怨他的小伙伴“太自私”，这时妈妈也许会说：“妈妈完全了解你的感觉。”事实上，你不可能了解他的感受，因为他是你心爱的孩子，你心疼他，你怎么可能完全了解他的感受？自然，你是想告诉他，妈妈理解他，并且想让他知道愤怒、难过之类的感受都是正常的。但是，这样的安慰更容易激怒孩子，孩子会觉得你这么说是觉得他经历的事情很正常，他的不快不仅没有平息，很可能以后他什么都不愿告诉你了。

正确的做法：从问一些简单的问题着手，了解事情的全过程及细节，让孩子觉得自己被理解比简单的安慰有效得多。

“你这样子就很好看啊”

孩子从幼儿园回来闷闷不乐，因为同伴嘲笑她有个大蒜鼻子。这时妈妈就会说：“你的鼻子挺漂亮啊，妈妈就喜欢你这个样子。”妈妈不过是在宽慰孩子，告诉她无论她长得什么模样，妈妈一样爱她。但是这其实等于告诉孩子她担心的东西是真的。事实上，两三岁的孩子就开始注意自己的长相了。到了五六岁，他们会同别人比较，然后会抱怨：“我的腿太粗了。”“我是不是太矮了？”你告诉他：“你这样子就很好看啊。”可能令他怀疑自己的判断力，他会用你告诉他的标准去看周围的人。他也可能觉得你不理解他的伤心，会一个人把不快压在心底，不再对你说什么，在今后的社交中出现心理障碍。

正确的做法：如果孩子觉得自己哪里长得不好看，先问问他，是不是在和谁做比较。然后可以同他讨论，看看能不能帮他。如果孩子觉得自己不如同伴高大，可以告诉他各人有各人漂亮的地方，如果真的想高大一点，可以鼓励他多去打打篮球，学习游泳。当然，有时候对于孩子的抱怨我们实在无能为力，在那种情形下，你可以对他的不快表示理解，千万不要置之不理。

“我想让你知道，爸爸妈妈今天下午吵些什么”

父母吵架的时候，让孩子听到了，妈妈想对孩子作一番解释，便说：“我想让你知道，爸爸妈妈今天下午吵些什么。”在这个开放的年代，我们有时候让孩子知道得太多了。没错，听到父母发生激烈争吵孩子会害怕、不快，但是把大人之间的事全盘托出反而会给孩子带来不必要的担忧。在他们的小脑瓜里，生活就像他们在电视里看到的那样混乱、易碎，父母或许觉得激烈的争吵不过是漫长婚姻道路上的一点小波折，孩子却马上会想到最坏的情况：我们的家要散了，爸爸妈妈不要我了。

正确的做法：告诉孩子，爸爸妈妈刚才火气都太大了，这跟他没关系。因为听到父母在大吵，孩子的第一个念头是这争吵是不是我引起的？爸爸妈妈还会和好吗？然后，在孩子面前同你的配偶来个简单的拥抱或是说句调侃的话，这样孩子才会放心，觉得警报解除了。